国家出版基金项目

中国传统村落文化抢救与研究

文化区系列

荆楚传统村落

吴必虎 罗德胤 张晓虹 汤敏 ◎ 主编

龚胜生 何小芊 胡娟 陈丽军 ◎ 编著

海天出版社
·深圳·

图书在版编目（CIP）数据

荆楚传统村落 / 吴必虎等主编. — 深圳：海天出版社，2020.12

（中国传统村落文化抢救与研究. 文化区系列）

ISBN 978-7-5507-2983-4

Ⅰ. ①荆… Ⅱ. ①吴… Ⅲ. ①村落—研究—湖北 Ⅳ. ①K926.35

中国版本图书馆CIP数据核字（2020）第157665号

审图号：GS（2020）5315号

荆楚传统村落
JINGCHU CHUANTONG CUNLUO

出 品 人	聂雄前
项目策划	许全军
项目统筹	南　芳
责任编辑	熊　星
责任校对	万妮霞
责任技编	郑　欢
装帧设计	知行格致

出版发行	海天出版社
地　　址	深圳市彩田南路海天综合大厦（518033）
网　　址	www.htph.com.cn
订购电话	0755-83460239（邮购、团购）
设计制作	深圳市知行格致文化传播有限公司　Tel：0755-83464427
印　　刷	中华商务联合印刷（广东）有限公司
开　　本	787mm×1092mm　1/16
印　　张	26.5
字　　数	330千
版　　次	2020年12月第1版
印　　次	2020年12月第1次
定　　价	398.00元

海天版图书版权所有，侵权必究。
海天版图书凡有印装质量问题，请随时向承印厂调换。

"中国传统村落文化抢救与研究·文化区系列"编委会

EDITORIAL COMMITTEE

丛书主编：吴必虎　罗德胤　张晓虹　汤　敏

《中国传统村落概论》

编委会主任：张宝秀、成志芬
编委会成员：朱永杰、刘剑刚、李　扬、
　　　　　　时少华、张　勃、苑焕乔、
　　　　　　周爱华
编写分工：第一章　张宝秀、成志芬
　　　　　第二章　朱永杰
　　　　　第三章　刘剑刚
　　　　　第四章　李　扬
　　　　　第五章　成志芬、苑焕乔
　　　　　第六章　张　勃、李　扬
　　　　　第七章　时少华

《中原传统村落》

编委会主任：丁　华、张　东、
　　　　　　杨　博、郭晋媛
编委会成员：杨晓俊、戴　宏、刘改芳、
　　　　　　栗晓楠、刘　晗、姚　浪、
　　　　　　李羿祥、薛艳青、戴景文、
　　　　　　蒋星怡、朱凯凯、黄静怡、
　　　　　　廖文强、张　悦、陈鑫源、
　　　　　　陈姗姗、陈添珍、高媛媛、
　　　　　　刘丽丽、易远铨、黎燕君、
　　　　　　王　坤、易　雪、萧僖雯、
　　　　　　沈思源、苏小燕

《徽州传统村落》

编委会主任：张云彬、张宏梅、王　娟
编委会成员：张　茹、沈思佳、张业臣、
　　　　　　张小军、闻　飞、方敦礼
编写分工：第一章　张云彬
　　　　　第二章　张宏梅、张云彬
　　　　　第三章　张云彬
　　　　　第四章　王　娟
　　　　　第五章　张云彬、张宏梅、
　　　　　　　　　王　娟
　　　　　第六章　张宏梅

《荆楚传统村落》

编委会主任：龚胜生、何小芊、胡　娟、
　　　　　　陈丽军
编委会成员：伍昌友、李孜沫、魏幼红、
　　　　　　张　涛
编写分工：第一章　龚胜生、何小芊
　　　　　第二章　何小芊
　　　　　第三章　胡　娟、龚胜生
　　　　　第四章　胡　娟
　　　　　第五章　陈丽军
　　　　　第六章　陈丽军
　　　　　第七章　何小芊

《客家传统村落》

编委会主任：陈　川
编委会成员：萧清碧、黄宗焕、李长青、
　　　　　　何烈孝、沈　洁
编写分工：第一章　陈　川、萧清碧
　　　　　第二章　陈　川、萧清碧
　　　　　第三章　萧清碧、陈　川、
　　　　　　　　　黄宗焕、李长青
　　　　　第四章　萧清碧、陈　川、
　　　　　　　　　黄宗焕
　　　　　第五章　萧清碧、李长青、
　　　　　　　　　黄宗焕、陈　川
　　　　　第六章　陈　川、萧清碧、
　　　　　　　　　黄宗焕、何烈孝

《西南传统村落》

编委会主任：刘丹萍、高　璟、吴艳阳、
　　　　　　徐　燕
编委会成员：陈玲玲、刘博宇、郭可欣、
　　　　　　赵昱嫣、郭聪聪、方家刚、
　　　　　　宋尚周
编写分工：第一章　刘丹萍、高　璟
　　　　　第二章　刘丹萍、高　璟
　　　　　第三章　刘丹萍、高　璟
　　　　　第四章　刘丹萍、高　璟
　　　　　第五章　刘丹萍、高　璟、
　　　　　　　　　吴艳阳、徐　燕
　　　　　第六章　刘丹萍、高　璟

《关东传统村落》

编委会主任：朱晓蕾、王福刚
编委会成员：付　卉、甘　静
编写分工：第一章　付　卉、朱晓蕾
　　　　　第二章　朱晓蕾
　　　　　第三章　王福刚
　　　　　第四章　朱晓蕾
　　　　　第五章　甘　静、朱晓蕾、
　　　　　　　　　王福刚
　　　　　第六章　朱晓蕾

《吴越传统村落》

编委会主任：崔　峰、王丽娴、张光明
编委会成员：千继贤、王　瑜、朱晓庆、
　　　　　　尤　峰
编写分工：第一章　崔　峰、朱晓庆
　　　　　第二章　崔　峰、千继贤
　　　　　第三章　王丽娴、崔　峰
　　　　　第四章　王　瑜
　　　　　第五章　崔　峰、尤　峰
　　　　　第六章　张光明

《西北传统村落》

编委会主任：李 丁、苗 红、冶建明
编委会成员：韩雅敏、林 燕、孟 璐、
　　　　　　王文倩、李珍珍、黄 雪、
　　　　　　耿一睿、刘国锋、王 芸、
　　　　　　王 宁、余 洋、王 鑫
编写分工：第一章　李 丁、苗 红、
　　　　　　　　　冶建明
　　　　　第二章　李 丁
　　　　　第三章　苗 红
　　　　　第四章　冶建明
　　　　　第五章　李 丁、苗 红、
　　　　　　　　　冶建明

《滨海传统村落》

编委会主任：裴 丹
编委会成员：黄丽华、严琳霞、李丹洋、
　　　　　　尚珍宇
编写分工：第一章　裴 丹
　　　　　第二章　裴 丹
　　　　　第三章　尚珍宇、裴 丹
　　　　　第四章　李丹洋、严琳霞、
　　　　　　　　　裴 丹
　　　　　第五章　黄丽华、严琳霞、
　　　　　　　　　李丹洋、裴 丹
　　　　　第六章　严琳霞、裴 丹

《黄淮海传统村落》

编委会主任：邢慧斌
编委会成员：魏云刚、孙庆久、佟 薇、
　　　　　　吴 军、马 晓
编写分工：第一章　佟 薇、邢慧斌
　　　　　第二章　孙庆久、邢慧斌
　　　　　第三章　马 晓、邢慧斌
　　　　　第四章　魏云刚、邢慧斌
　　　　　第五章　吴 军、邢慧斌

《巴蜀传统村落》

编委会主任：刘小方、李小波
编委会成员：纪凤仪、冯祉烨、王晓文
编写分工：第一章　冯祉烨、刘小方、
　　　　　　　　　李小波
　　　　　第二章　冯祉烨
　　　　　第三章　刘小方、冯祉烨
　　　　　第四章　纪凤仪

《藏蒙传统村落》

编委会主任：朱普选

编委会成员：明庆中、梁旺兵、曾　谦、
　　　　　　琼　达、罗鑚敏、黄　丽、
　　　　　　尚前浪、先　巴、秦　旭、
　　　　　　李　凡、阿荣娜、肖卫东、
　　　　　　史家铭、达　桑、慈尚普、
　　　　　　蒋其平

编写分工：第一章　朱普选
　　　　　第二章　琼　达、肖卫东、
　　　　　　　　　史家铭、达　桑、
　　　　　　　　　慈尚普、蒋其平
　　　　　第三章　罗鑚敏、先　巴
　　　　　第四章　梁旺兵、秦　旭
　　　　　第五章　黄　丽
　　　　　第六章　尚前浪、李　凡、
　　　　　　　　　明庆中
　　　　　第七章　曾　谦、阿荣娜

《东南传统村落》

编委会主任：吴荣华、王国栋、郑庆之、
　　　　　　黄丽华

编委会成员：叶乃齐、冯仕晏、曾健鹏、
　　　　　　陈秋晓、邓冰蓉

编写分工：第一章　王国栋
　　　　　第二章　王国栋
　　　　　第三章　郑庆之
　　　　　第四章　吴荣华
　　　　　第五章　吴荣华、王国栋、
　　　　　　　　　黄丽华
　　　　　第六章　吴荣华、王国栋、
　　　　　　　　　黄丽华

《江淮传统村落》

吴小伟　编著

致谢

林丽琴、姜丽黎、宋尚周、谢冶凤、王梦婷、王定镇、王　琳、周爱清、陈建茂、于小强

序言
PREFACE

　　进入二十一世纪的中国，城市化进程发展十分迅速。城市化脚步之快，快过了这个社会的思考的速度。在这样一种背景下，大量的农业人口进城，大量的乡村"空心化"，伴随着相当长的一个时期内地方发展对土地财政的严重依赖，在村集体所有制的宅基地制度基础上农民对乡村规划建设的弱势地位，以及其他一些社会经济和文化原因，导致了中国传统村落大片大片消失。正如一大批分布于全国各地，从事各行各业，痛惜于传统村落的快速消亡，钟情于怀念美丽田园生活里的梦幻童年，致力于利用各种方式抢救濒于困境的故土，投身于丰富多姿的乡村文化遗产研究领域的人们一样，五六年前我们几个志同道合的小伙伴，清华大学建筑学院的罗德胤副教授，北京大学俞孔坚教授的学生、古村之友发起人汤敏硕士，浙江桐乡乌镇和北京古北水镇主理人陈向宏先生，发起成立了古村镇大会，并分别在浙江乌镇、山东滨州、北京古北水镇和山西碛口古镇，召开了四次古村镇大会。在办会过程中，几位会议创办人提起了组织编辑出版一套古村研究丛书的想法，这一想法得到了深圳海天出版社的支持，申报了"十三五"出版规划，并顺利获得批准立项。

这套丛书的框架相当庞大，初步设想包括文化区系列、物质文化系列和非物质文化系列。这么庞大的系列，组织起来难度可想而知。为了增强组织和编写力量，我们又邀请了复旦大学中国历史地理研究所所长张晓虹教授加盟。目前推出的十五册，仅是其中第一辑文化区系列。

为什么要从文化区视角组织第一辑系列丛书？这主要基于中国传统村落形成发展于中国广袤的国土、悠久的历史、多民族共融的文化视角的考虑。

从自然地理角度看，中国南北横跨热带、亚热带和温带三个气候地带，东西纵盖60多个经度，具有东部滨海平原、中部山地高原盆地、西部干旱沙漠和高寒山地高原等多种地貌形态，海拔高度又具有从海平面以下数百米到世界屋脊最高峰8848.86米的最大高差形成的垂直气候带和植被带。在这么广阔、多样的自然地理条件下形成的村落，必然呈现出世界上最为丰富的聚落景观和文化形态。

此外，动辄数千年的悠久历史和历史上波澜壮阔的人口迁移与融合，又为传统村落打上了深厚文化底蕴和丰富民族特色的烙印。

基于以上几个条件，实际上，文化区系列的传统村落，从一个较为宏观的层面，而非村落本身，更非民居建筑单体，来呈现和传承中国灿烂多姿的乡村文明画卷。

第一辑文化区系列的传统村落板块，除了第一册《中国传统村落概论》综述其概，其余十四册基本上放在特定文化区的概述、物质文化、非物质文化，以及传统村落文化保护与旅游活化这样一个基本结构内阐述。其中绝大多数分册表述的是一个较为连续的地域单元，如中原、江淮、巴蜀、客家等文化区，这些文化区虽然具有基本上一致的身份认同，但具体绘制到地图上时，并非易事。

文化区属于一种人类认知的范畴，不仅难以提出统一准确的判别标准，而且即使有一些参数可供核准，但在不同的审视者眼里得到的评价结果也会存在不同。另外，人口迁移、现代化冲击和民族融合，也客观存在着两种甚至更多的文化融合，出现了一些所谓的文化叠合区域。例如，在讨论青藏高原时，可以把青海与西藏视为一个整体区域，但实际上青海除了藏蒙文化，在接近甘肃和新疆的部分，也还有相当多的西北文化。此外，在中原文化区与黄淮海文化区之间、中原文化区与江淮文化区之间、吴越文化区与徽州文化区之间，也都存在一定程度的文化叠合现象。

一般情况下，文化区应该是连续的地域空间，但也有个别情况比较特殊，一个是藏蒙文化，它是按照藏传佛教的分布特点来组织的，藏传佛教影响区的村落或集镇，都有围绕喇嘛庙而建设的特点，它们在空间上地域非常广大。另一个是滨海文化，它是按照临海居岛的地理特点来组织的，涉及中国一万多公里的海岸线，北面涉及黄渤海，中间是东海，南部是南海，这些绵长的海岸线和有人居住的岛屿上，形成的岛居海厝不仅独具一格，而且同样彰显中国自身的海洋文化。关于这一点，过去的传统村落研究，常常并未加以足够重视。

包括传统村落在内的文化景观具有丰富的多样性，区域多样性是其突出表现之一。这套丛书力图通过对进入官方视野、获得几个部委共同颁布的传统村落体系的乡村聚落为主要探讨对象的分析，来获得社会更加广泛的注意，让更多的机构和社会各阶层关注传统村落的传承和发展，唤起更多的部门和公众研究传统村落传承和发展过程中存在的政策、法规、理念与价值冲突，共同寻求其解决之道，为中国传统村落这一特殊文化景观的保护和长期发展贡献一份自己的力量。

吴必虎

2020 年 12 月 11 日

于北京大学逸夫二楼

目录

第一章 概述 001

第一节　荆楚文化与荆楚文化区域 / 002
　　一、荆楚文化 / 003
　　二、荆楚文化区域 / 012

第二节　荆楚传统村落内涵与类型 / 026
　　一、荆楚传统村落的内涵 / 026
　　二、荆楚传统村落的类型 / 030

第三节　荆楚文化与荆楚传统村落的关系 / 037
　　一、荆楚文化是荆楚传统村落之根 / 037
　　二、荆楚传统村落是荆楚文化之载体 / 041

第二章 荆楚传统村落的历史发展与空间分布 045

第一节　荆楚传统村落的历史发展 / 046
　　一、荆楚传统村落发展的历史过程 / 046
　　二、荆楚传统村落发展的阶段特征 / 050

第二节　荆楚传统村落的空间分布 / 054
　　一、荆楚传统村落分布的总体特征 / 055

二、荆楚传统村落分布的空间差异 / 058

第三节　荆楚传统村落形成与发展的影响因素 / 060
　　一、荆楚传统村落形成与发展的自然环境 / 061
　　二、荆楚传统村落形成与发展的人文因素 / 066

第三章　荆楚传统村落的"三脉"特征与景观成因　071

第一节　荆楚传统村落的文脉特征 / 072
　　一、物质文化 / 072
　　二、非物质文化 / 085

第二节　荆楚传统村落的地脉特征 / 099
　　一、山环境 / 100
　　二、水环境 / 103
　　三、区位环境 / 108

第三节　荆楚传统村落的人脉特征 / 112
　　一、历史人物 / 112
　　二、历史传说 / 118

第四章　荆楚传统村落的物质文化景观　119

第一节　荆楚传统村落的生活景观 / 120
　　一、民居建筑景观 / 121
　　二、公共建筑景观 / 146
　　三、公共场所景观 / 155

第二节　荆楚传统村落的生产景观 / 162
　　一、农业景观 / 162
　　二、渔业景观 / 168
　　三、手工业景观 / 170

第五章 荆楚传统村落的非物质文化景观 175

第一节　荆楚传统村落民俗文化 / 176
　　一、荆楚传统村落的日常生活习俗 / 177
　　二、荆楚传统村落的婚丧嫁娶 / 195
　　三、荆楚传统村落的节庆活动 / 201

第二节　荆楚传统村落宗教文化 / 213
　　一、荆楚传统村落的宗教信仰 / 213
　　二、荆楚传统村落的宗教祭祀活动 / 220

第三节　荆楚传统村落艺术文化 / 224
　　一、荆楚传统村落的地方戏曲 / 225
　　二、荆楚传统村落的民间文学 / 235
　　三、荆楚传统村落的民间音乐 / 245
　　四、荆楚传统村落的民族舞蹈 / 250

第六章 荆楚传统村落的保护 257

第一节　城镇化对荆楚传统村落的冲击 / 258
　　一、荆楚传统村落的生存环境 / 259
　　二、荆楚传统村落的发展现状与趋势 / 264

第二节　荆楚传统村落的保护现状 / 273
　　一、荆楚传统村落的保护方式与措施 / 273
　　二、荆楚传统村落保护中存在的问题 / 288

第三节　荆楚文化区重点保护村落概况 / 292
　　一、湖南省重点保护村落概况 / 292
　　二、湖北省重点保护村落概况 / 300
　　三、江西省重点保护村落概况 / 307

第七章 荆楚传统村落的活化利用 317

第一节 荆楚传统村落的传承与发展 / 318
  一、荆楚传统村落特色景观的传承与发展 / 318
  二、荆楚传统村落乡土文化的传承与发展 / 323

第二节 旅游开发在荆楚传统村落活化中的作用 / 326
  一、荆楚传统村落旅游活化的基本程式 / 327
  二、传统村落文化旅游活化的主要途径 / 330

第三节 荆楚传统村落旅游活化案例 / 333
  一、江西省抚州市流坑村 / 333
  二、湖南省张家界市石堰坪村 / 342
  三、江西省井冈山市菖蒲古村 / 348
  四、湖南省岳阳市张谷英村 / 353

参考文献 / 361

附录：荆楚传统村落名单 / 364

后记 / 405

第一章

概述

中国传统村落文化抢救与研究

文化区系列

Chinese Traditional Villages

村落

作为一个拥有悠久农耕文明史的国家，中国广袤的国土上遍布着众多形态各异、风情各具、历史悠久的传统村落。荆楚文化因楚国和楚人而得名，是在江汉流域兴起的一种地域文化，它是中华民族文化的重要组成部分。作为具有相似文化特质的地理区域，荆楚文化亚区涵盖湖南省、湖北省全部及江西省大部分地区（赣南客家地区和赣北婺源县除外）。独特的地理区位，丰富的自然资源，悠久的人文历史，不仅造就了灿烂的荆楚文化、湖湘文化、赣鄱文化，也给聚落文化的形成和发展提供了坚实的基础，这使得荆楚地区传统村落不仅数量众多，而且独具特色。

第一节
荆楚文化与荆楚文化区域

文化是人类在一定的自然环境与社会环境中为了自己的生存与发展而主动进行的物质创制与精神创制。华夏文化自其发生起，即因地理环境、经济方式和社会结构的多样性而呈现出多种形态。至晚周时期，各具特色的区域文化已大致成形，在北方形成了以中原文化为代表的大区域文化，在南方则形成了以楚文化为代表的区域文化[①]。

---

① 江凌. 试论荆楚文化的流变、分期与近代转型[J]. 史学集刊，2011（5）：73-79.

一、荆楚文化

楚文化是先秦时期南方诸侯国楚国的物质文化和精神文化的总称。楚国先民最初生活在黄河流域的中原地区（河南新郑），南迁后给楚地带来了先进的华夏文明因素，并以中原商周文明特别是姬周文明为基础、吸收了少量"蛮夷"文化而形成楚文化。楚文化、荆楚文化同属一个概念，均指楚人、楚民族、楚国创造的，经长期沉淀的文化实体和形态。历史上荆、楚不分，荆、楚或荆楚、楚荆作为一种特定的称谓，已沿袭三千多年。如《诗·商颂·殷武》说："维女荆楚，居国南乡。"这里是"荆楚"联称，荆在前，楚在后。《竹书纪年》说："周昭王十六年，伐楚荆。"这里是"楚荆"联称，楚在前，荆在后。至东汉，许慎《说文解字》释"荆"："楚。木也。从艸，刑声。"释"楚"："丛木。一名荆也。"唐宋时期的典籍中也进行了界定，如孔颖达所疏《春秋左传正义》记载："荆、楚，一木二名，故以为国号，亦得二名。"宋代沈括《梦溪笔谈》："荆或为楚，楚亦荆木之别名也。"故荆楚是专称楚人、楚族、楚国和荆楚地域的一个特有称谓。

作为一种具有鲜明地域特色的文化形态，从断代的静态角度看，荆楚文化主要是指以当今湖北地区为主体的古代历史文化；从发展的动态角度看，荆楚文化不仅包括古代的历史文化，还包括从古到今乃至未来该地区所形成的地域文化。荆楚文化系统由若干文化丛和文化因子所组成，文化丛包括稻作、桑蚕、茶、渔业、水运、商业、民族工业、饮食、服饰、民间工艺、组织制度、文学艺术、风俗等内容[①]。从文化的表现形式和传承方式的角度，文化可分为物质文化和非物质文化。作为一种具有地域特色的文化，荆楚传统文化也是由物质文化和非物质文化及其相关文化要素组成的系统（表1-1）。

表1-1　荆楚传统文化构成要素

大类	类型	文化要素	典型特征
物质文化	建筑文化	民居	以天井为中心的内向封闭式组合院落，有四合院、长方形围合、单列式围合、并列式围合、干栏式围合、"丰"字形围合等平面形态
		祠堂	平面布局为长方形，一般为三进天井合院或四进天井合院，两侧建有厢房
		风雨桥	由桥、亭组成。用木料筑成，靠凿榫衔接。桥面铺板，两旁设置栏、长凳，形成长廊式走道，桥墩上建亭
		戏楼	多为方形或长方形亭楼式建筑，平面呈"凸"字形，三面敞开，一面为后台，楼前为广场或看台。戏楼的重要特色是细部装饰，戏台前立柱上有楹联，建筑屋脊、壁柱、梁枋、门窗、屏风及其他细小构件上都有雕刻、彩绘等。在"赣剧之乡"江西乐平，就有400余座造型优美、风格各异的古戏台，乐平也因此被称为"中国古戏台博物馆"
		楼阁	楼阁众多，临水而建，高大壮丽，江西的滕王阁、湖北的黄鹤楼、湖南的岳阳楼被称为"江南三大名楼"，是中国古代传统建筑艺术独特风格和辉煌成就的杰出代表
	服饰文化	式样	花样百出，不拘一格，式样突破礼制；春夏单衣，秋冬棉衣
		布料	以棉布、麻布为主，江西与湖南的夏布具有鲜明的地域特色

[①] 侯林春，彭红霞，温彦平，等. 荆楚文化区域系统探析[J]. 石家庄经济学院学报，2009，32（2）：126-130.

续表

大类	类型	文化要素	典型特征
物质文化	生产文化	渔耕劳作	在平原与丘陵地区，河、湖捕鱼，水田、旱地耕作，随季节、时令进行相应的农业生产。村落中面积较大的平地，用于晾晒稻谷、玉米等农作物，是举办大事、要事的集中地
		山林采猎	在高海拔的山林地区，以采集、狩猎、砍柴、烧炭为主，小片耕地耕作为辅，自给性更强
		手工生产	多生产小农具、炊事用具、日用家具等。作坊是从事手工生产的场所，根据生产工具和操作场所的需要，建造具有较大空间的棚式建筑。荆楚地区村落中常见的是碾米、面的碾坊
非物质文化	民俗文化	艺术文化	拥有灿烂的非物质文化遗产，地方戏曲、民间文学、民间音乐、民族舞蹈具有浓郁的地方文化特色。端午节和雕花剪纸更是被列入了世界非物质文化遗产名录
		节庆活动	传统节日非常多，从大年初一至除夕有20多项，每个节日都有一套相应的节日传说、节日饮食、节日礼仪等。端午节源于荆楚地区，赛龙舟是村落中非常重要且有特色的端午节活动之一
	饮食文化		鱼米之乡，以大米为主食，鱼肉为副食，形成"饭稻羹鱼"的饮食文化；喜食杂食，口味偏辣、咸
	宗教文化	寺庙与道观	荆楚地区具有信巫重祀的传统，也是我国佛教、道教的重要活动区域，如庐山东林寺是佛教净土宗的发祥地，宜黄曹山寺是佛教曹洞宗的祖庭，黄梅五祖寺是中国禅宗发祥地之一，龙虎山为道教正一道、天师道祖庭，武当山被列为道教第一名山，衡山亦为道教圣地
		神祠	多为地域性建筑，其建造方法与地方传统建筑方法一致。祠中供奉多为神话传说和历史故事中的神仙与人物，不少还保留原始图腾崇拜的痕迹。村落中的神祠多供奉土地神
	书院文化		书院众多，其中江西地区书院鼎盛时期有1000多所。书院追求与自然环境天人合一，其建筑浑朴、雅致、庄严。白鹿洞书院、岳麓书院、白鹭洲书院、邺侯书院、鹅湖书院等都是我国著名的书院
	革命文化		是近代中国工人运动中心区域、农民运动中心区域和大革命运动中心区域，又是中国革命武装夺取政权的重要策源地、中国工农红军的主要诞生地和中国革命胜利的主要根据地，在众多乡村保存了文化遗迹
	名人文化		"惟楚有材，于斯为盛。"在中华文明史上，荆楚大地，可谓人才济济

续表

大类	类型	文化要素	典型特征
非物质文化	制度文化	婚姻习俗	讲究"六礼",即纳彩、问名、纳吉、纳征、请期、亲迎等礼节,还包括同姓不婚、媒妁之言等婚俗
		家规族规	以"敬宗"和"收族"为核心内容,即建立家族血缘关系的尊卑伦序,寻求家族内部长期和平共处、聚而不散。江西德安县义门村陈氏家规由《家法三十三条》《家训十六条》《家范十二则》构成,是一部完整的家族管理制度,构建了"大道之行,天下为公"的古代和谐社会的典范

(一)荆楚文化的形成

自夏初至战国中期,以祝融后裔芈姓部落为主的中原人(楚人的先民)三次大规模南迁,移居荆楚地区:第一次即禹征三苗部落后,芈姓楚先祖南迁荆楚,居丹水、汉水之间和汉水下游以西地区;第二次即商代中期,中原移民"居国南乡",楚人先祖鬻熊、熊丽、熊绎等以丹淅流域的丹阳为中心,沿丹淅—汉水流域逐步向南开拓,最后入主汉水东部,建立盘龙城(今武汉黄陂区)等据点;第三次即西周时期,中原移民移居荆楚,在汉水流域建立随国、曾国等"汉阳诸姬"。在不断南移的过程中,中原文化被带到了荆楚地区,与荆楚土著文化融合、升华,尤其是芈姓楚先祖迁入后,与江汉土著先民融合,形成了楚民族,建立了楚国。之后,楚人不断开疆拓土,使中原华夏文化、祝融部落崇火尊凤的原始部落文化和农业文化、荆楚土著文化三者合流,形成了楚文化[1]。

自周平王三十一年(前740)熊通自号楚武王始,经文王、成王、庄王、昭王几代开拓,至前506年吴师入郢,即从春秋早期到

---

[1] 江凌. 试论荆楚文化的流变、分期与近代转型 [J]. 史学集刊, 2011 (5): 73-79.

春秋晚期，楚国以汉水流域为中心，扩充版图，交流融合，师夷夏之长技并力求创新，使楚文化茁壮发展。这一时期，楚墓出土的陶器以陶鬲为主，楚人并制成新式陶鬲——楚式鬲，创建了筑陂灌田的农业水利工程，融杨越和华夏之长的青铜冶铸技术得到了发展，卓然自成一家。同时，楚国的语言文字，完备的典章制度、音乐艺术介乎夷夏之间并有所创新。比如，春秋中晚期，河南淅川下寺出土的编钟52件，其全部乐音系列可以奏出七声或六声的音阶。是时，楚人基本精神和文化特质主要表现有三：一是爱国主义、缅怀祖先和忠君思想比较浓郁。比如，楚人缅怀先人开创之功曰："昔我先王熊绎，辟在荆山，筚路蓝缕，以处草莽。跋涉山林，以事天子，唯是桃弧、棘矢，以共御王事。"二是尊崇巫祀、占卜之风较盛。楚人逢战事、建筑、墓葬等大事必占卜，笃信鬼神和风水。三是注重乐舞和各种艺术，抒发楚人艺术情怀。

楚昭王十二年（前504）后，受吴国侵逼，楚国迁都于郡，仍称郢。楚昭王十三年至二十四年（前503—前492）间，楚都又南迁至郢（今湖北江陵县纪南城），一直到楚顷襄王二十一年（前278），秦将白起拔郢都这200多年间，楚国经济繁荣，青铜器铸造技术达到当时最高水平，铁器的生产和推广，丝织品、丝绣艺术，竹器、木器的生产工艺，漆器、漆绘艺术，以及城市发展生机勃勃，精神文化成果突出，荆楚文化进入鼎盛期。在文化艺术方面，以老庄哲学为代表的楚国哲学，以《楚辞》《离骚》为代表的楚国文学，以及楚国帛画的艺术成就，都是中国乃至世界文化艺术宝库中的精品，楚国音乐艺术的杰出代表——随州曾侯乙编钟是世界上最早具有12个半音音阶关系的定调乐器，堪称世界文化艺术瑰宝。

自前278年白起拔郢后，楚国国势衰微，至楚国灭亡（前

223），楚文化进入滞缓和绵延期。但战国晚期，楚国的冶金业较发达，金币增多，黄金产量大增。在哲学上，道家与儒家相统一的黄老之学兴起；在文学上，楚辞、楚歌缭绕，余音绵绵不绝。楚亡后，秦、汉王朝建立，逐渐形成了一统整合的秦汉文化。这时，作为重要地域文化的荆楚文化得以融合创新，但楚风余韵依然绵延不绝。楚文化并没有随着楚国的灭亡而消失，而是仍然作为长江中游两湖地区荆楚区域文化的发展基础，存在于此后两千余年的历史中，并深刻影响着近世以来荆楚区域文化的发展[①]。

（二）荆楚文化的主要特点

荆楚文化除了具备中国整体文化的伦理类型、基本精神及主要特点等普同性之外，也有自己的特异性。

1. 开放性和兼容性

荆楚地区处于我国地势二级阶梯向三级阶梯过渡的位置，有平原、岗地、丘陵和山地，河流纵横，湖泊众多，复杂多样。其四面环山，中间为两湖平原，整体地貌呈现为大盆地形态。荆楚地区在地理上又处于我国比较中心的位置，万里长江横贯其中，众多支流汇注长江，主干水陆交通贯通南北东西。四面高山使之存在一定的封闭性，纵横交通的枢纽地位则具有极大的开放性，周边山区尤其是西部山区经济文化比较闭塞落后；中部处于纵横交通线上地区的经济文化比较开放、发达。封闭性与开放性、落后性与发达性并存，

---

① 江凌. 试论荆楚文化的流变、分期与近代转型[J]. 史学集刊，2011（5）：73-79.

其中，开放性和发达性是荆楚文化的主流。中部发达地区对边远山区有辐射性作用；而边远山区尤其是西部山区所存留的古文化往往以其古色古香的文化因子不时地向中部发达文化渗透，这正是荆楚文化具有奇丽色彩的奥秘之所在①。

荆楚地域是一个居民比较复杂的地区。就东周而言，见于记载的除了楚国先民外，还有汉阳诸姬、群蛮、濮、巴、杨越等族属。秦汉时期，除了汉族外，见于记载的有巴、越、蛮等少数民族。六朝以后，诸多少数民族多以"蛮"相称，并逐渐演变成为今日的土家、苗、瑶、壮等民族。汉族是主要民族，少数民族多居西部和南部山区。此外，历史上还有数次北方的移民以及明清时"江西填湖广，湖广填四川"的移民。由于民族文化和移民文化的差异，主体文化在发展中对这些存在差异的少数民族文化和移民文化，在不断地兼容并蓄。

2. 自强进取精神

自强进取作为荆楚文化最基本的精神，主要是从楚人积极的处世态度和优良文化传统中概括提炼出来的。它包含着诸多具体精神，作用于不同的时代。荆楚地区在相当长的一段时间里跟不上中原的发展步伐。自商末楚国建立后，才奋起直追。那个时代，荆楚文化与中原文化尚处于撞击融合阶段，中原人以华夏为正统，认为荆楚尤其是楚国尚未强大时的荆楚偏远落后，常以"楚蛮""南蛮""蛮夷"称呼荆楚地域或荆楚人。周初以五等爵制大分封时，因视楚人

---

① 罗运环. 论荆楚文化的基本精神及其特点[J]. 武汉大学学报（人文科学版），2003，56（2）：194-197.

为蛮夷，仅以子爵封楚国。同时，楚在诸侯之间的残酷争战中求生存、求发展，生死攸关。凡此皆激发了楚人自强进取的精神[①]。

秦汉文化一统整合后，楚人这种自强进取的精神成为荆楚文化的一种优良传统精神，世代发扬。尤其在近代民族危机不断加深的局势下，更加激发了荆楚人的这种精神。自洋务运动开展以来，荆楚人以强烈的民族责任感和时代使命感，置生命于不顾，积极变革，努力创新，敢为人先，充分发扬了自强进取的精神。

3. 浪漫主义特色

荆楚文化的浪漫主义特色，东周时期最为突出，已成为一种思潮，在文学、艺术、思想等各方面都有表现。大量漆器纹饰，普遍流行一种飘逸感很强烈的凤尾纹；长沙出土的《人物御龙帛画》，人御神龙，孤鹤相从，构思诡谲。楚地还流行一种复合造型法，即动物合体、人兽合体，曾侯乙墓出土的鸳鸯漆盒上的《击鼓舞蹈图》《撞钟击磬图》，击鼓撞钟的乐师鸟首人身；长沙《楚帛书》中的十二神像，都是动物合体或人兽合体，或颈生三首，或长角衔蛇，或似蛙蛇合体，奇幻怪诞，充满神秘色彩和浪漫气息。诗歌《汉广》《鄂君歌》以及沅湘一带流行的《湘君》《湘夫人》《少司命》等巫歌巫舞，也都充满了神秘色彩和浪漫气息。屈原在这种氛围里，加上个人的性格和遭遇，开创了追求"美政"理想的、积极的浪漫主义。宋玉也写出了充满浪漫主义的辞赋。荆楚地区是楚国的腹心地带，这种浪漫主义思潮也辐射到了楚国的其他地区。庄子是宋裔楚

---

① 罗运环. 论荆楚文化的基本精神及其特点[J]. 武汉大学学报（人文科学版），2003，56（2）：194-197.

人，因个人的经历和感受不同，创造出了追求逍遥的浪漫主义。此后，马王堆汉墓的帛画，唐代怀素的狂草……毛泽东的诗词、书法，无不体现出荆楚浪漫主义特色的文化传统[①]。

4. 多元的价值取向

荆楚文化最深层次的价值观也具有多元的特点，因而儒家、道家、法家、墨家、农家、佛教等都有发展空间，其各种价值观也都具有一定的代表性。总的来说，虽不同时代有不同的侧重，但以儒、道为代表的价值原则，始终是传统文化的主流，其中以道家为代表的价值原则的影响程度较其他地域更深。商末，楚君鬻熊最早具有较系统的道家思想。他在丹阳建立楚国，处荆楚一隅之地，在商朝的压制中生存和发展，楚人坚持不依外力而"自长"，靠自己"积柔"而变"刚强"，显示出楚人"以己为本位"的价值取向。此后，楚君熊渠及楚武王的"我蛮夷也"，也都体现出楚人的这一价值原则。这一原则一直激励着楚人自立自强，奋发创新。另一方面，随着楚国中央集权、法治的建立（自楚武王始），以及自由民（平民）的破产，在楚国边远地区，主要是与中原接近的边远地区产生了老庄道家思想。其对个体生命与个性自由的关注，显示出崇尚个性的价值取向，老庄思想及其价值观辐辏楚国腹地荆楚地区，并在荆楚文化的发展过程中产生了较大的影响。在儒学的影响下，荆楚文化具有"义以为上"的价值取向和"内圣外王"的价值目标。近代以后，随着传统文化的转型和新文化的逐步建立，荆楚文化的价值观

---

① 罗运环. 论荆楚文化的基本精神及其特点[J]. 武汉大学学报（人文科学版），2003，56（2）：194-197.

和价值目标的总体内涵也因时而随之变化。率先进行洋务运动的曾国藩和抬着棺材进西域平乱的左宗棠等辈，皆以儒学"内圣外王"的人格理想为取舍。谭嗣同、陈天华等慷慨悲歌之士，献身于资产阶级的维新和革命事业，以黄兴为代表的资产阶级革命精神，以毛泽东为代表的无产阶级革命精神，所体现的价值取向及价值目标的内涵虽有着性质的差异，但他们的价值取向，都是"义以为上"的，都追求着本阶级的最高价值目标[①]。

二、荆楚文化区域

文化区也称文化圈，是指具有某种共同文化属性的人群所占据的地区；或者说是指具有相似文化特质的地理区域。它是一种以不同地区盛行的文化特征的差异而划分的空间单位，在同一区域内，某种文化要素，甚至多种文化要素（语言、宗教、习俗、艺术形式、道德观念、社会组织、经济特色等）以及反映这些文化特征的景观呈现一致性的特征。每个文化区的形成和演变都是诸多因素共同作用的结果。一般来说，国内学者对中国文化区的划分有不同的观点。吴必虎先生沿胡焕庸线将全国分成东西两大块，即东南部的农业文化和西北部的牧业文化两个文化大区，东南部农业文化大区中划分出中原文化区、关东文化区、扬子文化区、西南文化区和东南文化区五个文化区。扬子文化区主要包括长江中下游地区的诸种文化，

---

① 罗运环. 论荆楚文化的基本精神及其特点[J]. 武汉大学学报（人文科学版），2003，56（2）：194-197.

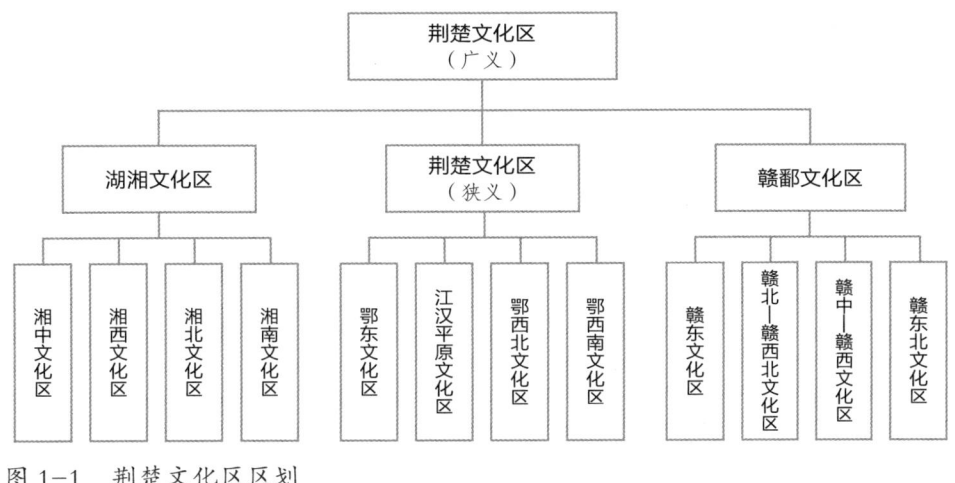

图 1-1　荆楚文化区区划

可划分为荆楚文化亚区和吴越文化亚区[①]。荆楚文化亚区涵盖江西、湖南（湘西州除外）、湖北（鄂西南恩施山地除外）以及广西东北隅桂林地区。在荆楚文化区内部，人们的衣食住行、风土人情、艺术风格、欣赏情趣等，各具特色，各有风味。以省域为单位，荆楚文化区（广义）包括荆楚文化区（狭义）、湖湘文化区和赣鄱文化区。根据省域内文化发展历史、形成过程、地理分布以及文化景观的差异性，可以将各省域文化区划分为若干区域。本书在选取民居为主要指标的基础上，对各省域进行文化区的划分。

（一）荆楚文化区（狭义）

荆楚文化是中华民族文化的重要组成部分，湖北是荆楚文化的

[①] 吴必虎. 中国文化区的形成与划分[J]. 学术月刊，1996（3）：10-15.

发祥地，位于长江中游地区，在与周边文化的频繁交流中形成丰富的文化形态。湖北省地势大致为东、西、北三面环山，中间低平，略呈向南敞开的不完整盆地。境内群山连绵，湖泊密布，物产丰富，山地、丘陵、平原俱存，自然环境变化多样。受到多方面文化的影响，鄂派古建筑折射出湖北的地缘特色。靠近北方的鄂西北遗留有许多明清的四合院式古建筑；鄂东南的抬梁式古建筑就呈现徽派风格；鄂西南多为山地，吊脚楼式的山地建筑成为首选。

1. 鄂东文化区

鄂东文化区包括武汉市、黄冈市、黄石市、鄂州市、孝感市和咸宁市，以长江为界可划分为两个区域，长江以北称为鄂东北地区，长江以南称为鄂东南地区。鄂东地区历来是鱼米之乡，历史悠久，文化多元，该区域是湖北省文化多样性最为丰富的地区之一。

鄂东北地区自古就有"楚头吴尾"之称，北屏大别山，南带扬子江，多为丘陵，建筑布局依附于地形灵活布局，院落、室内外均有高差。传统民居主要集中于黄冈市的红安县和罗田县，保存较好的有红安县七里坪老街及民居、罗田县胜利镇屯兵堡街及民居、罗田县新屋垸等。鄂东南地区主要位于幕阜山脉北麓，幕阜山脉向江汉平原过渡地带，鄂、湘、赣三省交界的低山丘陵。受当地山区丘陵自然环境以及明清以来外来移民不断迁入定居、繁衍的影响，鄂东南地区传统村落的形态具有聚族而居的特点。以宗祠—支祠—家祠为层级的祠堂建筑格局与家族聚居区—自然村落—单个家庭的聚落形态相对应，体现出建筑格局与家族结构在某种程度上的契合。鄂东南地区住宅建筑属于庭院类民居之厅井式。当地人称之为"天井院"，这种"天井院"是大量传统民宅的基本形式。鄂东南民宅在立面形式上，基本与"三间制"或"五间制"的平面形式相对应，一般也呈现出三间或五间的组合形式。鄂东南地区传统村落中，祠堂建筑体量之高大、装饰之烦琐在其所处村落无出其右。祠堂建筑在入口立面、山墙、结构装饰上都是整个村落最突出的，入口立面在门头装饰及门罩装饰上极具气势；两侧山墙极具特色，鄂东南一带大型祠堂的山墙多为"云形封火山墙"，即连续的正弧形山墙[①]。

2. 江汉平原文化区

江汉平原位于湖北省中南部，主要包括荆州市、荆门市以及仙桃市、潜江市、天门市三个省直管市。江汉平原由长江与汉江冲积而得名，河流纵横交错，湖泊星罗棋布，是长江中下游平原的重要组成部分。江汉平原气候条件良好，土地肥沃，物产丰富。在很久远的古代，人类就在这里生息繁衍，并创造了发达的文化和文明，是长江流域乃至中国南方古老文化的发祥地，也是中国原始文化发展水平最高的地区之一。

江汉平原民居以淡雅、朴实、秀丽著称。在外观色调上以灰、白、黑为主，尽可能保持材料的自然质感。屋顶二坡水屋面、山墙顶以小青瓦铺成龙鳞状，墙面均粉白灰。江汉平原传统民居集中于荆州和荆门地区，多为天井式、天斗式、天井天斗混合式，尤其天斗式建筑更是其他地区不多见的空间形式，保存较好的有洪湖瞿家湾老街、监利周老嘴老街等。江汉平原民居由一个或多个四合院组成，俗称三个大门、五个大门、八个大门，形成若干个连在一起的四合院建筑群。平面布局为三正三厅和五正五厅，左右为厢房，中

[①] 毛元仁. 鄂东南地区传统民居研究[D]. 杭州：中国美术学院，2014.

间为天井，前后一进、二进到五进或更深。江汉平原丘陵河湖地带的民居，屋架普遍比山区屋架低 1 米左右。墙体多为土砖墙，前墙均向外伸檐出廊，宽度 1 米至 2 米。易遭水灾的地带，房屋结构设计全用立柱支撑，墙体只起隔断作用。

3. 鄂西北文化区

鄂西北文化区包括宜昌市、十堰市、神农架林区及襄阳市。该地区自古是巴、楚、蜀文化与中原文化碰撞交融之地，此地地势陡峭，长江、汉水水路成为聚居地与外界联系的主要方式。鄂西北地区的传统民居群无论是单体建筑还是整体环境都体现了适应山地环境的独特人文景观，形成多种形式的建筑空间。在聚落形态上，建筑或背依青山，或面临流水，朴中出智，拙中藏巧。平面布局常为对称多路多进四合院式，与北方四合院不同；建筑围合，屋顶连为一体，院落均为天井院。建筑结构上，有砖木结构、穿斗式、穿斗与抬梁结合式；梁柱构架承重，墙体和木壁做围合和隔断。鄂西北传统民居集中分布在十堰地区竹山、竹溪、郧阳、丹江口一带和襄阳地区南漳、谷城一带。选址多为有山有水的地段，建筑背靠山体，坐北朝南，保存较好的传统民居有翁家庄院、高家花屋、冯氏民居、柯家祠堂等。

4. 鄂西南文化区

鄂西南文化区主要包括恩施土家族苗族自治州和宜昌的部分县市，该地区是土家族和苗族人口分布最密集的地区，传统民居以极富特色的木构干栏建筑——吊脚楼为主要形式。除原汁原味的吊脚楼外，也包括一些砖石与木构混合建筑，以及由此形成的聚落，如利川大水井李氏庄园和咸丰严家祠堂。吊脚楼建筑群多数临水而立、依山而建，鳞次栉比、叠层而上，其村落空间格局与大自然浑然一体。如宣恩县椒园镇庆阳坝村彭家寨古吊脚楼群有上百年历史，寨内房屋共23栋。每栋自成体系，面积百余到几百平方米不等。建筑以木结构的吊脚楼形制为主，包含单吊式、双吊式、二层吊式、三层吊式、平地起吊式和"一"字吊等多种吊脚楼样式，具有形体美、空间美、层次美、轮廓美等特点。

（二）湖湘文化区

湖湘文化是指以湖湘地区特定的地域环境与人文传统为依托，渊源于历史上人与自然及人们之间对象性关系而形成的具有本区域特色的文化结构体系[①]。从空间上说，它是湖南省区域范围内的地域文化；从时间上说，它是唐宋以后构建起来并延续到近代的一种区域文化形态。湖湘文化包括先秦两汉时期的楚文化、南北朝及唐宋时期的移民文化以及湖湘的民风民俗和本土文化传统。湖湘文化与湖南省的地理环境有着密切的联系。湖南位于亚热带，气候温暖，雨水丰沛；东、南、西三面环山，北面是洞庭湖，境内有湘、资、沅、澧四条大河；境内多丘陵，少平地。湘人崇尚勇武、喜欢打斗、剽悍敏捷、容易被激怒等性格特征与这种地理环境不无关系。

从传统村落建筑形态上划分，大致可以分为湘中地区的府第式砖木结构宅院、湘南地区的街衢式村落、湘西南与湘西北的木结构

---

① 户华为. 湖湘文化及其特征与历史定位[J]. 湘潭大学学报（哲学社会科学版），2005，29（2）：84-88.

的干栏式村落三大类型。在对湖南传统民居的研究过程中，许多学者提出对湖南进行区域的划分，如黄家瑾的《湖南传统民居》一书将湖南传统民居细分为湘西、湘南、湘北、湘东、湘中五大区域，分类详细，这些传统民居，各有特色，各有异同，对审美文化差异研究与比较有着重要的历史意义与现实价值。本书以湖南的区域自然地理环境为基础，以建筑文化的和而不同和建筑风格的迥异程度将湖湘文化区划分为湘中、湘西、湘北、湘南四大区域。

1. 湘中文化区

湘中文化区主要指湖南省中部地区，特指雪峰山以东，武功山以西，阳明山以北，湘阴、益阳以南的湘江中下游地区，具体的行政区划是指长沙、湘潭、衡阳、娄底四地全部及株洲、邵阳、益阳地区的部分，总面积约4万平方千米。湘中在历史上是湖南开发最早的地区，经济、文化最为发达。湘中地区气候属大陆型亚热带季风湿润气候，四季分明，春温多变，夏秋多旱，冬季北风凛冽湿寒。当地传统建筑讲究南向，要求有通风、遮阳以及保温防潮的效果。

湘中地区为典型的丘陵地带，多山，木、石等建筑材料丰富，如长沙汀子湾麻石、湘乡大理石和其他各地的青石、杉木、松木等。加之湘中地区经济较为发达，传统的烧砖技术较高，所以湘中地区传统建筑多以砖、木、石为主要的建筑材料，结合当地传统的建造技术、构造方式以及当地的气候条件、历史传统、生活习俗和审美观念等，形成独特的建筑特色和建造技术。湘中地区传统建筑常用的有两种结构形式：一是承重结构体系，指檩条、楼板直接搁在墙上，由内外墙来承受楼板及屋顶的荷载，此结构节约木材、防火、隔热效果比较好，湘中地区俗称"山墙搁檩"，湘中民居多采用此种结构；二是木构架结构体系，指木柱承重，有梁、枋、檩、椽等木构件，构件之间以榫卯连接，砖墙只起到维护作用的结构体系。

2. 湘西文化区

湘西文化区包括湘西土家族苗族自治州、怀化地区、张家界地区。湘西历史上就是土家族和苗族的主要聚居地，民族文化源远流长、厚重独特，非物质文化遗产资源丰富。湘西古村落大致分为三大形态：一是分布在湘西酉水流域的传统土家族聚集村落；二是苗疆边墙为主的线形防御性的村寨；三是散落在腊尔山台地与吕洞山一带的山地聚落。

苗族、土家族"依山而寨，择险而居"，形成独具特色的"吊脚楼"民居建筑。苗寨周围环境多层峦叠嶂、沟壑纵横，且经济比较落后，故苗族民居建筑在总体布局上便是顺应自然、利用自然，而极少在建筑的建造过程中改变环境。这样一种省时、省力、就地取材的建筑手段使建筑与自然完美地融为一体。苗寨是一个小社会，自然有自己的组织方式和结构，反映在建筑上就出现了苗寨中常见的晒谷坪、廊桥、鼓楼等公共建筑空间，它们都是节庆活动、聚会、娱乐、交通、休息的公共场所，体现了村寨中的群体空间，极富社会性。还有苗寨每家每户都有的"保命桥"，是通向外寨的桥梁，把寨与寨互相连接起来，形成一个更大的"社会"。由于历史、时代、地域、民族、文化、经济等诸多因素的影响，苗族民居建筑单体形式多样，有着不同的空间布局，总体分为落地式平房、吊脚楼和权权房三类。

3. 湘北文化区

湘北文化区涵盖湖南北部的常德、岳阳、益阳等地区。湘北地区地貌以丘陵山地和冲积型小平原为主。地貌轮廓是外围地势较高，丘岗环绕；中部为湖沼平原，坦荡低平。湘北地区既受中原文化的影响，又受荆楚文化的熏陶，具有丰厚的文化底蕴。由于明清时期"江西填湖广"的大移民潮带来的其他地区异质文化的融入，湘北地区与赣鄱文化也有着密切的联系。

湘北地区传统民居多以堂屋为中心，正屋为主体，呈中轴对称，厢房、杂屋均衡分布。相比北方民居，显得轻巧、通透，造型均衡简洁，色调素净明雅，质朴清新。以丘陵平原地貌为主的地形地貌使湘北地区形成了"大屋"的独特民居类型，其规模庞大，以祠堂等公共建筑为中心向外围扩张、聚族而居，形成了紧密联系的庞大建筑群。从宅基选址到平面布局，从建筑内部的空间处理到细部的装饰艺术，都充分体现了大屋的建筑特色和传统的封建礼制文化。

4. 湘南文化区

湘南地处湖南最南部，包括郴州市和永州市。它东接江西赣州，南邻广东韶关，西与桂林交界。地形地貌以山丘为主，境内河谷纵横密布。古村落在选址与布局上多背山临水，即村后有主峰，有树木茂盛的风水林，左右有次峰，同样是有着丰茂的植被，祠堂前均有一个至多个圆形或半圆形的池塘，村前有小河溪流环村流去，山环水抱，这是湘南先人"天人合一"思想在村落布局上的体现。湘南的郴州东南方向民居受客家文化、南粤文化的深刻影响，装饰夸张，色彩丰富。

湘南大部分地区为喀斯特地貌，盛产石灰岩，因而青石在湘南民居建筑中被大量采用作为建筑材料，民居中的石鼓、石门槛、石柱础、基石、道路、桥梁、天井及公共建筑基础部分均为青石筑成，并在上面大量雕刻纹饰。各类石雕题材多样，雕工精美，青石雕刻已成为湘南民居中一大特色和重要的建筑构件。聚族而居是湘南古村落的又一大特色。《桂阳直隶州志》载："父子兄弟多族居，或至百口，盖其俗朴古然而也。"如郴州市汝城县朱、何、范，永兴县陈、刘，嘉禾县李、雷，临武县旷、黄、唐等这些大姓望族的聚居特点，形成了相对独立的规模宏大的湘南古村落群。这种高度聚族而居的古村落群是先民为了适应当地生存环境，为了家族和睦和宗族的安全而建成的。

（三）赣鄱文化区

赣鄱文化既受到中原文化的影响，具有朴实奔放之概貌，又具有南国文雅秀丽的风格；既受荆湘文化巫风的熏陶，又兼备吴越文化精巧细腻之长，是富有浓郁地方特色的文化系统。江西地理环境南窄北宽，整个地势亦南高北低，由周边向中心缓缓倾斜，形成一个以鄱阳湖平原为底部的不对称的巨大盆地。边缘山地遍布于省境周围，构成省际天然界线和分水岭；中南部丘陵位于边缘山地内侧的广大地区。江西环山临江的地域空间状态，使"豫章故郡，洪都新府""江南西路"等省建制世代沿袭而大体稳固，编织出孕育和承载赣文化的摇篮，也将赣文化与吴文化、楚文化等从地缘上界别开来。从地域角度看，赣鄱文化包含了浔阳文化、豫章文化、临川文化、庐陵文化、袁州文化等诸多子系统。

1. 赣东文化区

赣东文化区即江西省东部抚州市管辖的11个县市区，该区东邻福建，南接赣州，西连吉安，西北与宜春、南昌相邻，北毗鹰潭、上饶。该文化区东南西三面环山，地势由南而北渐次向鄱阳湖平原地区倾斜，境内大小河流切割，长年冲积成土壤肥沃、灌溉便利的赣抚平原，为农业发展提供了优良的条件，加上该区温湿的亚热带季风气候，丰富的矿产资源，自古以来赣闽要冲的交通地位，为文化的传播和交流提供了优越的地理环境，形成和发展了独特的区域文化——临川文化。

该区民居群体的主要特征是：（1）古村落有悠久古老的历史和高度发达的文化，是宋明以来宗法制度维系的，以儒学道家教化的大家族聚居群体的典型。（2）十分重视人与自然的高度和谐，从选址到整个村落的建立及环境的整治，充分体现"天人合一"的传统文化思想。（3）村落总体布局自明中叶就有规划思想，街道码头、祠堂庙宇、住宅、村门、风水林、排水沟等都布置得很合理。（4）民居建筑数量多，类型齐全，规模较大，有显著的赣民居特色。（5）平面功能明确，构架合理，布局严谨，选料精良，装饰素雅，简朴实用。（6）建筑多为砖木结构的一层半式楼房。一般有天井，但许多建筑将天井缩小，有的甚至将天井取消。（7）祠堂多，分布广、功能全，设立文馆书院，重视文化教育，家藏文物遍布民居之中[①]。

[①] 李国香. 江西民居群体的区系划分[J]. 南方文物，2001（2）：100-105.

2. 赣北—赣西北文化区

赣北—赣西北文化区包括江西省南昌市、九江市、宜春市、新余市管辖的县市区范围。该文化区北面和西面分别与安徽、湖北、湖南三省接壤，东面、东南面和南面分别与江西省上饶市、抚州市、吉安市和萍乡市相连，即与赣东北文化区、赣东文化区及赣中—赣西文化区相连[①]。本区西部地貌以山地丘陵为主，东部为鄱阳湖平原的一部分，地势大致由西往东向以鄱阳湖为中心的地区倾斜，构成了江西北部凹形斜面的西半环。

本区民居群体属于江西民居体系中的赣北区系，主要特征是：（1）属于明清天井式民居，明代、清代民居又有区别。平面以"进"为单元，布局严谨。明代典制森严，多为"三间五架"的"一明两暗"平面布局。（2）大多采用穿斗式木构架承重，砖或土坯、土筑墙作围护的结构体系。（3）平面柱网特殊，刻意加大明间面阔尺寸，增加一个轩廊来强调气派。（4）构架肥硕，"彻上露明造"，柱梁断面大大超过力学的要求，称为"冬瓜月梁"，以月梁与梭柱交接处仅有一个装饰化的丁头拱结合为特色。（5）在南昌，八大山人故居实质上是道院式民居，代表着赣北区系内的宗教与民居相融的有特色的民居建筑。（6）九江地区可以追寻到天井民居退化与消失的各个阶段的踪迹[②]。

3. 赣中—赣西文化区

赣中—赣西文化区包括江西省吉安市管辖的 13 个县市区和萍

---

① 侯军俊. 赣文化时空演替和区划研究[D]. 南昌：江西师范大学，2009.
② 李国香. 江西民居群体的区系划分[J]. 南方文物，2001（2）：100-105.

乡市管辖的4个县市区。北、东面分别与江西省宜春、新余、抚州市接壤，即与赣北—赣西北文化区、赣东文化区相连，西面隔罗霄山脉与湖南分界。该文化区地处亚热带，气候温暖，降水丰沛，赣江纵贯而过，与各支流冲积成肥沃的吉泰盆地，是江西省重要的粮食基地。该区地势由西向东倾斜，山区丘陵面积大，自然资源丰富，地理环境优越。秦汉至五代，该区属庐陵郡范围，发展出浓郁特色的区域文化——庐陵文化，并在宋明时期发展到了顶峰，且很长一段时期成为赣文化的支柱。

该区民居群体的主要特征是：（1）采用以砖砌体或土坯、土墙作为承重的砖木、土木混合结构，有的内外墙都用砖砌的承重砌体。（2）平面以"进"为单元，多半只有一进，后天井往往取消，多是窄小的贮藏间。（3）建筑平面横向发展明显，即天井式单横向组接的平面，轴线上左右对称（或不对称），加上一列纵向的"横屋"，横屋向前出主体建筑一间，使正面平面形成倒"凹"字形，横屋向中间纵长方向的天井开门。（4）仍用封火山墙，但双坡顶屋面的屋脊高高露出山墙一段。（5）遂川民居采用独特的小青瓦歇山式屋顶，即在山墙与檐口齐高处添加一层披檐，但不与悬山檐角相接，外檐出挑大，歇山顶坡度平缓舒展，屋角有起翘。（6）天井的使用功能消亡，有的民居中把所有天井都取消了。一般在入户前加一个前院子，左右设辅房，入口处院墙也不设门廊。（7）屋顶组合富于变化，主体建筑屋脊露出封火山墙之上，打破了马头墙的立面封闭感，大挑檐歇山顶可以四向排水，实际功能作用加强。（8）左右侧屋多有楼层，住人，采光效果一般。（9）这种横向发展的天井式民居是纵天井组合，与横向发展的横长形天井式民居组合又不同，前者的主次更加分明。

4. 赣东北文化区

赣东北文化区包括上饶市、景德镇市和鹰潭市所辖的县市区范围。地貌以山地丘陵为主，地势从北、东、南向以鄱阳湖为中心的地区倾斜，形成了江西北部凹形斜面的东半环。该区域文化受吴文化辐射，形成了不同的文化地域。玉山、上饶、广丰与浙江相连，玉山历史上曾一度隶属衢州，三地在方言和风俗上与浙江衢州相近，在中国大尺度文化区划中属吴文化区的一部分。区内东北部的婺源县、浮梁县以及德兴市北部受徽文化的影响，从方言、民居、风俗甚至当地居民心理上仍旧保持着徽人、徽语、徽派民居的客观现实，成为江西地域文化中的一个特殊区域。

本区民居群体分两片：一片属赣北区系，其特点与赣北—赣西北文化区民居群体特点类似，前已述及，此处不赘述。另一片为婺源区系，包括婺源县和浮梁县北部，由于婺源历史上行政区划的特殊性，民居体系属于皖南徽派民居，其特点也是对徽派民居的补充。既可以把婺源视为皖南徽派民居对江西民居群体产生重要影响的桥头堡，也可以把婺源视为江西民居对皖南徽派民居产生辐射影响的第一站。为将婺源民居的特点和区系归属清晰归纳，婺源民居可单独划成一个区系分析[①]。

---

① 侯军俊. 赣文化时空演替和区划研究[D]. 南昌：江西师范大学，2009.

第二节
荆楚传统村落内涵与类型

乡村是人类由史前狩猎采集文明进入农耕文明以后产生的聚落形态，是农耕生产者聚居劳作和繁衍生息之所在。传统村落是在我国经济社会快速发展的新阶段提出的新概念。2012年，传统村落保护和发展专家委员会第一次会议决定，将习惯称谓"古村落"改为"传统村落"，以突出其文明价值和传承意义。住房城乡建设部、文化部（现文化和旅游部）、财政部和国家文物局联合印发的关于开展传统村落调查的通知中明确指出："传统村落是指村落形成较早，拥有较丰富的传统资源，具有一定历史、文化、科学、艺术、社会、经济价值，应予以保护的村落。"[1] 就荆楚传统村落而言，指代的是分布于荆楚文化区内的传统村落。它与一般传统村落在本质属性上是相同的，但在形式和内涵上受到区域地理环境的影响，具有浓郁的地域文化特征。

一、荆楚传统村落的内涵

（一）荆楚传统村落的文化内涵

"传统"，强调文化和文脉从古至今的延续性，诠释了一个长期

---

[1] 胡燕，陈晟，曹玮，等. 传统村落的概念和文化内涵[J]. 城市发展研究，2014，21（1）：10-13.

的动态变化过程。由此可见传统村落概念是对有特殊保护意义的古村落所作的界定，更有利于体现古村落的历史价值和文化内涵。不同的村落建筑，反映了相应的村落原住居民的文化理念，折射出以生产生活方式和民风与习俗为重要内容的不同的文化内涵。荆楚传统村落的文化内涵主要体现在以下三个方面。

一是现存传统建筑风貌完整。在荆楚文化区各传统村落中拥有一定规模和数量的传统建筑，历史遗存的文物古迹和建筑物、构筑物布局集中紧凑，用地面积达到保护区内建筑总用地的70%以上；建筑的形式、高度、体量、屋顶、墙体、门窗、色彩等基本保持着传统的地方风格和风貌特色。传统村落的一个重要价值在于它们都还保留了大量优秀的传统民居和其他民俗建筑，这些遗存不但描述了古村落的形态结构，也为后人研究地方传统建筑提供了最原真的实物佐证。国家级历史文化名村江西省乐安县流坑村至今仍保存明代中晚期建筑（包括遗址）19处，清代建筑240余处，这些建筑对研究民居从明代向清代的演变过程提供了十分珍贵的实物资料。

二是村落选址和格局保持传统特色。荆楚传统村落的地理分布、空间形态深受区域地理环境的影响，许多村落的演变和发展基本延续了始建年代的堪舆选址特征，体现着人与自然的和谐共生关系，蕴含着古代先民的天地人和哲学观，在较大程度上反映了建筑风水理念，以及儒家礼制规范和伦理道德；村落的各类建筑布局、路网格局大体保持着传统的空间结构、空间肌理和空间形态。如湖南省岳阳市张谷英村坐落在一个群山环绕的开阔盆地之中，地势北高南低，村落南面广阔开敞，与远方的大峰山遥相呼应。盆地中有一座线形的小山丘，形似一条卧龙，人们形象地称之为龙行山，这在宏观上构成了"巨龙戏珠"的山水格局。龙行山的左右两侧各有一条小溪，潺潺流水，迂回曲折，二溪河流形成渭溪，这就形成渭溪环抱着张谷英村由东向西缓缓流去，构成了"金带环抱"的绝妙山水格局。

三是非物质文化遗产活态传承。荆楚传统村落依然保持着传统的富有生命力的生产、生活方式和鲜活的起居形态，以及依托传统方式和形态，在历代繁衍生息中创造的以声音、形象和技艺为表现手段，并以身口相传作为文化链而得以延续的口头文化、体型文化、造型文化和综合文化等。如武汉市黄陂区大余湾村是恬静、淡泊的田园山寨，村民仍然保持着旧时的民俗民风，身临其境使人有穿越几百年的时空之感。大余湾村仍保存着石碾、石磨等生产和生活工具，其石碾上刻有"嘉庆廿二年立"字样；保存着明代红木雕花床，四面雕刻，其正面镂空雕刻的人物穿着明朝服饰，床两侧雕有"双龙戏珠"的图案；藏有"雍正朱批谕旨"盒、"四豆同荣"寿匾等一批古珍；村旧宅檐下有前人所绘的"朱元璋荷犁牵牛""高山流水觅知音"等故事壁画，这一切都彰显着大余湾村民俗文化底蕴浓郁厚重。

（二）荆楚传统村落的属性特征

荆楚传统村落的形成、演变与发展也有属于自己的特殊轨迹和规律，这种轨迹和规律形成的原因是传统村落固有的特质属性。

一是历史遗存的真实性。真实性反映的是历史遗存的本质特征，特指文物原构、原状，包括它的表面色彩、图饰纹样和一定规模的环境。就荆楚传统村落而言，真实性体现在原有的传统格局、街巷肌理、建筑形制、空间尺度、历史风貌以及相互依存的自然人文景观和环境，诸如道路铺装、农作场院、粮仓、古井、山泉、水塘、溪涧、磨坊、碾盘、牲口棚、引水渠、寨墙、堤岸、道路、桥梁、船埠、古墓等原有的生活、生产设施和其他设施[①]。

二是构成要素的关联性。荆楚传统村落的构成有多种复杂要素，包括现存的村落格局、河道水系、民居聚落、礼制建筑、道观寺庙、传统起居形态、历史风貌、自然景观和环境等。这些要素之间存在着密切的内在联系，构成一个关联度极强的有机整体，其中有些要素相互存在着因果关系。

三是村落形态的识别性。在荆楚文化区内部，在不同地域、不同历史时期形成的传统村落，由于所在地的水文地质、气候条件、建筑材料、建造工艺，以及传统文化、地域文化和宗教信仰等方面存在着很大差异，所以空间结构和空间形态各有特色。这种特色表现为风貌特征的识别性，也就是通过人的视觉产生的区别于其他事物的一种属性。传统村落识别性越强，越容易使人们辨别记忆[②]。

四是历史文脉的传承性。荆楚传统村落的形成和发展，就是荆楚文化的不断传承和创新。这种传承和创新之所以具有强大的生命力，原因就在于村落居民生生息息，在传统文化引领下，不仅融合地域元素，孕育出本土文化，而且对它们的核心价值给予认同和传承。荆楚地区现存的1000多个传统村落是农耕文明的鲜活见证，是历史文化遗产的瑰宝。

---

①② 胡燕，陈晟，曹玮，等. 传统村落的概念和文化内涵[J]. 城市发展研究，2014，21（1）：10-13.

二、荆楚传统村落的类型

目前学界还没有对传统村落类型进行专门划分,学者对历史文化村镇的类型划分并非一致。有根据综合特色分类法把名镇名村划分为建筑遗产型、民族特色型、革命历史型、传统文化型、环境景观型和商贸交通型六类;也有从村镇的主题差异性功能出发,分为农耕型、工贸型、行政型、军事型、交通型、宗教型、纪念型诸类。影响村落从发生到发展到传承或者没落的原因有很多,包括自然要素,如地形、地貌、水文、气候等;人文社会要素,包括当地的经济、文化、历史等。在所有这些影响聚落景观形成的因子中,地理环境的作用是最主要的[1]。本文将村落的所处地形作为主要分类要素,把荆楚传统村落分为滨水型、平原型、丘陵型、山地型等四种类型。

(一)滨水型

荆楚地区地处长江中游,水系比较发达。在封建社会时期,由于丰富的水资源和良好的自然条件可以保证农耕和林业得到长期稳定的发展,所以荆楚地区很多农村聚落属于滨水型,或紧靠大江大河,或沿溪水一侧,或环绕溪流而建。该类型村落主要为团块状结构,建筑及耕地布局较为整齐,村落内部紧凑,生产结构以水稻种植为主,兼有淡水鱼养殖等其他产业。从荆楚地区聚落名称上也往

---

[1] 申秀英,刘沛林,邓运员,等. 中国南方传统聚落景观区划及其利用价值[J]. 地理研究,2006,25(3):485-494.

往能看出滨水特征：江汉平原滨水村落往往为防水患而筑堤御水，故许多村落称"垸"，如何家垸、新屋垸等；还有一些村落称为"湾"，如大余湾、石头板湾等，也表现其临近河湾的基本特征。

水系在古代不仅是村镇耕作和饮用的重要给水来源，而且也是重要的交通命脉。如江西省乐安县流坑村位于乌江之畔，自明代以后，乌江就成为发展流坑村经济的重要载体，为本地区竹木的水上运输带来莫大的便利；村落内部"一纵七横"的格局形态不仅可以反映村民的宗族房系关系，还是组织商运所必需的布局，七条横巷直伸乌江，都有各自专用的码头和瞭望碉堡。又如湖南省永州市双牌县坦田村水路交通十分便利，村东有坦水河缓缓流过，经坦水入潇湘，出洞庭湖。在村落布局

图1-2　滨水型村落——江西省乐安县流坑村

上，沿坦水形成"之"字形蜿蜒曲折的形态，每一南北向梯级平台上建筑一排数栋房屋，其间形成小巷道，南北向与中心街巷道相连通；跨越坦水建有两座古石拱桥，还有巨型料石砌成的古老的坦水河堤岸以及水陆码头。

（二）平原型

荆楚地区江汉平原、鄱阳湖平原和洞庭湖平原是我国重要的粮食基地，也是人口分布比较密集的区域。平原型村落形态呈块状，村落受地形的制约较小，布局和发展都不受限制，村落规模一般较大。该类型村落附近均有水系支流分布，生产结构基本以种植水稻、果蔬等为主。平原型村落有着强烈的以血缘为纽带的宗族聚居的特点。其建村由来基本以大宗族迁移为起点，其发展也依赖于宗族的兴盛，村民多是同姓氏宗亲。村落的整体布局通常经过较为全面的规划和布局，一部分充分考虑堪舆之术，依照风水五行说及其他战略阵图进行村落布置；另一部分村落的古建筑则按照以宗祠为中心，以古街道为轴线，延伸构筑建筑，成片相连的构建方式布局，即按照一定的区域分布各支系的祠堂，各支系再环绕自己的祠堂，构建住房，形成以血缘关系结合的团块村落结构。江西省安义县长埠镇的罗田、水南、京台是鄱阳湖平原上三个著名的古村，也是典型的平原型村落。三个村落虽各自独立，但之间相距仅一千米，呈三角形分布在广袤的田畈上。其中罗田村主要街道为两纵一横呈"工"字形结构，通过主街向东、南、北伸展许多巷道，宽窄不等，南通北达。

图 1-3　平原型村落——江西省安义县千年古村群

（三）丘陵型

丘陵型传统村落整体空间形态及规模受区域地形影响，村落基本三面环山或四面环山，有溪流流经或穿过村落，古时陆路交通不发达，交通多依赖于溪流。丘陵型村落呈不规则形态，其民居和公共建筑及生产性建筑呈现先后排列的布局形式，沿水系呈现两种布局："一"字形布局，即各种建筑沿河流、渠道或者道路一边排列；"非"字形布局，即各种建筑沿河流、渠道或者道路按行列排成单列或者双列。由于村落周围有丘陵分布，其耕地零散分布在村落四周丘陵缓坡地带，形态和分割不规整，生产结构以水稻、果蔬种植及其他山林种植为主。该类型村落大部分形成于宋代及明

图1-4 丘陵型村落——湖北省恩施市崔家坝镇滚龙坝村

代,村内遗留的传统古建筑多建造于明清年间,以木结构建筑为主,与盆地块状类传统村落类似,其形成多为宗族迁居,具有较为典型的宗族聚居的特点①。如湖北省恩施市崔家坝镇滚龙坝村,坪坝周围青龙、笔包、纱帽、马鞍、五峰、外坡、宝塔等诸山拱卫,一条小溪弯弯绕绕,以土家族为主的农民200余户,以大分散、小聚合的形式居住在平地周边的山体缓坡上。村中民居大多建于明清时期,民居由石板小道相连,间以古树幽竹,与周围山水形

---

① 林莉. 浙江传统村落空间分布及类型特征分析[D]. 杭州:浙江大学,2015.

胜和谐成趣，构成一幅生机盎然的美丽画卷。

(四) 山地型

山地阶梯类村落地处山区，四面环山，古代交通不便，建设成本较大，故而村落规模较小；受地形的影响，建筑体量一般较小，巷道狭窄，场地院落不多。山地型村落耕地面积较少，基本为阶梯式田地，山林面积广阔，生产结构以竹林、针阔混合林等经济林种为主，兼有水稻、果蔬等种植[①]。村落的自然遗产较为丰富，包括有几百年历史的南方红豆杉、樟树、枫香、柳杉等古树群，山间的瀑布、奇岩怪石等。村落历史相较其他类型村落较短，多形成于明清年间，现存建筑多为清代及民国初年古民居。村落地处两山间平地，部分村落仍有小溪流或山间泉水穿村而过，在山坳的最低海拔处，以道路或者溪流泉水为分界，建筑沿两山山坡相对、如扇形般展开布局。村落建筑就地取材的特点明显，房基以岩石垒叠，山中黄土夯实后为墙，内部为木质结构，并覆以黑瓦或石片瓦，构成黄墙黑瓦的建筑风格。由于沿山而建，建筑错落而置，出现前排房屋屋顶和后排房屋的门前小道处于同一平面的景观特色。

从建筑分布形态来讲，山地型村落可以分为山坳阶梯类和山坡阶梯类，较山坳阶梯类传统村落最大的不同之处在于，山坡阶梯类村落建筑布局仅沿某一山坡呈阶梯状分布。由于山坡有一定的坡度，通常在建设房屋时以岩石堆砌墙基以填补落差，这一方式基本存在于每个山坳及山坡阶梯类传统村落中，或以木廊柱支撑廊道前屋，

---

① 林莉. 浙江传统村落空间分布及类型特征分析[D]. 杭州：浙江大学，2015.

图1-5 山地型村落——湖北省恩施州宣恩县彭家寨

形成三面悬空的吊脚楼,这种干栏式建筑的吊脚楼在湘西、鄂西地区较为普遍。如湖北省恩施州宣恩县彭家寨为彭姓土家族聚居地,寨内吊脚楼共40余栋,每栋自成体系,沿山体分三个坡面展开,每栋占地面积百余至几百平方米不等,一般以一明两暗三开间作正屋,以龛子屋作厢房;厢房吊脚,台阶、院坝、道路铺青石板。

第三节
荆楚文化与荆楚传统村落的关系

传统村落是一个地区的记忆。一条老巷，一棵古树，一座祠堂，一处小溪……无一不是人们心灵深处对乡愁的寄托。"望得见山，看得见水，记得住乡愁"，习近平总书记充满诗意的话语，道出了无数中国人对传统村落呈现的田园生活的眷恋。"故园之思、自然之想、传统之恋"是当代人有别于传统乡愁的新型乡愁。

一、荆楚文化是荆楚传统村落之根

荆楚地区传统村落和人民的生活密切相关，深受社会因素和自然条件的影响，具有鲜明的民族特点和浓厚的地域特色，展现了区域内各族群特有的地域风情和文化品位。所谓"一方山水养一方人"，不同的村落建筑，实际上反映了相应的村落原住居民的文化理念，折射出以生产生活方式和民风与习俗为重要内容的不同的文化内涵。

（一）传统耕读文化对村落的影响

荆楚地区是我国传统农耕文化发达的地区，湖北省境内著名的屈家岭文化遗址是长江中游农耕文化的发祥地。农耕生产必然促进精耕细作的农业，孕育内敛式自给自足的生活方式和农政思想。定居形成的家族和乡村管理制度，共同积淀为以渔樵耕读为代表的农耕文明，即既有"耕"来维持家庭生活，又有"读"来提高家庭成员的文化水平。反映在传统民居上就是"法天营居"，将"天"融入民居的平面布局和空间组织中。将自然环境与人间事物有机结合，表现为因天时循地利，在自然中摆正自己的位置。湖北省南漳县板桥镇的冯氏天井围屋建于明崇祯元年（1628），建筑依山就势，布局棋盘格横向排列，十字对称。宅前屋后，树木成荫，是人与自然和谐一致的典型民居。

荆楚地区传统村落的重要历史建筑也深刻反映出耕读文化对古村的影响。如江西省吉安市文陂镇渼陂村、进贤县架桥镇陈家村和吉安市横江镇唐贤坊村是崇尚儒商结合、发扬耕读文化的古村。渼陂村祖先非常重视文化教育，清代就建有五处书院。据唐贤坊村家谱记载，自清道光九年（1829）以来，出中宪大夫、奉政大夫、儒林郎、登仕郎等九品至四品各种官员计46人之多，因而该村以"以世之贤，莫胜于唐"之理在村前建筑一楹"唐贤坊"来教育后世，村也由此而得名。

（二）凤飞龙舞精神对村落的影响

中国传统屋顶形式与凤鸟崇拜有关，而凤鸟图腾的产生与兴盛，正是荆楚地区贡献给华夏文明的重要遗产之一。凤是楚人的图腾，凤叱咤风云的豪气、异彩纷呈的风采正是楚文化的精神象征。楚人"凤飞龙舞"观念作为一种精神也强烈反映在民居建筑中。这种民居文化的基本精神是：以人为本的人文主义，自强不息、豁达乐观的心理，观物取象、整体直觉的思维方式。"凤飞龙舞"不是内敛的室内装饰，而是外向的封火山墙上的"凤飞龙舞"。即弓着身子向下弯曲的龙，向上展翅欲飞的凤，"凤飞龙舞"随着线的曲折，显出向上升腾的轻快，配以厚实的瓦坡和挺拔的山墙，使整个建筑充满了节奏鲜明的效果和一种灵动的美。荆楚民居上的这种"凤飞龙舞"山墙并不是一种固定的模式，为避免单一和雷同，在"凤飞龙舞"审美追求下，封火山墙的构成形式非常丰富，有几十种之多，总体造型原则是"凤飞龙舞、龙凤呈祥、和而不同、浪漫有致"。无论是江汉平原洪湖瞿家湾民居上的凤凰，还是监利周老嘴民居山墙上的凤凰，无不体现出凤凰的灵动之美和一飞冲天的奋发精神。"凤飞龙舞"即凤凰展翅向上，龙拱身相连（俗称拱龙脊），凤龙蓄势待发，充满一种力量的美[1]。最有特点的是红安吴氏祠、通山碧水琳公祠、英山李公桥、宜昌江渎庙等建筑。

（三）风水文化对村落的影响

风水是中国独特的文化和学说，风水格局是中国人内省式思维放大到自然界的宏观表现，是古人传统宇宙观、自然观、审美观的反映。荆楚地区是中国风水学起源的重要地区，赣式风水"形法"理论通过山水环境形态的端庄秀美或歪斜破碎来判定"气"之吉凶，择基选址的山水格局在很大程度上能满足居住环境对通风、纳阳、防潮、防洪等的基本要求，同时也使人在心理上产生稳定、舒适的感觉。受风水文化的影响，荆楚地区无论是汉族居住的村庄还是少数民族的聚落选址，大多背山面水，或顺坡临河，或依丘建房。如

---

[1] 湖北省住房和城乡建设厅. 湖北传统民居研究[M]. 北京：中国建筑工业出版社，2016.

湖北省通山县宝石村，建于明万历四十三年（1615），创建人舒红绪是万历皇帝的老师，他在告老还乡时，根据风水中"金鸡报晓、凤翔九天、狮象守水口"的择地标准，选中了九宫山南边丘陵缓坡地的一块台地，即背靠九宫山，左有金鸡山，右有凤翔山，前有狮象水口山，山环水抱。因河床堆积的卵石形如元宝，取名宝石。宝石村小桥流水，鹅卵石铺成的街巷，叠屋飞檐，粉墙黛瓦，如同一轴古代乡村画卷。

（四）聚族而居对村落的影响

聚族而居是华夏绵延千年的传统。自唐宋以来，荆楚地区因丰富的土地资源、优越的气候条件，吸引了大批因北方战乱而迁移的人口，明清时期的"江西填湖广"是这一地区移民运动的高潮，湖北、湖南的很多传统村落形成于这个时期。移民村落聚族而居的特点使以伦理道德为核心的儒家观念和家族礼制得以传承，形成村落的精神空间。

荆楚地区传统村落空间形态上的主要特征是移民家族聚族而居形成的向心性和封闭性布局，内部自成体系，对外封闭。从民居选址、布局模式、空间组织、建筑形制方面都反映出一种"家"的文化倾向，秩序与礼制成为家的主要构成要素。即遵守中轴对称的"秩序"，根据伦理辈分的"礼制"来分配住房，以达到"守"和"尊"的规范；并将建筑和室内装修的审美观念置于理性的支配之下，使伦理规范成为民居建筑独有的文化特色。这种守"秩序"、尊"礼制"、注重中轴对称的需求促成了荆楚地区最常见的民居——天井院。天井院南北正房一定由主人居住，后代子孙住在两侧的厢房。当后代人繁衍发展到需要扩充新的天井院时，按棋盘式格局以老屋为中心扩张。子孙的天井院顺中轴线往前、向两侧发展，形成长幼不同、尊卑有序的秩序和格局。

可以说，荆楚传统民居的中轴对称和天井群组布局，反映出一种家庭伦理文化走向。民居内部庭院的经营以严整的格局、强烈的秩序，反映家族生活中人与人的关系，以及人应当遵守的伦理规范，具有一种中和之美。如湘南永兴有个刘氏家族，据其撰编的族谱所载，其祖在南宋初为避战乱由安徽迁徙至此。永兴刘氏"于此筑堂为居，其始不过四十者"。因能以"耕读为本""勤俭持事"，至道光时期，家族已壮大为"人丁千三，屋宇三百栋，公田三千八百石"的规模。今尚有砖木结构房屋一千多间。整个建筑大致呈街衢式布局，由三个大板块构成群落，中有水池和道路相连。第一个板块为祭祀与公学用房，第二个板块是民居，第三个板块是学堂、演武场等公共设施。

二、荆楚传统村落是荆楚文化之载体

传统村落是我国优秀传统文化的重要载体，是我国农耕文明根脉的活的"基因库"。传统村落承载和孕育了民间艺术、建筑、民俗等民族文化，可谓民间文化生态的博物馆，且是依然在传承之中的活态文化遗产。

（一）传统村落留存了丰富的历史文化信息

不同的民族村落建筑，又折射出不同民族的文化精神与审美情趣。荆楚地区不同区域的传统村落建筑，在这两方面表现得都很突出。

以湖南地区传统村落为例来说，湘中、湘南地区虽然都是以砖木结构的府第式建筑为主，但在以汉民族为原住居民主体的湘中府第式建筑，尤其是清代中兴名臣的建筑，往往是以一家人或一个家族为一个整体的大院落，其建筑从形制到空间布局的功能体现，忠实地遵循着传统汉文化的礼乐秩序，甚至制度文化意义重于实际居住功能的需求。如双峰县曾国藩的家府，就是儒家居住等级与制度文化的典范。"中为堂，左为尊，右为次""东阶为主，西厢待客"，没有丝毫的僭越或者疏忽，可谓"秩序井然"。而在以迁徙移民为主体的湘南"客家"村落中，往往是由一个个独立的住宅建筑此接彼连，在整体上形成气势恢宏的村落建筑群。虽然每一个住宅同样体现了礼乐秩序的传统精神，但从大的格局来看，单个住宅建筑之间既相对独立，又维系在整个族群建筑的大框架系统之中，与祠堂等公共建筑相匹配，在"慎终追远""长幼有序、尊卑有别"的儒家伦理制度文化的基本体系之下，形成独立的空间布局，便于营造出相对宽松的人际关系和生存理念。个体的主观独立性基本可以得到尊重，不像湘中的大宅院，把个体完全淹没在制度文化之中[①]。

作为乡村社会的生活空间，传统村落存储着大量的历史文化信息。传统村落的保护，不能囿于建筑保护，不仅要保护外在"筋骨肉"，更要传承好内在的"精气神"。村民才是传统村落的灵魂所在，只有把这种源源不断、世世代代相传的生活方式，在新的历史

---

① 胡彬彬. 中国传统村落文化的内涵与价值[EB/OL]. (2013-05-06). http://www.wenming.cn/wmzh_pd/fw/201305/t20130506_1209334_6.shtml.

条件下以新的方式保存下来，传统村落的保护才是完整的。

（二）传统村落是荆楚传统文化的依托

传统村落是农耕文明不可再生的文化遗产，承载着传统文化的精华、民族的历史记忆、生产生活智慧、文化艺术结晶和民族地域特色。荆楚地区传统村落是荆楚传统文化的载体，存储并传承着大量的历史文化信息，诸如村落的环境文化、祠堂文化、屋宇文化、家居文化、民俗文化等。

荆楚传统村落一个重要的价值在于它们都还保留着大量优秀的传统民居和其他民俗建筑：宗祠、书院、会馆、村镇商店、戏台、牌坊、寺庙、宝塔、桥梁等。这些遗存不但描述了古村的形态结构，同时也为研究地方传统建筑提供了最原真的实物佐证。国家历史文化名村江西省乐安县流坑村至今保存明代中晚期建筑（包括遗址）19处，清代建筑240余处，尤为可贵的是保存了一批有确切纪年的康熙、雍正时期的建筑。这些建筑为研究民居建筑从明代向清代的演变过程提供了十分珍贵的实物资料。荆楚地区的很多古村还保留着不少形制各异的宗祠，而且不少堪称雄伟。江西省吉安市富田镇陂下村，一个仅有1500人的小村中，还保留着26座宗祠，其中最大的敦仁堂总祠占地面积竟达1800平方米。江西省吉水县金滩镇燕坊村中还保留有宗祠、房祠和家祠10余座，像这些保留着众多宗祠的古村还有渼陂、贾家、柘溪等。祠堂建筑不但是研究中国封建社会宗法制度的重要载体，同时也是研究农村经济文化发达与否的重要佐证。宗祠建筑在古村中往往处在中心地位，是以血缘宗亲关系为纽带的宗族社会集团的凝聚体。因此，宗祠也最能反映当时地方传统建筑的形制、技艺水平和人文素养。

　　古村中数量最多的传统建筑遗存是民居，它体现了浓郁的地方文化特征。江西省浮梁县的瑶里镇是紧邻婺源的浮北重镇，现有明清古民居267栋，总面积达85300平方米。虽然瑶里传统民居风格深受婺源的影响，但已明显能看出其向江西本地风格的演变。再往南延伸，葛源、石塘、塘湾、厚坂塘、天宝等古村所保留的传统民居更鲜明地反映了与地方文化融合后形成的浓郁地域特色。从这些民居遗存中，可以深刻感受到其所传递出来的人文信息和风俗理念。

　　书院也是荆楚地区特别是江西古村中一种重要的建筑文化类型。很多古村都还保留不少有价值的传统书院，如吉安市横江镇唐贤坊村现存四座书院，安福县金田乡柘溪村保留着一座书院和三栋书舍。这些书院体现了荆楚传统村落"崇文重教"的传统和"耕读传家"的家风，具有深厚的历史文化底蕴和人文风采。

中国传统村落
文化抢救与研究

文化区系列

第二章

Chinese
Traditional
Villages

荆楚传统村落的
历史发展与空间分布

传统村落是人工营造的环境系统，蕴藏着丰富的历史文化信息与自然生态景观资源。从传统村落的初始形成直至发展成熟，是一个在动态平衡中变迁与延续的过程。在变迁的过程中，由于受到各种因素的影响，传统村落的分布、形态与结构都会发生变化。荆楚地区无论在自然地理条件还是在社会人文环境方面都具有独特性，形成了本地区特定的社会生活方式和组织秩序，从而造就了丰富多彩的聚落景观。

第一节
荆楚传统村落的历史发展

一、荆楚传统村落发展的历史过程

（一）原始社会阶段

荆楚地区历来是探索人类早期活动的重点区域，特别是江汉平原、长江中游平原和汉江流域。自20世纪50年代起，陆续发现了一大批早期人类聚落遗迹。已发现的遗迹最早可上溯至旧石器时代早期，比如湖北省十堰市郧阳区学堂梁子遗址曾发现两具完整的直立猿人头骨化石和大量砾石石器，年代距今约115万年。旧石器时代中期则有发现于湖北省长阳土家族自治县下钟家湾的著名的"长阳人"遗迹，距今约19万年。新石器时代遗址仅湖北境内就有

2000余处。考古发掘资料显示，新石器时代的原始聚落几乎遍布于江汉平原及沿江地区，其拓展规律是由山区向丘陵、平原发展，由峡江地区、鄂西北向江汉平原发展。在四五万年前的旧石器时代，就有人类在江西这块土地上栖息。江西先民于距今4000年前后跨入文明社会，错落在鄱阳湖以及赣江流域的新石器遗址有近100处之多。

（二）夏商周与秦汉时期

商朝建立后，湖北被称为"南土"，江汉平原一带受商文化的影响明显，这一时期最重要的发现是黄陂盘龙城遗址。除高台式宫殿建筑外，城外发现大面积的平民居住区，是我国城市居民区最早遗迹之一。现有考古发掘资料证明湖北各地区夏商周时期文化面貌具有一定的差异性，比如长江三峡地区中堡岛类型属巴文化类型，江汉平原是受中原文化影响的土著文化，而盘龙城类型则以中原文化因素为主。

西周时期，各类遗迹分布更为广泛，具有代表性的如秭归官庄坪、江陵荆南寺、新州香炉山等，最重要的发现当属蕲春毛家咀发现的大面积干栏建筑遗迹，能呈现当年楚地民居与聚落较完整的风貌。到春秋时期，楚国开疆拓土，问鼎中原，势力范围扩大至整个长江中游地区。由于经济发展，城池聚落遍布各地。各处遗址文化遗迹明显带有楚文化特征，并不断向西推进，至春秋中期，楚文化西界已到达秭归、巴东一带。秦灭楚后，江汉平原及汉江流域受秦文化影响明显，但该地秦代出土文物仍显示出对楚文化的继承，并存在与中原文化融合的迹象。两汉以后，荆楚地区文化遗迹众多，分布广，特别是六朝至宋代，遗迹数量众多。湖北黄陂滠口出土的三国时期青瓷坞堡形制严整、气象森严，已是典型的坞堡建筑，显示出中原文化已在荆楚地区高度发展[①]。

（三）唐宋时期

自唐代以来，随着我国经济中心向长江流域转移，位居江汉平原的两湖地区逐渐成为文人墨客游历定居之地。在江西的部分地区，也就是早期南迁的北民开发程度最高的鄱阳湖一带和吉安、泰和地区，重读书的现象也是蔚然成风，大量的书院、学馆遍布各级乡村。

在历代文人、画家笔下多有对本地居住建筑的记载和描绘。从宋代的山水画资料中，可以看到这一时期的乡野民居，单体建筑多采用悬山顶、歇山顶，体态舒展自由。平面组织上虽有围合，但未必都呈"L"形、"吕"字形的封闭院落，而是采取丰富多元的平面形态："工"字、"王"字、"丁"字形和曲尺形等。不少历史文献和绘画表现了湖北、湖南地区民居建筑的基本形态，更有一些文献记载了两地的民居建造材料，如陆游的《入蜀记》，已成为不可多得的研究湖北、湖南地区民居建筑历史的重要文献。庄绰《鸡肋编》卷下曾记载"居人多毛竹之屋"。陆游的诗文曾多次记载这种茅屋，"刈茅苫鹿屋，插棘护鸡栖"。又如《入蜀记》中鄂西归州（今湖北秭归）"满目皆茅茨"，唯州宅才有"盖瓦"。江陵一带"道旁民屋，苫茅皆厚尺许，整洁无一乱枝"，公安"民屋多茅屋，然茅屋尤精致可爱"，巴东县"自今榭而下皆茅茨，了无片瓦"。这种茅

---

① 湖北省住房和城乡建设厅. 湖北传统民居研究[M]. 北京：中国建筑工业出版社，2016.

草房在宋代都城中也常见，尤其在郊区。茅屋外面往往围建有篱笆，如"茅屋三间围短篱"。又《入蜀记》第五卷提到鄂西地区的农家，"虽茅荻结庐，而窗户整洁，藩篱坚壮"。湖南地区的村落与湖北类似，《湖南风土记》载："茅庐为室。"常建也称"湖南无村落，山舍多黄茆。淳朴如太古，其人居鸟巢"。这说明湖南地区民居多以竹木构成、以茅覆顶，反映了聚落分布稀疏、规模小的特征。

（四）明清时期

明清时期，荆楚地区社会经济得到不断的发展，既有平原湖区较发达的南方稻作耕作体系，也有山区旱作农业及少数民族地区刀耕火种的原始耕作方式。明代大量流民涌入荆襄山区开垦山林，移民在近城平坝及丘陵地带以水稻种植为主。随着清乾隆年间玉米、红薯等高产旱地作物的引进，人们突破了明代的农业区界，得以向中、高山地带发展，到嘉庆年间山地基本被开垦出来。

明清时期荆楚地区聚落与前代的重要差别，反映在新的墙体材料的运用和因此而产生的广泛影响中。元代以前，砖虽然被应用于造塔、墓和水道，但地面的以木构架承重的建筑均以土墙为主，砖仅用于铺地、砌筑台基和基础。土墙的使用深刻影响到民居的面貌，它的防水性能差，屋檐的出檐需要较大，而且需要使用悬山、歇山的屋顶形式保护山墙；出檐大又影响到采光量，前后两进建筑间需要保持较大的间距，才能获得充分的光照。民居外围多以竹篱矮墙围合，而没有高墙隔阻，民居内部环境与外部自然山水相互渗透，极具野趣。民居循山形水势散落布局，或三五一组，或单家独户，并没有像城镇中的住宅那样排布齐整，形成街巷。而在进入明代以后，砖开始普遍用于民居砌墙。明代大量应用空斗墙，节省了用砖量，更快地推动了砖墙的普及。砖墙的防水能力提高，又为硬山建筑的发展创造了条件，使得建筑单体的顶部占用的空间凝缩，在明清荆楚地区人口不断激增的情况下，推动了建筑间距的不断缩小[1]。

"天井"式平面模式开始成为主流。建筑密度的提高使火灾发生次数和产生的危害程度提升，增加硬山建筑的外墙高度作为防火隔断的方法被迅速推广，并由矩形防火墙衍化成适合于坡屋顶形状的马头墙等更为经济美观的外墙形式。防火墙的普及又进一步强化了天井的内排水功能。民居的外立面被包裹起来，失去了以往外露的悬山和歇山顶构成的生动的立面层次，同时使不同民居的外墙易于连接成整齐的街巷。在单体建筑的形象逐渐趋于呆板、沉闷的同时，整个聚落呈现出一种全新的，更加讲究整体性、功能性和结构性的密集化的形态模式[2]。

二、荆楚传统村落发展的阶段特征

从聚落的初始形成直至发展成熟，是一个在动态平衡中变迁与延续的过程。随着人丁繁衍和家族财力的累积，传统村落建筑数量日渐增多，空间形态也呈现出一定的生长序列。从整体上看，荆楚传统村落空间形态的演变可概括为三个阶段。

---

[1] 湖北省住房和城乡建设厅. 湖北传统民居研究[M]. 北京：中国建筑工业出版社，2016.
[2] 潘莹. 江西传统聚落建筑文化研究[D]. 广州：华南理工大学，2004.

（一）第一阶段：成核与聚集

水井与祠堂分别是宗族村落赖以生存的物质基础和精神根源。在村落发展初期，居民在礼制思想和区位择优的主观能动性的双重作用下，自然更多地选择祠堂、水井作为聚居的中心，并随着子嗣繁衍，以血缘关系中的长幼、亲疏分别向两侧横向扩展，从而形成以宗祠、水井为核心，大小房舍聚集在其周围的组团结构模式。由于地形或风水的限制，祠堂（总祠、房祠、支祠）作为各个层次的中心公共空间不一定是在村落平面的几何中心，但祠堂建筑空间却是心理上的中心空间，这个空间使生活在村落的人们具有强烈的归属感。其空间在功能上、形态上以及在精神和观念上，具有举足轻重的控制和支配作用以及特殊的场所意义。如祠堂、祠堂前的广场，它们是为了家族典礼而特别计划修建的仪式性空间，有着特定的意义并具有村落中独特的空间形式，在人们脑中形成了最鲜明的印象，在公共空间中就具有"中心"的意义[①]。

湖北省通山县洪港镇江源村就是以宗祠为中心展开，由内而外自然生长布局的典型。根据尊者择中而居，一些村落或围绕宗祠向外展开，或以族中长老的领地为基准，下分若干支系，村东为长房，村西为次房，按尊卑大小依次形成若干组团。由于对自然的尊重，对环境的认同，产生聚落住屋的同一性，进一步加强了当地村落成员的认同感，这种情感上的依托可以说是日久生情而形成的一种场所精神[②]。

[①] 唐健武. 明清江南耕读村落的公共景观与空间研究[D]. 长沙：湖南师范大学，2009.
[②] 郭亚成. 鄂东南地区村落变迁与发展：以阳新、通山、崇阳县域村落为例[D]. 武汉：华中科技大学，2007.

由于当地传统村落早期村民对地理与气候、风水与信仰、生活方式与文化观念等因素基本达成共识，因此形成的村落格局注重群体的塑造和整体关系的建构。而这种塑造和建构基本是早期当地村民自发或不自觉地在"自然状态"下形成的。荆楚传统村落的早期空间布局主要由街巷、中心场（广场）及村落地标（牌坊等）所控制，它们往往决定着村落的空间形态。

（二）第二阶段：裂变与填充

村落结构裂变是人口演替、宗族结构裂变的必然结果。费孝通很早就指出："乡土社会中无法避免的是'细胞分裂'的过程。"宗族的成长，是一个由主干不断分枝衍化的过程，由始迁祖开始，逐渐繁衍成一族，产生房族结构。房分本来是子对父而言，由于繁衍，房分又继续产生房分，这样名称上容易产生混乱，所以始祖之下最初的分支，迁到外地的族人及五世之外的族人，常另立祠堂，在宗族中称为支派。由此，裂变出来的支祠既成为各支派繁衍生息的新"核"，也是大小房舍聚居的新"核"。它们对村落空间形态影响的结果便是村落中以各级祠堂为中心的、大小聚居组团的形成。此后，随着人口的进一步繁衍，早期在团块之间留有的大小空地也陆续被规模不等的房舍填充，直至村落聚居规模达至饱和。

值得说明的是，在湘南地区，尚有一类村落在其发展过程中采用了"祭于寝"的祭祖方式而没有另立宗祠。这类村落的发展往往也因支派繁衍呈现出明显的团块结构，如永州市零陵区干岩头村。根据干岩头村《周氏宗谱》和相关史料记载，干岩头村周氏开山始祖周佐为元公（周敦颐）次子周焘第十六世孙，明嘉靖年间徙居干岩头村，始建老院子，后历经数代，相继建成红门楼、黑门楼、新院子、子岩府和四大家院，最后一座院落四大家院完成于清光绪三十年（1904）。这些院落建设历经明清两朝周氏十一代，其扩展模式是：首先以中轴上的三进三厅主屋（最后一进堂屋设神龛）为核心，随着宗族人口的不断增多而向两边扩展形成横屋；当大屋达到一定容量后，周氏支派则另立主屋，成为下一轮生长的"核"，如此循环往复，繁衍生成了由数座大型院落形成的周家大院。

（三）第三阶段：村落的分化——新村落的形成

由于受到交通手段、耕作半径的限制，聚落范围内各项资源，包括耕地、水源、基础设施等只能满足一定数量人口的生存。就如费孝通所说："一个人口在繁殖中的血缘社群，繁殖到一定程度，他们不能在一定地域上集居了，那是因为这社群所需的土地面积，因人口繁殖，也得不断地扩大……每个家族可以向外开垦的机会很有限，人口繁殖所引起的常是向内的精耕，精耕受着土地报酬递减律的限制，逼着这社群分裂，分出来的部分另外到别的地方去找耕地。"地处丘陵地区山环水抱小环境中的湘南汉族传统村落，环境容量更易趋于饱和。一旦聚落超过规模限定的门槛，宗族支派另择风水宝地进行繁衍生息是必然现象。这种村落的分化模式造就了荆楚地区众多规模适中、密度适宜、高度协调的传统村落，它们与自然环境和谐相处，是理想的人居环境。

以湖南省汝城县永丰周氏家族为例。清雍正汝城《周氏续修族谱》载："唐穆宗长庆间复自乌东迁居吉水泥田，则铣沂滨公为泥田之一世祖矣。生子整授大理寺评事，生四子曰：庭显、庭光、庭实、庭充，派衍四房，自是支分日蕃散处江右各郡以及湖广长沙、茶陵、郴州、桂阳、桂东……"此外还记载了汝城周氏源流以及子孙后代迁居之地："吾族来桂则始自少卿郎与永丰高源丰亨始祖万二郎皆自泥田分派。""之后万二郎派下四世祖逢圣公徙居丰亨；五世祖良叟公徙居高源；六世祖廷华公徙居江西崇义古亭镇雁湖村。"永丰周氏家族自始迁祖定居，至四世祖迁居他处，自是家族人口繁衍众多之故①。

第二节
荆楚传统村落的空间分布

2012年12月12日，为了加强传统村落的保护发展工作，住房城乡建设部、文化部、财政部联合印发了《关于加强传统村落保护发展工作的指导意见》。

同年12月17日，住房城乡建设部等部门组织开展了全国第一次传统村落摸底调查，在各地初步评价推荐的基础上，经传统村落保护和发展专家委员会评审认定并公示，住房城乡建设部、文化部、财政部决定将北京市房山区南窖乡水峪村等646个村落列入第一批中国传统村落名录。截至2016年年底，被列入中国传统村落名录的村落数量已经达到4153个。

---

① 何峰. 湘南汉族传统村落空间形态演变机制与适应性研究[D]. 长沙：湖南大学，2012.

村落是农耕文化的重要载体，荆楚地区自古就是农业发达区域，被列入前四批中国传统村落名录的村落多达 550 个，其中湖南省有 257 个，江西省有 175 个，湖北省有 118 个。受自然、经济、社会、文化等因素的影响，荆楚传统村落在空间分布上存在差异，并呈现出一定的特征。

一、荆楚传统村落分布的总体特征

（一）空间分布特征

1. 总体分布特征

（1）分布范围广，分布密度大。湖南、江西、湖北 3 个省被列入前四批中国传统村落名录的村落有 550 个，分布在约 57 万平方千米的土地上，分布密度约 10 个 / 万平方千米。

（2）地域分布不均，局部较为集中。从 3 个省的省域层面来看，湖南省的传统村落分布密度最大，约 12 个 / 万平方千米；湖南省的传统村落数量也最多，约占 3 个省传统村落总数的 47%。从 3 个省的省域内部来看，湖南省的传统村落主要分布于西部和南部，湖北省的传统村落主要分布于东北部、东南部和西南部，江西省的传统村落主要分布于中部和东北部。

（3）主要分布于山地和丘陵地区。湖南省大部分地区为江南丘陵的组成部分，省境边缘为山地，峰岭交错。东面有山脉与江西相隔，主要是幕阜山脉、连云山脉、九岭山脉、武功山脉、万洋山脉和诸广山脉等。山脉大体为东西向，海拔大都在 1000 米以上。南部是由大庾岭、骑田岭、萌渚岭、都庞岭和越城岭组成的五岭山脉，也称为南岭。西部有雪峰武陵山脉，跨地广阔。中部丘陵起伏，盆岭相间，海拔在500米以下。湖南省的传统村落主要分布在西部和南部，包括吉首市、怀化市、郴州市、永州市等地。湖北省地势为东、西、北三面环山，中间低平。东北山地为绵亘于豫、鄂、皖边境的桐柏山、大别山山脉，呈北西—南东走向。东南山地为蜿蜒于湘、鄂、赣边境的幕阜山脉，略呈西南—东北走向。西北山地为秦岭东延部分和大巴山的东段。西南山地为云贵高原的东北延伸部分，主要有大娄山和武陵山，呈北东—南西走向，一般海拔700—1000米。湖北省的传统村落主要分布于东北、东南丘陵地区和西南部山区，包括恩施土家族苗族自治州、咸宁市、黄石市、黄冈市等地。江西的地貌类型以山地、丘陵为主，山地占全省面积的36%，丘陵占42%，平原占12%，水域占10%。主要山脉多分布于省境边陲，东北部有怀玉山，东部有武夷山，南部有大庾岭和九连山，西部有罗霄山，西北部有幕阜山和九岭山。江西省的传统村落主要分布于吉泰平原、鄱阳湖平原和赣东北的丘陵地带，包括赣州市、吉安市、景德镇市、上饶市等地。

2. 空间分布类型

受地理环境差异的影响，荆楚传统村落空间分布密度呈现明显的差异性。从宏观上看，传统村落属于点状要素。通常点状要素的空间分布类型有均匀、随机和凝聚3种，可用最邻近点指数进行判别。采用ArcGIS 10.2（地理信息系统系列软件）中的平均最近邻工具分析荆楚传统村落的空间分布类型，结果显示：荆楚传统村落的最邻近点指数均小于1，表明荆楚传统村落趋于凝聚分布，即传统村落在空间分布上较接近。从湖南、湖北和江西3个省份的内部差异来看，江西省凝聚分布程度最高。

（二）村落分布与自然环境的关系

1. 村落分布与地形

海拔高程是人们选择聚居地时考虑的因素之一。不同的海拔高程、地形会有不同的水热条件，从而制约当地村民的生产劳动状况，并影响村民的生活习惯和生产方式，村落文化也因此而各具特色。

海拔高程、地形常通过农业生产对村落的规模及文化产生影响。利用ArcGIS 10.2将湖南、湖北、江西3个省的传统村落空间分布图与地形高程图进行叠加，结果显示：湖南、湖北两省的传统村落主要分布于高海拔的山地、丘陵地区，其中湖南省的传统村落主要分布在西部和南部山区，湖北省的传统村落主要分布于东北、东南丘陵地区和西南部山区。与湖南、湖北两省形成鲜明对比的是，江西省的大部分传统村落分布于地势平坦的吉泰平原、鄱阳湖平原，以及赣东北的丘陵地带。

环境相对独立，外界对传统村落的影响较小，为传统村落的形成和保存提供了基础。在险要的地形条件下，则有助于传统村落形成各自的特点，尤其是形成具有地方特色的风俗文化，并在经历了漫长的历史时期后较完整地保存下来。另外，地形平坦、土壤肥沃、资源丰富的地区，有利于发展农业，也有利于促进村落的进一步发展。

2. 村落分布与河流

地处长江中游的荆楚地区水资源丰富，河网密布，湖南、湖北就是因水而得名。荆楚地区以长江中游流域为主要水系，湖北省境内有汉江、清江等长江支流，并形成了江汉平原上大量的湖泊和河流；湖南省境内有湘江、资江、沅水、澧水汇入洞庭湖；江西省有全国最大的淡水湖——鄱阳湖，赣江、抚河、信江、饶河、修河五大河流从不同方向汇入鄱阳湖，再向北注入长江。利用 ArcGIS 10.2 将荆楚地区 4 级以上水系与湖南、湖北、江西三省 DEM（数字高程模型）图、传统村落地理位置图进行叠加，并对全区 4 级以上水系作缓冲区分析，结果显示：一半以上（51.4%）的传统村落分布于距河流 25 千米的范围内，其中 14.6% 的传统村落分布于距河流 5 千米的范围内，18% 的传统村落分布于距河流 5—15 千米处，18.8% 的传统村落分布于距河流 15—25 千米处。

水是人类生存必需的物质之一，古人又崇信风水，再加上古代交通不发达，河流是村民与外界联系的重要通道之一，因此水对传统村落的分布影响非常大。

二、荆楚传统村落分布的空间差异

（一）均衡程度分析

荆楚传统村落地域分布不均，局部较为集中，呈现明显的空间差异。为进一步衡量荆楚传统村落空间分布的差异程度，采用变异系数进行定量度量。变异系数越大，传统村落在各地分布的数量差异越大。基尼系数越大，表示地级市间的传统村落数量差异越大。通过计算，基尼系数等于 0.5789，这表明传统村落在荆楚地区各地级市的分布很不均衡；分省计算，湖南省的基尼系数为0.5639，湖北省的基尼系数为0.5494，江西省的基尼系数为0.5224，这表明相对于湖北省和江西省，湖南省传统村落的空间分布差异性更大。

为进一步了解荆楚传统村落空间分布的差异，在ArcGIS 10.2中进行可视化处理，颜色越深，表示传统村落数量越多，结果显示：传统村落在湖南、湖北、江西3个省各地级市的分布不均衡。

（二）空间分布密集区分析

对于空间分布聚集区域分析，多采用分布密度来测量。在ArcGIS 10.2中的空间分析工具中，采用核密度估计法。核密度估计法基于地理事件可以发生在任何空间位置上，但是在不同位置上，发生的概率不一样。点越密集的区域，发生地理事件的概率越高；反之，则越低。

运用ArcGIS 10.2对荆楚地区550个传统村落进行核密度分析。结果显示：荆楚传统村落分布的高密度区呈片状，主要为湘西与湘南、鄂西南与鄂东北、赣中与赣东北地区，其中湘西的吉首市是传统村落分布密度最高的地区。在分布密集区的地理环境方面，湖南与湖北的传统村落分布密集区具有相同的特征，即主要分布于山地、丘陵地区，江西的传统村落分布密集区则主要是在丘陵、平原地区。总体来看，在平均海拔较高的丘陵、山地地区，由于地形崎岖、交通不便、经济落后等因素，保存下来的传统村落较多，成为传统村落分布的集聚区，如湖南南部的五岭山区、湘鄂西部的雪峰山与武陵山区、鄂东北的大别山区、鄂东南的幕阜山区等；在平均海拔较低的平原地区，由于地势平坦、经济发展水平较高、交通便利等因素，保存下来的传统村落较少，成为传统村落分布的稀疏区，主要包括洞庭湖平原、江汉平原和鄱阳湖平原北部。

荆楚地区山地、丘陵、平原、湖泊相间的独特地理环境，造就了众多农耕型传统村落，也影响了传统村落的保护程度。在海拔较高的山地、丘陵地区，农耕型传统村落本来就较多，由于地理位置偏僻、交通不便，经济发展缓慢，传统村落较易保存，传统村落数量较多；在洞庭湖平原、江汉平原、鄱阳湖平原等海拔较低的平原地区，由于交通较为便利、城镇化程度较高，传统村落不易保存，传统村落数量很少。这表明，荆楚传统村落的分布深受地理环境的影响——自然地理是传统村落形成的环境基础，并通过影响社会、经济而影响传统村落的保存。

第三节
荆楚传统村落形成与发展的影响因素

传统聚落景观以一定的地域空间为载体，聚落本身具有特定的自然和人文环境，具有特定的活动特征和特有的建筑用材、造型，反映一定区域的文化基因，是一个结构有序且个性鲜明的地域综合开放体。刘沛林先生将全国聚落景观划分为 3 个大尺度的景观大区、14 个景观区和 76 个景观亚区，其中荆楚地区划为湘鄂赣平原山地聚落景观区。该区域地理环境特点是湿润多雨，地貌多样，江湖广阔，古樟较为常见；民居建筑多为单层双坡屋顶民居，山区有少量双层干栏式民居，马头墙有一定的流线和动感；建筑结构为砖木结构，但以木为主；景观意象表现为集湖光山色于一域，典型的南方山水风光[①]。荆楚传统村落景观是一种典型的文化景观，它是在自然地理环境上叠加人类各种活动的一种人文环境的综合体。

一、荆楚传统村落形成与发展的自然环境

任何文化景观无不打上环境的烙印。自然环境是文化发展的基础，它决定着聚落的形态和类型。

（一）自然环境与村落选址

地形地貌是乡村景观空间的基本骨架，在村落中它是构成这个村落的基础性要素。两湖地区在地理上处于中国地形第二级到第三级阶梯的过渡地带，地貌复杂多样。主要以江汉—洞庭湖平原为中心，其四周分别被桐柏山、大别山、幕阜山、雪峰山、武陵山等山脉环绕，构成一个中间低四周高的盆形地貌。在平原和山地之间分布着众多的丘陵岗地，在鄂西和湘南等山区又分布着若干小型盆地。总体而言，山地、丘陵约占80%，平原占20%，是一个以山地丘陵为主的地区。荆楚地区气候条件相似，属亚热带向暖温带过渡的湿润季风气候，也就是冬冷夏热、雨热同季，这种气候特征的特点在

[①] 刘沛林, 刘春腊, 邓运员, 等. 中国传统聚落景观区划及景观基因识别要素研究[J]. 地理学报, 2010, 65（12）: 1496-1506.

于"多变"和"变化大",也就是既要能在夏季降温,又要能在冬季保暖,这给仅通过传统建筑手段营造舒适生活环境造成了很大的困难。针对本地气候条件,荆楚先民通过一系列的民间智慧来改善自身的环境空间,取长补短,以此来获得相对宜人的环境。总体而言,荆楚地区传统村落的选址原则与方式有如下特点:

1. 背靠山丘,正面开阔。这条原则多适用于丘陵地带的乡村聚落。因为背靠青山,可以拥有生产生活的广大基地,而且挡风向阳,能减少寒气压迫,利于聚落绿化系统的栽培。居住前方,空间开放,不仅阳光充足,空气流通,而且视野辽阔无阻挡,高能远望,后有依托,所以两湖地区民居多在地势条件较好的滩头谷地或者丘陵地区。

2. 临近水源,避洪避涝。水为生命之源,生态之必需。一个聚落必须解决好水源问题才能生存发展。因此两湖的乡村聚落一般都临近河流溪流,或开渠引水,或凿井取水,或借山泉,方式多样。同时还要注意防治山洪之害,所以无论是平坝还是峡谷、半山,村寨选址一般都避开较大的冲沟以防水患,并且利用一定坡度的自然沟壑以供排洪。

3. 有地可建,有土可耕。荆楚地区的村落都是以农业生产为主,因地缘、血缘,或其他社会因素而形成的聚落,因此在选址上,鲜有军事防御守备功能,不求地势险要,一切以生存为首要前提,要易建房,能栖身,有地可耕种,可生存。

(二)自然环境与村落形态

大自然是人居环境的基础,人的生产活动以及具体的人居环境建设活动都离不开更为广阔的自然背景，与其他聚落类型相比，传统乡村聚落更体现出对自然环境的依赖，以"天人合一"观为哲学思想，追求舒适与宜居是大多数传统聚落选址和布局的终极目标，因此在整体空间形态上也更具有特色。传统村落整体空间的构成要素主要是山体、河流、旷地等自然（性）要素和村落建筑群人工要素，自然环境因素对传统村落空间形态的影响主要是气候、水文、地形地貌、建筑材料等。

首先，气候条件的不同给村落民居的院落布局、户型设计带来显著差异。荆楚地区多雨、温湿、闷热，这就逐渐发展形成了适合本地区特点的天井类型建筑，以利于通风、采光、排水。如湘南一带气候潮湿，所以这一地区民居屋脊高，进深大，且尽可能采用小天井的做法，以达到通风采光的效果。

其次，水文条件是影响村落结构和整体形态的重要因素。在荆楚地区，许多村落沿着溪流延伸，这与村落居民的日常生活离不开水有密切的关系，而水池的布置是村落防火的一个重要保障。在无溪流穿村而过的村落，引山泉进村是一项重要的宗族大事。如湖南省桂阳县庙下村村前宽达 2 米的人工水圳不仅为居民提供日常洗涤用水，带走生活污水，而且还为村前农田提供灌溉用水。又如湖南省祁阳县龙溪村不仅有龙溪穿村而过，而且在李家大院民居群西侧山体上凿有宽约 0.5 米的沟渠，这样既有利于及时排走雨水，同时又可备不时之需。因此可以说溪流、池塘、水渠等对村落的整体结构形态有着重要的影响。

再次，地形地貌对民居的选址和布局影响明显。荆楚地区地形以丘陵、山地为主，民居建筑在平面形态特征上通过适应地形以利于节约土地，以四合院形态及其衍生变化出的各种围合式结构、天井式四合院结构为主,呈现了形式多样的特点。如湘西、鄂西山区少数民族干栏式民居建筑结合地势低层架空,高低错落;而丘陵地区村落则依山就势,层层展开。

最后,荆楚地区属亚热带地区,植被茂盛,盛产木材,木结构建筑最为普遍,但又根据地域树木种类差异产生明显的木材使用上的区别。如江西盛产适合建筑装饰和雕刻的名贵树种,如樟树、楠树、枫树、银杏树等,所以江西民居中的木雕大都非常精美。在滨水的村落中,也有不少民居就近使用河滩卵石和生土筑墙。生态环境在为荆楚民居的构筑提供了充足、廉价的地方材料的同时也赋予这些村落独特的自然环境特色[①]。

(三)自然环境与村落建筑

荆楚地区现存传统民居可概括为天井式民居、庭院式民居、庭院天井式民居三大类型,这些民居建筑在造型、功能上深受区域自然环境的影响。

1. 从屋顶造型来看,荆楚传统村落的屋顶造型主要有硬山顶、歇山顶、悬山顶、平屋顶四种类型。其中,以硬山顶和歇山顶最为普遍,在湘中、湘西、湘南各地的传统聚落中均有分布。平屋顶较为少见,主要以与坡屋顶混搭的形式存在,如湖南省新化县水车镇楼下村的民居。从屋顶的形状特征来看,以坡屋顶为主,这与湿润多雨的亚热带季风气候相适应。从形状变化来看,硬山顶有穿斗式

---

① 黄浩. 江西民居[M]. 北京:中国建筑工业出版社,2008.

的变化，歇山顶有重檐式的变化①。

2. 从山墙造型来看，荆楚传统聚落的山墙以"人"字形马头墙造型为主要特征，在湘西、湘中、湘南均有广泛分布。山墙的形状特征变化主要有"土"字形马头墙、"波浪形"马头墙、盔顶式马头墙，并发展出了封火山墙的形式。其中，盔顶式马头墙仅出现在湖南省岳阳县张谷英村。可见，山墙造型独特而又富于形式上的变化，在功能上以防火为主，这使得传统聚落的天际线既富于变化又颇具建筑美感。

3. 从建筑单体的平面形态特征来看，荆楚地区传统民居为合院式，即以天井为中心的内向封闭式组合院落，平面形态特征呈现形式多样，主要有：四合院、长方形围合结构、单列式围合结构、并列式围合结构、干栏式围合结构、"丰"字形围合结构。民居前后空间也塑造了居住屋渐进的层次，入口门廊和首进庭院是最具公共性的部分，向内逐渐进入半公共性区域如院内起居厅堂，最后是私密性最强的各个卧室。数世同堂的殷实大家庭，其住宅天井院以纵向或横向增加组合，形成单元重复式的"大屋"格局。在四合院的形式变化上，湖南省传统聚落中出现了富有地域特色的"进"与"厅"相结合的四合院结构，如永州市零陵区的干岩头村出现了三进三厅的四合院。显然，湖南省传统聚落的平面形态特征基因以四合院形态及其衍生变化出的各种围合式结构、天井式四合院结构为主，广泛分布于湘西、湘中、湘南地区。出现这种变化的原因主要是湖南以丘陵山地地形为主，平地较少，四合院形制变化与占地空

---

① 胡最，刘沛林，曹帅强. 湖南省传统聚落景观基因的空间特征[J]. 地理学报，2013，68（2）：219-231.

间缩小有利于节约土地。此外，湘西、鄂西北等地少数民族聚居的山区，出现了由干栏式民居衍生来的干栏式围合结构、吊脚楼等特色建筑；而在湘北洞庭湖滨湖平原地区，由于人口稠密，水运交通便捷，以商贸交通职能为主的传统聚落中演变出了既节约用地又便于营商、居住的"进"与"层"结合的建筑形式[①]。

二、荆楚传统村落形成与发展的人文因素

文化传统和社会风情是影响聚落景观形成的主要内容，也是构成传统聚落非物质景观的标志。

（一）南方宗族制发展与村落形成

两宋之间，由于政治、经济、文化中心的南移，北方人口大量迁徙南方，其中包括大批官宦世家和强宗大族。由此，宋元间大官僚宗族制在南方得到发展，由于宗族具有在移居地凝聚力增强的特性，因此这些地区在少有战争的情况下，宗族组织得到大力发展；而宋元时期中国北方的宗族社会因宋辽、宋金之间的长期战争遭受严重破坏，因此这种宗族社会形态南盛北弱的格局在宋元时代已经形成。这一格局在明清时代得到延续，日益平民化的宗族组织盛行于长江流域及其以南地区。外来移民为了加强劳动协作，增强抵御

---

① 胡最，刘沛林，曹帅强. 湖南省传统聚落景观基因的空间特征[J]. 地理学报，2013，68（2）：219-231.

天灾人祸的能力，更是加强了聚居的趋势。可以说，宗族组织平民化和移民的不断迁入为聚族而居以求生存和发展提供了现实需求。因此自宋代起，聚族而居在荆楚地区逐渐流行，一个村落往往就是一姓一族，有些大的家族还聚居于附近几个村子，形成姓氏大杂居、宗族小聚居的聚落形态①。

江西地方志中提到，"江西民人有合族建祠之习，本籍城乡暨其郡郭并省会地方，但系同府同省之同姓，即纠敛金钱，修建祠堂，率皆栋宇辉煌，规模宏敞，其用银两，置产收租"。江西宜黄"宗族必有祖祠，族繁者，各有房祖祠，大族多至数十，规模必宏整，过于邸宅"。这种聚族而居的集聚性主要体现在村落空间层次上，大多表现出明显的中心感，这个中心多由家族祠堂及其广场来体现。祠堂分宗祠、分祠、支祠和家祠多个层级，相应的村落也形成中心、次中心等，体现不同的公共空间层次。

（二）"江西填湖广"移民与村落形成

中国历史上的移民运动连绵不绝，遍布全国。对目前两湖地区建筑影响最大的就是明末到清中期的两百多年间的"江西填湖广、湖广填四川"的移民运动。在湖北地区，江西籍移民主要分布在鄂东南一带的黄冈、黄石、蕲春、鄂州，呈现从东南向西北递减的分布规律；而在湖南地区却打破了这种分布特点，在湘中的长沙、新化、湘潭等湖南中部地区是江西籍移民的主要聚居地，两省交界地区次之。移民在两湖地区落脚之后，开枝散叶繁衍生息，几代人之

---

① 何峰．湘南汉族传统村落空间形态演变机制与适应性研究[D]．长沙：湖南大学，2012．

后就形成了庞大的家族，进而形成现今聚落的基本形状。这类聚落一般处于地理条件较好的平原、缓坡，且有河水流经，自然环境优越。还有一类也属于移民聚落的特例，就是处于商业古道上的古镇。他们多由各地的商人组成，人员构成比较复杂，是移民聚落中比较独特的一种[①]。

　　移民具备的开创性和不局限于传统的生活观念，是促成迁入地社会文化衍化的主要力量。在江西移民比较集中的鄂东南、湘东北地区，移民对当地民居建筑的形制和结构有着重要的影响。早期南迁的北民开发程度最高的鄱阳湖一带和吉安、泰和地区，重读书的现象蔚然成风，大量的书院、学馆遍布各级乡村。从吉安、泰和迁来两湖的移民在安定之后仍旧不忘读书的传统，他们以在匾额、墙壁、门头上题字来达到教化的目的，用以烘托读书的氛围。并且在雕刻、绘画中除了对神的崇拜和吉祥的祈祷外，潜移默化地渗入各种文化故事和先贤智士形象，使得这种崇尚读书的风气在两湖地区极盛。对建筑造成的影响除了遍地开花的书院建筑外，就是对民居平面布局的影响了。如湖南省浏阳市大围山镇楚东村锦绶堂始建于清光绪二十三年（1897），占地4000平方米，坐北朝南，砖木结构，共有两层雕梁画栋100余间房，其中就出现了学堂的功能布置，这显然是为了教化子弟而出现的专门功能空间。

[①] 孙一帆. 明清"江西填湖广"移民影响下的两湖民居比较研究：以鄂东南、湘东北地区为例[D]. 武汉：华中科技大学，2008.

(三)武陵文化与湘西、鄂西村落形成

从地域上来讲,武陵文化区相当于湘鄂渝黔交界的武陵山区,即乌江、沅水、澧水、清江四水流域。今天的武陵地区涉及两湖地区的主要包括湖南省的湘西土家族苗族自治州、怀化市、张家界市,湖北的恩施土家族苗族自治州和长阳、五峰两个土家族自治县。武陵文化是一种悠久辉煌的地域文化,这种区域文化是历史上生活在这一地区的众多民族与文化长期碰撞融合的结果,以历史上民族与族群发展的顺序来看,主要有三苗文化、百越文化、巴文化、楚文化、汉文化;同时武陵文化又受到本区域内丰富的地域性与气候性的影响,主要包括山地峡谷文化、河川渡口文化、盆地小流域文化等[①]。

一方面,武陵山区以山地地形为主,传统村落多为山间散居,同时整个区域内河流、高山、奇谷、深洞遍布,一些山脉间的山坳与河流的冲积小平原就成了古代各个民族躲避战乱、迁徙发展的重要落脚点;另一方面,这一地区物产丰富而同时又需要输入一些重要物资,如棉花与食盐,进而发展出许多重要的商贸马帮路线与集散口岸。这两者是该地区的传统村落形成的主要成因。除此之外,历史上土司与流官治所所在以及军事防守的需要,也形成一批重要的寨堡。这一地区的聚落形态多依山就势,因地制宜。既有随山地起伏而随高就低的布置样式,其中独具特色的如山区为适应雨水丰沛而形成的雨街(双层出檐店铺与住宅,其两侧则搭建雨棚、凉棚等季节性遮蔽物),又有沿河滩岸线水平布置。这一地区的民居类

---

① 张伟然. 湖南历史文化地理研究[M]. 上海:复旦大学出版社,1995.

型大部分为适应当地气候与生活习惯而出现的干栏式建筑，其中最具代表性的是土家族的吊脚楼。除此之外，其他少数民族的民居式样中也常有吊脚楼的身影，只是在具体的布置样式，如楼梯开间的布置上略有区别，其代表性的样式可见湖南永顺县的泽家湖、湘西的龙山县等地区的民居，湖北具有代表性的则有宣恩县沙道沟镇的彭家寨、宣恩县高罗镇的周家堡、咸丰县的刘家大湾等地的吊脚楼。武陵文化区的传统村落总体特征可概括为：相对封闭的地理单元造就的以山地农业与经济为主的经济地理环境，在居住形态上形成了以小规模聚居为主的山居文化，重要的移民与商业贸易活动通道上聚居点集中，人口相对密集，发展出了当地具有独特风貌的聚居类型[1]。

---

[1] 李晓峰，谭刚毅. 两湖民居[M]. 北京：中国建筑工业出版社，2009.

第三章 荆楚传统村落的"三脉"特征与景观成因

中国传统村落文化抢救与研究

文化区系列

Chinese Traditional Villages

第一节
荆楚传统村落的文脉特征

荆楚文化是由荆楚地区的人民所创造的，集兼容并蓄、自强进取、浪漫神秘和价值多元等特征于一体的地域文化。它既保留了原有的文化，又因其沟通南北地域之便，不断地吸收与融汇异地文化而自成一脉。发源于长江中游地区的荆楚文化，自旧石器时代开始，经历了中原文化、吴越文化、巴蜀文化和岭南文化等多元文化的冲击和融合，经过不断传承发展和演化，逐步完成了文化整合，形成了独具特色的文脉特征。所谓文脉，是指在自然环境影响下，因为人类各种社会活动的长期积累，自然条件、经济技术、社会文化习俗的不同，而形成的特有地域文化的体系特征，主要包括物质文化和非物质文化。

一、物质文化

传统村落文脉中的物质要素主要由民居建筑、公共建筑和公共场所三个层面组成，是存放传统村落社会记忆的物质载体。根据不同类型村落的实际发展需要，古人在尊重自然环境的基础上会遵循一定的规划思想，将建筑与环境完美结合，创造特有的人居环境，形成以民居建筑、公共建筑和公共场所为核心表现出的整体空间组合关系，如村落形态或街巷空间等。

（一）因地制宜的民居建筑

房屋是人类的栖身之所，也是传统村落文化表现的重要物质载体。受历史上"江西填湖广"和"湖广填四川"两次人口大迁移的影响，湖北、湖南地区的移民绝大多数来自江西，同属湘赣民系，因此荆楚地区的民居类型具有较强的共性特征，但在民居的设计布局、造型工艺、地理分布和相关信仰等方面，各地仍有很多独特的风俗。民居建筑因地而异：既有砖木结构民居，也有石材干砌民居；既有轻

图 3-1　湖北省黄冈市麻城宋埠镇谢店古村

图 3-2　湖北省黄冈市麻城歧亭镇丫头山村（一）

巧古朴的干栏式吊脚楼，也有简易实用的干打垒式土房。

荆楚地区山峦起伏、水网密布，地形复杂多变，包括平原、山地、丘陵、盆地等多种类型，这使得分布在荆楚大地上的传统村落因地形差异而呈现出不同的布局形态。平原地区的村民大都选择聚居在一起；而山地地区因受地形限制，民居建筑较难实现团聚式布局，居民通常根据自己的生活需求，将房屋建在山坳

里，民居在山间呈星点式布局；在多条河流流经的地区，许多村落或沿河分布，或被河流分割成两部分，形成了线形村庄布局。

1. 团聚式布局

因鄂、赣、湘三省均是三面环山，中间为平原、盆地的半围合式空间形态，因此团聚式布局类型的村落在荆楚地区较为常见。

平原地区地势平坦，土壤肥沃，水热条

件良好，有发达的农业。平原丘陵地带的传统村落民居大多相互临近，比族错居。在原始社会早期，血缘关系是联结聚落内部人与人之间关系的重要纽带。随着社会的发展，生产力水平逐渐提高，母系社会逐渐转为父系社会，这一转变不仅没有改变聚落仍以血缘关系为纽带的事实，反而在一定程度上加剧了血亲之间的凝聚力与归属感。因此很多传统村落都是以血缘关系为基础逐渐发展起来的，彼此之间联系紧密。

平原地区因无须考虑地形的影响，人们大多自发地团聚在一起，通常以家族祠堂、祖屋，或是一些具有纪念意义的建筑作为村落中心，并围绕其展开整个村庄的布局。这种布局形式能够最大化地发挥凝聚村民的作用，有助于加强村落整体的认同感和秩序感。团聚式布局通常营造出典型的围合（半围合）空间，整体结构紧凑。

在团聚式布局的传统村落中，"群屋一体"式的布局特征表现得尤为明显。如果遇到雨雪天气，从村头走至村尾，可穿堂入室而衣衫不湿。这种布局特征是出于对家庭团聚以及防御方面的考量而形成的。在古代，人们要面临很多来自大自然的威胁，如野猪、老虎等猛兽，还要面临来自人类社会的威胁，如战争、盗匪等。为了抵御这些威胁，保卫自己的家园，人们选择聚居在一起，就出现了"群屋一体，一门多户"的布局，将村民集体的力量结合起来。湖北黄陂的罗家岗村仍存在"一门六户"的民居布局，院中有院，户与户之间联系紧密，共用一个大门，彼此之间墙挨墙、檐连檐。除了上述这种"院套院"的布局形式外，还有一种"巷连院"的布局形式，即在村落的每一个巷道处，设有一个总大门，沿街巷分布七八户不等的人家，他们以自家门前的街巷为纽带，以总大门为屏障，形成"村中村"。湖北黄冈红安的陡山村就是典型的"巷连院"

式布局形式，其中有一条大弄子原来就有弄门，晚上一般都会关闭，以保护弄内的居民。

平原地区的村落在选址定居时，虽然基本不需要考虑地形的制约，但山水格局、风水以及良田阡陌都是需要考虑的因素。人们在选址时会对周边环境、房屋朝向等进行考量，一般会选择土地肥沃，与周边联系紧密的地区。房屋一般坐北朝南，以保证良好的采光。为了更加集约化地利用土地资源、生产资源，田地和民居的布局接近同心圆模式，即中心为整个村子的公共建筑，外面一圈是村民的居住地带，最外圈是整个村落所拥有的耕作田地。这

图 3-3　湖北省恩施州利川市毛坝镇人头山村

图 3-4　湖北省黄冈市麻城岐亭镇丫头山村（二）

种同心圆式的分布是团聚式布局的理想状态。如湖北省武汉市黄陂区蔡家榨街蔡官田村蔡官田湾和恩施州利川市毛坝镇人头山村，该类村落的空间格局往往以人的主观意愿为主导、以理想化的"制""式"为基础而展开：村落呈块状集中布局，在营造聚居环境的同时节约宝贵的耕地资源。

一些在平原地貌的基础上发生突变而产生的高地，也会分布一些传统村落，称为台地型村落。这类村落通常会依据台地地形呈阶梯状的布局，如湖北恩施宣恩县长潭河乡两溪河村，在台地的作用下，其空间整体呈现前低后高、枕山面水的格局形态。

2. 星点式布局

荆楚大部分地区位于第三级阶梯，小部分地区如鄂西南、湘西等位于第二和第三级阶梯的过渡处，区域内山地、中高丘陵较多。这种地方虽然良田不多，但有利于躲避战乱，因此也分布了不少传统村落。山地型传统村落多呈大分散、小聚合的分布状态。为了能够生存下去，古人充分发挥自己的聪明才智，在崇山峻岭中，克服艰难险阻，建造起幢幢如星辰般点缀分布在山林间的民居。

在湘鄂赣三省的山脉密集地带，如鄂西南、湘西地区仍然存在着星点式布局的村落。村民或定居于山脚，或定居于山腰，民居建筑零散分布在山上，高低错落、层次分明，青瓦白墙在密林的掩映之中，化作一幅泼墨山水图。到了晚上，家家点起灯火，在静谧的夜空下、星光的闪烁中，点点烛光若隐若现。这些位于山林之中的村落，之所以选择星点式的空间布局，一是因为人们对山地的开发程度有限，各家各户不能像平原地区一般聚居在一起；二是因为如果使用火药等极具爆破性的工具开山辟地，会严重破坏山林的生态系统（即古人所说的破坏风水），对人们的生活产生很大影响。

虽然星点式布局的村落，各户之间相隔一定距离，但是这个距离并没有疏远村民之间的感情，相反，村民之间的联系更为紧密，感情也无比深厚，形成了独特的山区文化。在鄂西南的恩施州利川市等地，由于喀斯特地貌的存在，难以进行大规模开发，当地村落民居呈非常典型的星点式布局，各家各户错落有致地分布在山上，彼此遥相呼应。

在山区建房一般不用挖方填土法平整基地，多依山就势，随高就低，利用岗、坡、沟、坎、涧、谷等地形，以少量天然石块拦土就地筑台起屋。山区石料、木材丰富，民居建筑多就地取材，除砖瓦等经过简单加工外，其余大部分均属天然材料，村民用卵石铺地，片石盖顶。披檐、廊子、墙垣等附属设施亦根据功能需要或地形变化而灵活布置。屋顶坡度大，内有天井，既便于遮阳、避雨，亦便于通风、采光。湖南省安化县南金乡将军村滑石寨，依山而建，层层递叠而上，错落有致，连通上下交通的石阶纵横交错，曲折蜿蜒，远远望去，民居高低起伏，与山区环境和谐统一。而鄂西地区普遍采用土家吊脚楼的干栏式建筑，一般依山傍水，顺地形山势而建。湖北恩施彭家寨为适应地形，增加居住面积，往往把房舍一侧凌空扩展，让其吊在屋后或一侧，下用木桩支撑，屋顶所盖或为泥瓦，或为茅草，或为片石，或为杉树皮，均就地取材。民居分两层，下层可关牲畜，楼上设厢房、堂屋，楼外有阳台，通风防潮，居住方便。

图 3-5
湖北省恩施州彭家寨
土家吊脚楼

3. 线形式布局

线形的空间布局形态能够最大限度地对交通等资源进行利用。根据荆楚传统村落的地理位置和发展条件,可以将线形布局的村落细分为三类:沿河流分布的线形村落、沿主要道路分布的线形村落以及呈放射状分布的线形村落。

荆楚地区位于我国的中部,长江贯穿湖北全域,长江及其支流汉水、沮水、漳水、清江、东荆河、陆水、漊水、倒水、举水、巴水、浠水、富水等密集地分布在湖北省各地;湘江、资江、沅江、澧水四水及其支流,构成了湖南省主要的水网脉络;赣江、抚河、信江、饶河和修水五大水系连通江西全境。星罗棋布的水系,铸就了荆楚地区一些传统村落沿河流分布的线形空间布局。这些村落在表现形式上多为"一河两岸"式空间形态,即河流(或水系)从村子中间穿过,民居则沿河流分布在两岸,形成线形布局。这种空间布局形态能够对水资源进行最大限度的利用,既可以用在日常的农业耕作中,也可以发展水上交通,加强和周边村落及外部城镇的联系,给村落带来发展资源和契机。

除了水上交通外,陆路交通也不可忽视。陆上交通线的存在可以加强生活在附近的居民和周边聚居地的联系,发展良好的邻里关系,并在一定程度上推动本村文化和经济的发展。位于鄂东的杏花村及其周边的多个村落都是典型沿着主要道路布局的村落,这些村落均拥有较为丰富的历史文化底蕴和较好的经济基础。

除了上述沿河流或公路呈线形分布的村落外,还有一种较为特殊的(多)线形布局——放射状布局。这种空间布局方式一般在村落中心存在一个极具象征意义的公共建筑,以它作为轴心,以村落内的小路或小溪为轴,呈放射状布局。位于江西金溪县的东源曾家村就是这种布局，村落内街巷呈放射状展开，民居沿街巷分布，整个村落的"骨架"清晰，"血肉"饱满。这种布局方式通常需要借助村落中心的公共建筑，如祠堂、祖屋、戏台等能够将村民的情感串联起来的公共建筑，以这些公共建筑为轴，合理安排街巷，发展一个线形的、呈放射状分布的村落。

（二）具有精神象征的公共建筑

传统村落反映了中国传统社会最基本的社会生活单元，大多是以血缘宗族群体为纽带构成的自然村落，因此很多荆楚传统村落具有鲜明的宗族组织结构，并由此决定了村落的社会结构、经济生活、习俗文化等方方面面。村落往往会有自身的政治、文化和经济等公共活动。在这一空间环境中生活的人们因血缘而维系关系，并通过这些公共活动分享着共同的历史和文化背景，承袭了共同的生活模式与风俗习惯，使大家具有行为心理、价值取向的地域共识。这些公共活动，配以特定空间，形成相对固定的社会关联形式和人际交往方式，使村落成员更加紧密地联系在一起，进而可以增加村落的凝聚力以共同抵抗外力。无论是位于平原、丘陵还是山地的传统村落，都具备这些公共活动，并可以基本分为正式活动和非正式活动两种。正式活动通常会通过一些制度化组织或形式来完成，主要是围绕着宗祠、家庙或其他公共建筑，发挥着构建亲缘与伦理秩序的功能，这种正式活动往往反映在制度化的空间，即公共建筑上。

公共建筑或源于宗族观念，或源于宗教信仰，所以，无论是地理位置、建筑规模，还是宗教地位，都是村落空间布局的几何中心和村民生活世界的核心之一，是村落中最重要的文化建筑和精神象征。常见的公共建筑有宗祠、祖屋、鼓楼、宝塔、戏台等。一般而言，这些公共建筑多位于村内交通便利的地方，以其为中心的交通网络可方便村民到达村内各处。这些核心建筑成为人们心理生活空间的核心所在，从而影响人们的行为。湘南村落大多数是因中原同姓氏家族南迁定居于此而形成的，是典型的以血缘关系为纽带形成的一种聚族而居的村落，许多历史悠久的传统村落都有"大屋"或者"祖屋"，是村里的核心建筑。湖南岳阳县张谷英村的张大屋便是村中的核心建筑，村民将张大屋作为村落中最为神圣的部分来看待，认为张大屋良好的风水带来了村落的顺利扩大和家族繁衍。

（三）以人为本的公共场所

凡有村落的地方，必然有人的交往活动。传统村落不同于单体民居建筑，民居往往只限于一家人的生活容量，而村落则必然会反映出人与人之间的交往活动。公共场所是指村落中的街道、广场、水井边、小桥、池塘、晒场、大树下等进行日常生活交流的室外公共空间，也叫非正式空间，常常也是村民的心理生活空间重心。

丹麦建筑理论家扬·盖尔在《交往与空间》中将人们在外部空间中的活动分为三种类型：必要性活动、自发性活动和社会性活动。每一种活动类型对于物质环境的要求都大不相同。必要性活动包括一些不由自主的活动，日常工作和生活事务属于这一类型。自发性活动只有在适宜的户外条件下才会发生，只有在人们有参与的意愿，并且在时间、地点允许的情况下才会产生，如欣赏风景等。社会性活动指的是在公共空间中有赖于他人参与的各种活动，包括儿童游戏、互相打招呼、交谈等各类公共活动。

这些具有巧妙组织的村落中的公共场所，其空间形式的多样性和功能的复杂性使其具有较强的模糊性，因此这些公共场所通常没有很明确的空间边界，但这种非正式空间的模糊性与丰富性又往往通过建筑界面的围合来实现。这些公共场所大多与村民日常生活密切相关，通常都能被村民明确辨识，成为人们休闲娱乐、休息驻足、信息传播的重要场所，并具有相对的稳定性。这种公共场所的存在，为村民提供了日常交往的必要场所，也使得这些村落的"社会记忆"很容易在这些公共场所中形成，并被长期保留，世代传承，进而演化成当地的文化。

传统村落中的公共场所基本可分为两种。一种是有明确使用功能的公共场所，如街巷、井台、晒场、小桥、作坊、寨墙。这些场所虽然空间不大，但却和居民的日常生活息息相关。如街巷，其之于村落就如血管之于人体，正是因为街巷的存在，才将村中各户连接起来，加强了彼此之间的联系。在荆楚地区许多传统村落中，均可以发现历史遗留下来的古街巷。走在街道上，仿佛可以听到小贩走街串巷的叫卖声和邻里之间的淳朴呼唤。又如晒场，作为家家户户最熟悉的公共空间，虽然它的构造简单到仅是一大块平整的带有边沿的空地，但是它的用途却远不仅是人们晾晒粮食的场地：白天的晒场是挥洒汗水辛勤劳作的地方，晚上又成为村民休闲纳凉、闲话家常的好去处；平时它是用来晾晒稻谷、玉米等农作物的大广场，而逢年过节时又成为举办祭祀、祈福等重大活动的集中地，蕴含着丰富的文化意义。

另一种是没有明确使用功能的公共场所，如小空地、池塘边、水井边、大树下等。最开始，人们出于各自的需求自发地向这些地方靠拢，但是随着时间的推移，彼此之间熟悉了起来后，便开始有意识地朝着自己感兴趣的场所集聚。虽然人们在这里进行的往往都是一些目的并不十分明确的活动，如碰到熟人、结识生人、听到自己不知道的事等，但这种空间的极大包容性能够给村民心理上极大的舒适感。人们可以自由地进出，自由地聚集，进行各种思想的碰撞和交流。这些休闲却不失热闹的公共场所，充分展现了这种空间的宽容性，并使村落内的气氛自由而和谐，因此常常也会成为村民日常生活的空间重心。如湖南大部分村落的入口或者村内保留一株或数株标志性的大树。大树在给人们遮阴乘凉的同时，还给人们提供谈天说地、聚众议事的场所，久而久之，大树便成为村民心中的保护神。

二、非物质文化

（一）丰富多彩的民俗文化

荆楚地区位于长江中游，历史文化悠久，部分少数民族居住在此（主要在鄂西南、湘西、赣西）。荆楚文化与少数民族特色文化的相互融合，使荆楚大地诞生了丰富多彩的荆楚特色民俗文化。

1. 日常生活习俗
（1）饭稻羹鱼的饮食文化

位于长江中游的荆楚大地，雨量充沛，自然环境优良，河网纵横交错，湖泊星罗棋布，是中国主要的"鱼米之乡"，因而在饮食上形成了"饭稻羹鱼"的文化。荆楚地区纵横交错的河流湖泊，不仅为人们大面积种植水稻提供了灌溉便利,还为人们提供了丰富的水产;绵亘起伏的山地丘陵,不仅可为人们提供山珍野味,还可种植与华北相似的旱地作物。

大米和淡水鱼鲜是人们日常饮食中重要的主副食原料。大米作为荆楚地区一日三餐必不可少的主食原料,充分展示了鱼米之乡的特点。荆楚地区的很多传统村落以水稻种植为主,早餐是大米粥,中晚餐是大米饭,大米占主食摄取量的70%—80%。大米产量高,食用广,加工方法也很多,除了常见的大米粥、米饭等主食外,还可制成米糕、米豆丝等小吃。因此,大米在荆楚地区人们饮食生活中占有重要地位。

荆楚地区的饮食特征主要有以"蒸、煨、炸、烧"为代表的烹调方法和以"咸鲜"为主的口味偏好。"蒸"是荆楚地区广泛使用的一种烹调方法,不仅蔬菜、鱼肉、猪肉能蒸,鸡、鸭也能蒸。荆楚地区的蒸菜十分讲究,不同的原料、不同的风味有不同的蒸法,如新鲜鱼讲究清蒸,保留其原汁原味;肥鸡肥肉讲究粉蒸;油厚味重的原料讲究酱蒸,以解腻增香。湖北仙桃渔泛村的荆楚名菜"沔阳三蒸"就是这三种做法的代表作。

图 3-6
湖北仙桃渔泛村特色菜
"沔阳三蒸"

"煨"也是极富江汉平原地方风味的一种烹调方法。逢年过节，家家户户少不了要煨一煨汤，汤汁浓郁，味极鲜香，此外，"炸""烧"的烹调方法也十分普遍。民间称做菜叫"烧菜"，谓腊月二十八准备春节食品叫"开炸"，可见炸、烧在荆楚传统村落民间应用之广泛。

荆楚口味以咸鲜为主，调味品品种单调，过去许多地方都是"好厨师一把盐"，基本上不用其他调料。在一些乡村的宴席菜点中，所有的菜几乎都只有一个味——咸鲜。这种口味特征可能与楚人爱吃鱼有关，因为鱼本身很鲜，烹调鱼时，除了需要加少许姜以去腥味外，调味品则只需酱和盐。

荆楚地区有"无鱼不成席""无圆不成席""无汤不成席"的饮食风格。荆楚地区自古以来就是著名的"鱼米之乡"，素有"无鱼不成席"之说。荆楚地区鱼类品种多，价格便宜，营养丰富，更重要的是鱼富含寓意，寓意多子、富裕、吉祥、喜庆等，所以荆楚地区形成了"逢宴必有鱼，无鱼不成席"的饮食风格。荆楚人爱吃鱼，逢年过节少不了一道红烧鲢鱼，以图年年有余之大吉；鱼是看的，而非吃的。每逢新春佳节，家家户户吃团圆饭的时候，必然会有一盘全鱼，取年年有余之意。

鱼可煎可煮，可炸可熘，可腌可卤，荆楚地区光鱼的烹调方法就不下 30 种。鱼的加工方法更是多种多样，鱼块、鱼片、鱼条等，荆楚地区的鱼类菜肴多达 1000 种。荆楚人在吃鱼的同时，许多有关鱼的习俗相伴而生，一直流传至今。

"无圆不成席"也是荆楚地区饮食文化的一大特色。荆楚人特别喜欢吃"圆子菜"，同鱼菜一样，菜圆、肉圆等圆子菜都是各种宴席不可缺少的。荆楚人不仅可用动物原料做圆子，而且还善于用

图 3-7
荆楚地区的饮食风格

植物原料做圆子菜。肉圆子是席中的主菜，它的大、小、好、坏往往是衡量该桌宴席档次的重要标准。在鄂东南一带还盛行一种"三圆席"——以肉圆、鱼圆、糯米圆为主菜组成的一种酒席，以连中"三元"（解元、会元、状元）寓祝福之意。故民间筹办婚宴时必用"三圆席"，以示吉祥如意，事事圆满。

荆楚人爱喝汤，举凡宴席都少不了一钵汤。汤的制法多样，有氽、煮、熬、煨、炖，汤的原料丰富，鱼、猪肉、山珍等都是良好的原料，并且汤菜品种繁多。这种爱喝汤的饮食习惯可能与荆楚人偏爱咸鲜的口味和荆楚大地冬季寒冷，借汤驱寒，夏季炎热，借汤开胃以补充水分、盐分的需要有关。

荆楚地区位于长江中游，土壤肥沃，水源充足，适宜种植水稻，山区可以种植玉米，荆楚人家有充足的大米和玉米，智慧的荆楚人采用酿酒工艺，将玉米、大米作为酿酒的原料，酿造出了荆楚苞谷酒、米酒两种特色酒。根据地形的不同，两种特色酒分布的范围也有差别，苞谷酒主要诞生在鄂西南、湘西等山区，而其他大部分地区则盛行喝米酒。

摔碗酒习俗作为非物质文化遗产，在湘西、鄂西南地区最为盛行。摔碗酒的习俗来源于土家族的传说。相传巴蔓子将军与手下将军因事心生嫌隙，面对外来敌兵骚扰，不得不统一军心以保卫自己的部落，巴蔓子将军手拿一碗酒敬手下将军，二人喝完酒后，使劲一摔表示冰释前嫌，土家摔碗酒因此而诞生。摔碗酒随后逐渐演变成"杯酒释前嫌"的一种豪迈之情。酒分为两种：一种是苞谷酒（玉米酿制而成），度数偏高；另一种是米酒（大米酿制而成），度数偏低。苞谷酒和米酒作为白酒的两种特殊形式，也是白酒文化的一部分。适度的饮酒为他们的生活增添了不少色彩。这两种酒现在也成为来鄂西南、湘西的游客的必尝之酒。

鄂西南最为著名的苞谷酒主要产自恩施州巴东县野三关镇、恩施市新塘乡，恩施地区大约90%的玉米酒都是这两个地区酿造的。恩施大部分为山地所覆盖，玉米和水稻成了该地主要的粮食作物。纯天然的玉米，一般采用两种方法进行发酵，其一是熟料液态发酵，其二是熟料固态发酵。熟料液态发酵是指将玉米煮熟之后，加水和曲，等待玉米发酵即可。熟料固态发酵是指把玉米煮熟之后，不加水，直接加曲，等待玉米发酵，等待时间大约为15天，取得发酵酒以后，再用水进行适当的勾兑。一般苞谷酒的度数维持在40—60度，为男性首选。

米酒文化历史悠久，米酒业也是中国的传统酿制业。米酒闻着清香、口感微甜，是江西、湖北大众最喜爱的酒种之一，适合女性、老人饮用。如今，米酒的酿造技术逐渐掌握在少数年纪大的人手里，较少有年轻人继承制作技艺。米酒的制作过程讲究，原料必须是糯米，制作步骤有制曲、选材、煮米、制凉、拌曲、密封发酵（5天

图 3-8
熟制苞谷

左右）、取酒，曲与米的比例会影响米酒的口感与香味。发酵方法主要有液态发酵、固态发酵、半固态发酵三种。米酒在南方可作为饮品，当地称"醪糟"。在米发酵5天左右，将沸水加入发酵的米酒中，添加适量白糖，此种酒可热饮或夏季冰镇饮用。

（2）绚丽多姿的服饰文化

自古以来，不同的服饰装扮就是区分不同民族的重要标志，也是一个民族在特定时代的文化习俗，是经济、文化、政治、习惯等诸多因素的综合体现。服饰在保护身体、御寒、遮羞、标记和美化等方面起着多重作用。古时候，在社会风俗和地理环境方面，荆楚地区与中原各地有着明显不同，但在服饰方面，既与中原地区有一致的地方，又有自己的区域特点。中原受儒家思想影响，服饰受礼法约束，形制比较规范。如《礼记·王制》中说："禁异服"，"作淫声、异服、奇技、奇器以疑众，杀"。而荆楚人长期混处于"蛮夷"之中，文化习俗上相互渗透，一方面用夏变夷，另一方面也为夷所变。再加上荆楚人民活泼、奔放，富有创新精神，敢于用自己独特的风格来表达自己的个性，因此荆楚地区的服饰不断推陈出新。

荆楚文化区（狭义）、湖湘文化区和赣鄱文化区服饰各有特色。湖南地势起伏大，自然环境复杂多样，民族众多。一般说来，湖南的少数民族比较注重传统，汉族则喜欢推陈出新；从年龄段来说，分为童服、青年服与老年服；从利用情况来说，分为劳动服、便服、工作服、休闲服与丧服；从民族来说，分为汉服、苗服、土家服、瓦乡人服、黎族服等。每种服饰都有自身的特色并蕴涵了特有的信仰与禁忌。如银饰、苗绣、蜡染是苗族服饰的主要特色。

土家族有句谚语："人是树桩，全靠衣裳。"因此土家人对穿着打扮历来十分讲究。湖北恩施传统村落金龙坝，至今还保留着完整的土家族民族服饰文化。村里的土家族男人通常穿全翻领衣服，配有布扣、小长袖和滚边袖口等。裤子是由绿色和蓝色布料制成的，裤腿又大又短，款式大方，便于工作和休息。土家族妇女穿全无领开襟，衣服向左敞开。从裙子的顶部到底部，有约 3.8 厘米宽的刺绣花边。袖子上有三条花边。大花边有约 3.8 厘米宽，小花边只有手指宽。袖子约 36 厘米宽，花边宽度和袖子一样。另外，胸前外套围裙，俗称"妈裙"。围裙胸前绣着大约 12.7 平方厘米的花。腰带是一条花带，由彩色丝线制成，两端有约 8 厘米长的流苏状装饰。

在土家族人的心中，红色是最流行的颜色，这与楚人尚赤的传统是一致的。红色能给人一种温暖、明亮、醒目、平和和喜庆的感觉，所以传统村落中至今保留着以红为吉的风俗。随着时间的推移，在生活中，土家族也形成了无红不成喜，有喜必有红的风俗。图案也是土家族服饰的重要组成部分，在传达情感和意义方面发挥着重要作用。土家族崇尚吉祥、完美、幸福和稳定的文化理念，这一理念在服装设计中也有所体现。

2. 婚丧嫁娶文化

婚丧嫁娶是各民族民间习俗的重要内容，其礼仪成为各民族民间的重要活动之一。湖北的婚俗大多遵循古代礼仪，很多地区的婚嫁习俗非常相似。一般来说，有托媒、议婚（合八字）、下聘定亲、定日子、哭嫁、迎亲、拜堂、撒帐、闹洞房、回娘家等程序。其中最值得一提的是哭嫁。哭嫁歌是土家族女子出嫁时必唱的歌，有固定曲调，自己填词，讲究押韵，一辈子只唱一次。哭嫁歌一哭父母，感谢父母的养育之恩；二哭兄弟姊妹，感谢他们的手足之情；三哭嫁妆，出嫁女子在哭的过程中向娘家讨嫁妆，哭得越好越讨喜，嫁妆就越多，这也是婆家判断女子能力的一种方式。

荆楚地区丧葬传统历史悠久。清江流域以北的土家族地区流行跳"丧鼓"，又称跳"撒尔嗬"。跳"丧鼓"的歌词内容十分丰富，有赞颂土家族先民开拓疆土、回忆民族历史的，有反映先民图腾崇拜、渔猎活动、农事生产、爱情生活的，还有歌唱死者生平事迹的，等等。丧葬礼仪是以儒家传统中的"孝"观念为基础的。丧葬礼仪一般由葬礼前、葬礼和哀悼仪式三个部分组成。

3. 节庆活动

岁时节令是中华文化遗产的重要组成部分，它是中国先民在长期社会活动过程中，适应生产生活的需要创造出来的，岁时节令的集中体现是传统节庆活动。在荆楚传统村落中，传统节日非常多。荆楚传统村落从大年初一至除夕有着多达25项节日，中国许多年节习俗形成并成熟于这一地区，这些年节几经嬗变，一直延续至今。荆楚地区的年节具有四个特点：数量多，如神农节、土家女儿会、侗族新年等；形式成熟，每个节日都有一套相应的节日传说、节日饮食、节日礼仪；在每个节日中都能找到一些最为古老的文化遗传因子；荆楚地区年节中的饮食，集中反映出荆楚文化的内容和色彩。

荆楚地区民间有除夕"辞岁"或"守岁"的习俗。荆楚地区的拜年十分讲究顺序，一般是从自家开始，有"初一崽，初二郎，初三初四女拜娘"之说。部分地区也有"初一拜父族，初二拜母族，初三拜妻族"的说法。灯会是荆楚传统村落中最具影响的节庆活动之一。赛龙舟则是湖南、湖北以及江西部分地区（同属楚地）荆楚传统村落中非常重要且有特色的节庆活动之一。湖北秭归是屈原的故里，屈原投江殉国，秭归人敬之为"水仙"，端午节临江祭屈公是秭归的传统习俗。在荆楚地区，农历七月刚开始，荆楚传统村落的街头巷尾都要上演地方戏曲，家家户户都会准备丰盛的瓜果酒肉等祭拜祖先。

荆楚地区很多村落都有在元宵前后或者春节前后舞龙灯的习俗。龙灯节数不等，一般分为9节或11节，长的可达33节，样式有草龙、布龙、三节龙等[①]。舞龙灯活动一般要持续举办三年不能间断，如若断掉，人们便会认为不吉利。舞龙灯的举行本着敬仰天地，祈求风调雨顺、健康平安，与此同时弘扬传统文化，让当代年轻人在娱乐中传承古老习俗，避免在多样文化中迷失方向。湖北鄂东地区很多村落都有舞龙灯的风俗。据当地人介绍，舞龙灯总共分为三部分。一是制作龙灯。龙灯的制作工艺较为复杂，包含9道工

---

① 陈万睿，陈婧.吉安龙灯保护与传承对策研究[J].大舞台，2012（12）：248-249.

艺（制作龙骨、搭龙骨架、细竹捆扎、制作细纹刻纸、制作道具人物、安装传动装置、设计堂位、安装道具贴纸、装饰细纹刻纸）。其制作时间久，要提前大约半年开始制作。二是确定舞龙灯的人员，必须是体壮的年轻人，舞龙头的力气要最大，中间舞龙身的手臂力量要强，舞龙尾的可以是力气较小的女子或男子，三个部位的人紧密配合才得以展示一场精彩的舞龙灯表演。三是舞龙灯表演，众人手拿几十米长的龙灯，呈蛇形挥舞，走完村子街道，精彩纷呈。每逢舞龙灯，全村上下热闹非凡，家家户户张灯结彩，街道灯红酒绿，喜气洋洋的节日气息扑面而来。

（二）重巫信神的文化

神灵崇拜起源于远古对日月星辰、山石水火的自然崇拜；而后，又将对明贤圣哲、英雄壮士的纪念演化为人神崇拜。荆楚传统村落文化中的巫鬼信仰也是建构于"万物有灵"的观念之上的，但又呈现出独有特点。其一，神为祖先所化。楚人积极祀奉本族祖先如祝融、鬻熊等，认为自己是火神、日神的后裔，因火和日皆为赤色，因此楚人尚赤，崇火拜日，深信一定会得到祖先的庇护。不仅如此，楚人还祭拜华夏民族的祖先如高辛、轩辕等。其二，鬼为民众所用。和"事鬼神而远之"的周人相比，楚人积极地利用鬼神为自己服务。《后汉书·阴识传》载："灶神名禅，字子郭，衣黄衣，夜披发从灶中出，知其名呼之，可除凶恶。"其三，巫为万事所卜。楚人在敬畏祖先和神灵的同时，也相信人神之间始终有一个可以沟通的桥梁，史载为男觋女巫。

巫术文化在鄂西、湘西苗族土家族传统村落文化体系中占有一定地位。据《黔阳县志》卷十六载:"(土家族)丧家每夜聚众而讴,鼓歌经唱,彻夜不休,谓之闹丧。"说明土家族有打丧鼓、唱丧歌的习俗。明朝的《巴东县志》卷三《土俗》云:"临葬夜,众客众挤丧次,一人擂大鼓,更互相唱,名曰唱丧鼓,又曰打丧鼓。"《鄂西土家族简史》载:"(南北朝及隋)父母死,打鼓踏歌,亲属饮宴舞戏。""(唐时有)巴人踏啼,伐鼓祭祀。"都说明土家族在丧葬、丧礼活动中普遍流行着打丧鼓、唱丧歌、开路、伴亡人等巫文化民俗活动。

如今土家族对这些丧葬活动已经进行了一些改革和创新,使其逐渐成为一种流行的丧葬舞蹈。湖北省恩施土家族苗族自治州巴东县竹溪村的"撒尔嗬"就是土家族举行丧葬时跳的一种传统舞蹈。撒尔嗬至今已有100多年历史,现已被列入国家级非物质文化遗产名录。

(三)浪漫奔放的艺术文化

荆楚歌舞乐艺术以楚人的文化精神、中原华夏的文化传统和江汉少数民族的文化土壤为基础,三者混融而成,具有以下特征。第一,荆楚歌舞乐艺术优雅、虚幻、温暖、轻松,具有蓬勃的生命力。第二,荆楚系乐器既有中原传统的金石钟磬乐器,也有鼓、瑟、笙等非金石乐器。荆楚歌曲是一种和声艺术形式,具有广泛的群众基础和强大的艺术生命力。荆楚歌舞乐艺术的基本特征是钟鼓齐奏,雅俗共赏。第三,多种风格并存,多元文化混融。传统形式与地域特点、时代特征相融合,荆楚歌舞乐艺术是多民族、多地域文化的混融结果和历史产物。已被列入湖北省非物质文化遗产名录的湖北咸宁通城县大坶村的花鼓戏，就是典型的多元文化融合的结果。通城属于湖北，位于幕阜山的北麓，地处湘鄂赣三省的交界处。通城大壶古画戏，又称中提琴戏，源于湖南临湘花鼓戏，现为岳阳花鼓戏。岳阳花鼓戏主调是"琴腔"，融合湖南长沙花鼓戏部分腔调、曲牌以及通城本地山歌、夜歌、道教音乐等，旋律优美，具有浓郁的乡土特色。此外，荆楚大地上还流传着许多民间歌谣，种类繁多：有祭神的神歌，反映人们生活和思想情感的情歌、诉苦歌、哭嫁歌，还有伴随劳动生产而产生的山歌、猎歌、湖歌、渔歌、号子，甚至还有伴随作战而产生的军歌等。

荆楚地区民间文学发达，内容多样并具有特色，少数民族的民间文学更是绚丽多彩。20世纪90年代，湖南省曾将搜集到的十七万余篇民间故事，五万余条谚语，五十八万余首歌谣，分别整理为民间文学三套集，于一九九七年出版，后又搜集整理出二十余种民俗古歌，代表作有《琵琶歌》（侗）、《哭嫁歌》（土家）等。

湖北地区民间文学呈现出"百花齐放、争奇斗艳"的风格，歇后语、谚语和歌谣是湖北民间语言的精华，如气象谚语、节令谚语、哲理谚语、家庭谚语、经营活动谚语、养生谚语等，这些幽默诙谐、言简意赅的警句，以及形象生动、耐人寻味的歇后语，在荆楚地区广泛流传。湖北还有很多神话、民间传说、民间故事、民间叙事诗等，目前已搜集到故事两万四千余篇，谚语六十万余条，歌谣十五万余首，形式多样，内容丰富。代表作有《昭君传说》《屈原传说》《黄鹤楼传说》《狼外婆》等。此外，湖北还有不少民间舞蹈被列为非物质文化遗产项目，如土家摆手舞、肉连响、八宝铜铃等。

江西神话、民间故事、民间传说主要围绕风景名胜、人物特产、宗教信仰、行业特点、地方风俗和革命斗争六大主题展开。如九峰山脚"五味泉"的故事,《熊大邦告状》《陈康伯"送礼"》《方志敏捉鬼》等。江西地区搜集民间故事六千余篇,歌谣九千余首,谚语三万余条,代表作有《五粒蝴蝶扣》。除此之外,江西民间艺术还有赣江花谜、民间剪纸等。

(四)彪炳史册的红色文化

荆楚大地是一片有着光辉革命历史的土地。近代,在这片土地上诞生了无数革命志士。形成于楚山汉水间的荆楚革命文化,具有鲜明的地域文化特色。从辛亥革命开始,到中国共产党成立、大革命,再到土地革命、抗日战争、解放战争、新中国成立,中国革命的火把在楚山汉水间熊熊燃烧。在中国共产党领导的革命、建设、改革各项伟大征程中,荆楚地区始终占据着重要的地位。1927年南昌起义之后,农村真正成为中国革命的支点,农民对新民主主义革命的最终胜利和新中国的诞生起到了不可估量的作用。

1911年,以孙中山先生为代表的革命党人在湖北武昌发动了震惊世界的辛亥革命。在这场革命中,位于武汉市蔡官田村的蔡氏家族诞生了两位革命元勋——蔡济民、蔡振民兄弟。因蔡济民带领蔡官田村几十名蔡姓兄弟加入辛亥革命,蔡官田村后来被人称为"辛亥革命第一村"。

1921年7月,中国共产党诞生。在中国共产党创建之际,湖北有着极大贡献,主要表现在两个方面:其一,武汉是国内组建中国共产党早期组织的6个省市之一;其二,在出席中国共产党成立大会(中国共产党第一次全国代表大会)的13名代表中,有5名为湖北籍。此外,1927年8月7日,中共中央在汉口紧急召开的八七会议，确定了土地革命和武装反抗国民党反动派的总方针。抗日战争胜利后，为了适应新的政治、军事形势，中国共产党把抗日战争时期的鄂豫边抗日根据地改为中原解放区，湖北则是解放战争初期八大战略区域之一。湖北的红色革命孕育了具有鲜明特色的红色文化。

湖南诞生了毛泽东、彭德怀、罗亦农、黄公略等老一辈无产阶级革命家。老一辈无产阶级革命家的丰功伟绩和人格魅力是湖南革命文化形成和产生巨大影响力之源。土地革命时期，在湖南这块革命热土上爆发了秋收起义、平江起义、湘南起义和湘西起义，建立了湘赣、湘鄂赣、湘鄂西、湘鄂川黔4块革命根据地。抗日战争期间，湖南成为相持阶段正面战场的主战场之一，中国军队在湖南境内与日本侵略军进行过3次长沙会战，以及衡阳会战、常德会战、湘西会战等。湖南素有"革命摇篮、伟人故里"的美好名誉，"惟楚有材，于斯为盛"的人文积淀，"文源深、文脉广、文气足"的文化优势和"忠诚、担当、求是、图强"的精神特质。毛泽东同志曾在广袤的湖南农村进行实地考察，创作了《中国社会各阶层分析》

图 3-9
湖北省蔡官田村
蔡济民故居

《湖南农民运动考察报告》等革命巨著，有6位大将军（粟裕、黄克诚、陈赓、谭政、萧劲光、许光达）诞生于湖南农村。

江西革命文化闻名中外，井冈山是中国革命的摇篮，南昌是中国人民解放军的诞生地，瑞金是苏维埃中央政府成立的地方，安源是中国工人运动的策源地。中国共产党领导人民群众在江西广大农村建立大片农村革命根据地，如赣西井冈山革命根据地、湘赣革命根据地、赣东北革命根据地等，为最终实现"农村包围城市"奠定了坚实的群众基础。

第二节
荆楚传统村落的地脉特征

所谓地脉是指古村落山体、水体形态和整体趋向关系，以及和道路形成的区位关系，是传统村落形成的基础因素。在"靠山吃山，靠水吃水"生产力落后的古代社会，以"山环境"和"水环境"为主体的地形环境对村落选址至关重要。山肥水美，物产丰富，远离水患等自然灾害，生活质量自然也高，因此选择有利于人类生存的自然环境是村落选址的基础条件。村落的选址不外乎"凡聚众据险者，因欲久支岁月及给养能自足之故，必择险阻而又可以耕种，及有水泉之地。其具备此二者之地，必为山顶平原及溪涧水源之地，此又自然之理也"。因此，传统村落基本都会选址于山水之间，以构建自然风景优美的聚居环境。

一、山环境

在中国古代漫长的封建社会中，战事频发，为了躲避战乱和匪盗，古人在选择及组织居住环境方面一直遵循封闭空间的原则，争取自然环境具有良好的防御性。山作为最好的天然屏障，不仅能躲避战乱，而且有利于形成良好的生态和局部小气候环境，因此传统村落大多背山面水，一来能屏挡冬日北来寒流，迎接夏日南来凉风；二来能有效增强防御能力，维护村庄安宁。通常一个理想的村落基址的山环境特征是，村落后方有主峰，左右有次峰或岗阜，山上要有丰茂的植被，村落前方应有月牙形的池塘或弯曲的水流，水的对面最好还有一座山。

为了加强村落的封闭性，古人甚至在村落选址时采取多重封闭的办法。

这种山环境的空间格局追求，也符合中国传统绘画理论在山水构图技法上所提倡的"高远、深远、平远、阔远"等风景意向和鸟瞰透视的画面效果。

区别于平原丘陵地区的开阔式选址，山区的村落往往比其他地区的更封闭，除了尽量找寻最佳的自然山体环境外，更显著的特点在于它独特的"三维立体性"，即有效利用山区本身的层次性和立体性，与内外的山体、江河、沟谷融为一体，构成了典型的垂直用地类型，以高效利用山区珍贵的土地资源。村落在山、地、水组成的"三维"空间中因地制宜地进行复杂的空间叠加组合，形成荆楚山区多样化的村落形态。荆楚山区村落可细分为山地型村落、台地型村落和峡谷型村落三种类型。

（一）山地型村落

　　山地地貌以其高程变化特征和坡度变化特征直接决定着村落的空间格局。荆楚地区地理地貌复杂多样，尤其是鄂西与湘西山区河谷纵横、众山林立、坝子点缀，形成山区和平坝相嵌、峡谷和高山交错，层次差异明显的垂直地理环境，长久之下村落便形成了立体分布、错落有致、交错杂居、和谐共处的居住格局。早期的村落通常分布在山间盆地、河流谷地，但随着人口繁衍，村落逐渐延伸到山上，包括山麓、山坡，甚至是山顶。湘西就有"苗族住山头，瑶族住箐头，汉族回族住街头"之说。各民族之间按地形地貌垂直分布，根据各自所处的地理环境，善用环境，分别形成独具特色的村落生态景观。

　　山地型村落主要有两种布局。一种是位于低洼、缓坡地段的村落，多位于山坳，往往沿等高线呈线形展开，形成内凹、弯曲式布局。这种布局依托山势自然屏障，容易形成自由状、向心式空间格局，具有较多的安全感。如湖北建始县景阳镇白岩水村，坐落于山坳之中，实体建筑密度随坡度变化而变化，形成了顺从坡势、疏密相间、肌理清晰的内凹空间格局特色。另一种是位于坡、脊和地貌外凸处的村落，大多沿等高线呈外凸的弯曲形式，常常是依附于弯曲的等高线伸展，从而形成与外凸特征一致的发散状空间格局，视野开阔，利于自然通风。如湖北太坪村麻城河古村落，村落整体建在山脊地带，村落空间沿外凸的等高线层层展开。

（二）台地型村落

　　台地是在平原地貌的基础上发生突变而产生的高地。台地型村落通常会依据台地地形呈阶梯状布局。如湖北省宣恩县长潭河乡两溪河村，在台地的作用下，其空间整体呈现前低后高、枕山面水的格局。位于丘陵地带的村落，其空间格局也同样顺应地表坡度的变化而展开：实体建筑背靠山坡、面朝坝子，沿等高线一级一级地向上层列。为了避开部分切割分裂、地貌破碎的地段，村落又会呈散点、间断分布。如湖北戴家湾村戴家湾，受到丘陵地貌的影响，空间呈零散的多点式结构。

（三）峡谷型村落

受制于山陡壁峭，谷地往往是该地域居民唯一的耕作资源，故以村落选址在山谷溪畔的情况较为常见。峡谷用地通常呈窄长之形，数量极其稀缺，所以为了维系该宝贵资源，村落往往建构于陡崖之上，依据用地条件呈"山—水—村—山"或"山—水—村—田—山"的围合格局。如湖北沈家湾古村落、枣阳前湾村，选址顺应山地环境，村落处于群山环抱中。因为平地稀少，所以民居紧靠山脚选址建设，且常建成二层，节约用地，尽可能将平地留作耕地。

山地型村落的房屋建筑方法多使用错跌法。错跌法是指在坡度较陡的山地地形环境中，将房屋顺着山势，排列成台阶状，这样每栋房屋都可以直接接触土地，进而获得良好的视觉感受和充足的阳光，有效弥补了山区云雾大、遮挡多的不足。在同一栋房子中，主屋所处地势最高，错跌而下的几间屋子通常用作杂屋和喂养禽畜等。从远处望去，一级级房屋顺地势而上，造型规整，富有灵动的韵律感，与周围山体达到了高度的和谐。

另一种常使用的建筑方法是掉层法。掉层法是指建筑内部的接地面标高差在一层或一层以上，从而形成掉层。掉层因实际高差可以从一层到多层。根据房屋轴向与地势走向的角度，常见的掉层手法是房屋沿横向轴线做掉层，使得一侧比另一侧低，将较低的那一侧的架空层空间围合成一间房，可用作杂屋和饲养禽畜。

位于鄂西、湘西山地、丘陵地区的人们为适应地形变化，并保持民居内部功能的统一，还常常使用错层法营造屋舍。错层法的目的在于减少挖方填方，允许同一层平面有不同的标高，使得同一建筑有不同的高低差，最常见的手法是利用天井来处理地面高差，将建筑分为一高一低两部分。天井后面的建筑部分所处地势较高，主要用于寝居；天井前方较低的建筑部分则用来会客、经商；天井因此成为两部分之间的缓冲地带，一方面保证了家人生活的私密性，另一方面又保障了主人家外联的需求。错层不仅与地形紧密结合，而且丰富了建筑的空间组织，还十分有利于通风散热。可见，顺从地形变化、地貌特征的"顺势而为"是山地村落空间格局的基本原则，也形成了"村依山、山融村"的山地型村落空间格局特色。

二、水环境

水是生物赖以生存的首要物质要素，也是村落选址建设考虑的第一条件，村落与河湖水系之间形成了紧密联系。从基本的生存需求来看，农林牧副渔生产离不开水，水在调节局部气候，构建良好的人居环境中更是发挥着重要作用。滨水地区大多具有冬暖夏凉的气候特征，形成宜人的局部小气候。在古代河网密集的南方地区，主要依靠水路完成人员、信息、物资的流动，进而实现资本的原始积累。在心理层面上，人往往将依山傍水作为良好居住地的标准，能带来良好的心理暗示。从安全性上考虑，河流湖泊是天然的地理屏障，同时借助水域可以构筑人工屏障，有效防御天灾人祸；而养殖用的水池，浇地用的流水，都对村落生产生活具有实用价值。

荆楚地区河网密布、降雨充沛，故而对传统村落的"理水"功能提出了一定要求。一个充满生态智慧的传统村落的"理水"往往具有多方面的功能：遵循了传统的风水文化，通过对环境的感应和优化选择进行择水相地，村落环境与周围自然山水条件和谐，以得天时地利；充分满足村落居民生产生活方面的用水需求，包括生活用水、灌溉农田、水运交通、水产养殖等；保证村落不受洪涝灾害的侵袭；营造具有一定山水诗画特征的文化意境，如绿水环绕、碧波荡漾、良田美宅、阡陌交通等传统村落诗意栖居的情景。

荆楚靠近水系流域的地区村落分布集中、数量多、密度大，反之则稀少、分散。同样，水的方位、形态和变化也直接影响着村落的空间格局。从村、水的相互关系看，主要有滨水型村落、融水型村落两种类型。

（一）滨水型村落

中国农耕社会对水的追逐，使得荆楚地区很多传统村落被自然水体环绕或与之毗邻，形成滨水型村落。水体是村落择址考虑的重要因素之一，从交通功能上看，河流是古代村落主要的对外交通要道，具有衔接水陆、搬运货物往外运输的作用；从生活功能上看，河流是传统村落中承载传统民俗与村民日常活动的重要场所，包括饮用清洗、集市贸易、休闲活动等。因河流的储量、级别和水势的不同，村落与水的关系也有所不同。滨水型村落的空间分布多表现为沿水系发展方向展开，延伸为枝叶状的整体格局，与水系空间格局非常贴近，可概括为"线性延伸+多片区分布"的分布格局。

滨水型村落的形态基本上取决于河道的走向、形状和宽窄变化，随弯就曲、遇水搭桥，表现出丰富生动的环境景观。荆楚大地河网密布，河湖数量较多，建筑除了选址、朝向、形态要符合自然理念，周围的湖泊、河流也被当作生态景观的重要构成元素。

除此之外，还要在选址时考虑地形在防洪与排水方面的作用，也要结合地形和巷道修筑排水设施，对自然水系进行必要的改造，使其既可蓄水灌溉农田，又可在汛期很大程度上规避洪水的侵害，同时还可在旱季蓄水保证村落的生产生活。乌江边的江西省乐安县流坑村董氏家族，在明代中后期由威望很高的官员董燧主持完成了规划改造，河湖直接穿村而过，河湖水像血脉一样流向每家每户，既有辐射效应又有凝聚效应。湖北省荆州市蔡桥村，其近似圆形的空间形态，就是因毗邻的河流环绕而形成。

（二）融水型村落

将水系引入并贯穿于村落，形成村水相融的空间格局，是融水型村落的主要特征。内部水系成为组织村落空间的主导物质要素：大小各异的地块围绕水系展开，以满足给水、排水需求；村庄街巷与水系相融，以取得均等的用水条件。如果将村落内部水系的组成看成点、线、面的结合，那么泉眼、井台就是一个个的点，而分布于村落内部的每一条巷道、每一条水渠则成有序的线。通常村落周边的主要水系是村内整个水系的来源，是带动全村水系的源头活水，

图 3-10　湖北省蔡官田村水景

与村落内部水系构成一个完整的人居生态环境系统，影响着传统村落的选址、布局和发展。

对于传统村落的选址建造而言，水系最主要的部分是由线性元素组成，每一条巷道周边的明沟暗渠就是一段段线性元素，遍布全村的巷道也起着重要的作用。对于村落中面积较大的水域，在处理村落与水域关系时，村落形态往往受其影响，如水塘、湿地和大型河流。水塘是荆楚传统村落中常见的用水设施，或天然形成或人工建造，作用也分为风水塘和生活水塘两种[1]。点状元素的井、泉、池塘数量虽然极为有限，但起着水系节点的作用，并且由于其自身的

---

[1] 许诺. 湖南滨水传统村落空间组合研究[D]. 长沙：湖南大学，2018.

集水性和过滤能力，是村民的集中用水和取水处。

除此之外，荆楚地区雨季较长，如何便利顺畅地排除淤积在民居空地上的水也是融水型村落生态理水的重要考虑因素。如江西钓源村整个村落包含宏观、中观和微观三个层面的排水系统：村落的整体布局层面上与周围山林水系、农田、水塘及河流的统筹规划，村落内部层面的特色水塘排蓄系统和广场道路排水系统，民居内部小尺度的排水循环系统。由整体到局部不同尺度的排水系统层层连接、环环相扣，共同构成了一个极具系统性、生态性、灵活性和特色性的古村落理水系统。

湖北蔡官田村内有七口贯穿全村、相连成北斗七星状的池塘，池塘之间有用青石板铺成的通道，下面则是池塘之间的连通口。这七口池塘不仅起着全村排水集污的作用，同时由于地势的因素，雨季大量的雨水顺坡沿沟排入池塘，使村内"大雨不积水，小雨不湿鞋"。在村庄的东侧还有溪水源源不断汇入池塘，使村内水域系统常年处于流动状态，既保证了水质的清洁，还有效避免蚊虫的滋生。水塘的面积较大，可以调节小气候。

三、区位环境

除了山、水的生态基底环境外，交通的便利性也是村落选址需要考虑的基本因素之一。

就全国范围来看，交通发达地区的传统村落数量并不多，其中湖南省与湖北省的传统村落数量与交通发达程度呈明显的负相关关系，即公路网越密集，传统村落保存得越少，大部分传统村落依然处在交通不太发达的地区。山地地貌以其高程变化特征和坡度变化特征直接决定着村落的交通格局。一般来说，海拔高程越高，地势起伏变化越大，交通越不方便，村落与外界的阻碍就越大，传统村落也更易于保留下来。

一个地区的公路里程、公路密度与该区域的经济水平有着必然联系，也是传统村落向现代村落转化的助推器，对传统村落分布具有较大影响。湖南省远离主河道的地区，公路密度低、交通干线较少的地区，传统村落数量较多；而湖北省位于川盐古道、移民通道等交通要道旁的传统村落数量又较多。由此可见，无论是传统的水运交通，还是现代的陆路交通，传统村落的数量与交通的关系都比较明显。

（一）交通便利型

古代的交通要道不仅商品和物质生活丰富，往往也是信息和文化的传播交流之地，容易形成政治、经济和文化中心，也更容易在周边形成村落。

1. 沿江型村落

从城市的诞生过程来看，大多数城市也是产生在河流沿线一带，如三峡库区的城市，在61个城市中，73%的城市分布于两河交汇处。[①]村落作为城市的早期雏形，它最开始的选址往往也是位于河流沿线。水是人们生活（饮用、洗涤、消防）与生产（农田灌溉、水产养殖、交通运输、食品加工）不可缺少的基本要素，也是古代村落选址的重要因素之一。在交通工具匮乏的农耕社会里，船是利用率最高的交通工具之一，是古人与外界交流的重要工具，如乘船"赶集"交换剩余产品或参加民俗集会活动等。

荆楚地区地处长江腹地，河流水系发达，为古人的交通运输提供了天然的航道。如号称"湘西四大名镇"之一的永顺县王村即因西临酉水而成为湘西通川鄂、达鄂沪的水陆交通重镇。[②]王村的地势由东北向西南倾斜，南有营盘溪自东北向西南注入酉水，古镇建筑自营盘溪注入酉水的入河口开始沿营盘溪北岸向东北延伸，形成号称"五里长街"的繁荣街市。

[①] 龚胜生，林月辉，戈大专.三峡地区城市与河流关系的时空演化研究[J].地理学报，2013（12）：1619–1631.
[②] 吕梁.国家历史文化名城研究中心历史街区调研：湖南湘西永顺王村[J].城市规划，2005（12）：彩页

清嘉庆、道光年间，王村古镇共有铺面 300 余家、客栈 100 余家，往来客商众多，有"小南京"之称。[①] 王村即因为历史上作为湘西重要的水运码头而繁荣发展，并成为电影《芙蓉镇》的拍摄地，后更名为"芙蓉镇"。

2. 沿路型村落

古代的陆路交通主要是驿道，运输方式主要靠人力、畜力，尤其以畜力最为普遍。荆楚地区位于长江中游核心地带，自古以来就具有重要的经济和军事地位。朝廷为了更好地管理荆楚地区，修建了四通八达的陆路交通网络。驿道的周边分布着大量的传统村落，特别是在一些陆路交通的交会处形成了规模较大的集镇，并逐渐成为一个地方的经济交流中心。如湖南江永县上甘棠村原是谢沐县的县址所在地。隋开皇九年（589）并谢沐、营浦为永阳县，隶永州，县治撤离上甘棠。可见，上甘棠村为地方的政治、经济、文化中心长达千余年之久。隋开皇九年之后，县治迁移他处，上甘棠村渐渐无闻于世，但作为湘桂古道上的重要交通要道，经济一直相对较为活跃，目前仍保留有古商业街、古凉亭等。近代，湘桂公路和湘桂铁路建成通车，使交通重心逐渐发生了偏移，而 1958 年省道 325 的修建则直接使这条交通古道退出了历史舞台，曾经发达的乡村经济出现了停滞，传统村落景观才因此遗留至今。

除了沿驿道布局以外，在一些称为"古道"的沿线也分布有大量的传统村落。著名的中俄万里茶道、随枣走廊、川鄂古盐道、两湖民通道等古代交通要道横卧荆楚大地，成为坐贾行商和移民迁徙

[①] 万艳华.长江中游传统村镇建筑文化研究[D].武汉：武汉理工大学，2010.

的集散地。如永兴县板梁村、冷水滩区老埠头村和道县龙村等,这些村子都曾是古官道或古渡口上重要的驿站和商埠之地。如今,落后的交通和经济使得大部分村民搬离,仅有斑驳的青石板路和破落的商业店铺无声地诉说着昔日的繁华。湖北咸宁的羊楼洞村,素来有"中国绿茶源头""砖茶之都"的美誉。羊楼洞村作为茶马古道的源头,明嘉靖初制茶工艺已相当发达。村镇也随之而兴,极盛时茶庄200余家,人口近4万,有5条主要街道,百余家商铺。"洞茶"远销海外,羊楼洞为"中国大茶市",誉称"小汉口"。如今的羊楼洞已不见当年的繁华,但那条以明清建筑为主的石板街依然还在,街面全以青石铺设,房舍街店或青砖黑瓦,或木质竹垒。从各家各户门隙里飘出的袅袅茶气,幽幽地从街的这头萦绕到街的那头,似乎讲述着老街的悠远。

(二)交通滞后型

荆楚地区在全国位置居中,是战略要地,古时战事发生时,为了寻求生存的机会,人们往往会举家迁往地势偏僻之地避乱,由此形成了一种"避世迁居"型村落。湖南桂阳县庙下村的雷氏聚居地就属于这种情况。据庙下村雷氏族谱记载,"始祖雷公肇基在任朝内阁主事时弃职归里,于宋大中祥符元年(1008)从江西吉安府泰和县徙居湖南桂北开派到此地",为了躲避纷争和安居乐业,庙下村的东、南、西三面青山环抱,北部为田园旷野,至今仅有一条小道出入,具有明显的防御特色。又如双牌县大河江村邓家大院始祖于元末明初从江西吉安县迁至大河江居住,至今已有数百年历史。该村同样三面环山,村前两溪交汇,其选址具有明显的领域意识和安全防御目的。由于地处偏僻，这些分布在地域环境相对独立地区的传统村落在经济发展受到阻滞的同时，也避免了乱世战祸和现代文明的冲击得以保存下来并延续至今，呈现出独特的风貌。

此外，由于移民与原住居民之间的文化冲突，移民往往也会选择地理位置相对比较封闭的地带，如迁居湘南的中原人、江浙人和客家人把各自的文化带入湘南的同时，也把移民与原住居民、移民与移民之间的矛盾带入了湘南。基于这些因素考虑，许多移民村落在选址上偏向选择地域环境相对独立或封闭的地区，因此具有"易守难攻"的地理优势。

第三节
荆楚传统村落的人脉特征

一、历史人物

（一）宗族大姓

中国古代的宗族制度自周朝以来不断演化，受生态环境、生产方式、居住格局、权力半径的影响，宗族制度的发展出现了以血缘和地缘为纽带的两种组织方式。两种不同的聚居模式导致了不同的社会组织管理方式。在传统的农耕社会，村落的聚居模式往往决定了它的社会秩序。

村落是以一种熟人关系或者是同乡关系构成的熟人社会，因此居住模式或以血缘为纽带，村落多是"一村一姓"小聚居的形式；或形成一种姓氏大杂居的布局，以地缘为纽带，村落多是"一村多姓"大杂居的形式。在以宗族组织为单位的村落里，通过制定家规、家训以保证一个宗族组织正常运行，人们的生产生活也是紧密联系在一起的。宗族的文化传统、价值观念往往会影响整个村落的发展。

荆楚传统村落的宗族传统具有典型的"崇儒尚雅"的人脉特征。村落流行耕读文化，因此很多规模较大的村都兴办私塾，非常重视家族人丁的文化知识与教育，并有修筑祠堂、石碑和撰写家谱等具有传统记忆特征的习俗。

有研究统计，两宋时期，全国学院共有515个，而江西的书院就有170多个，其规模和教育质量都位居全国首位[1]。至明朝洪武年间，以江西籍为主体的移民向湖南、湖北地区迁移[2]，同时也带来了江西的"崇尚儒雅之风"、宗法制度等，为当地经济、文化的发展做出了卓越贡献。特别是鄂东地区的传统村落，村民的祖籍几乎都是江西。如大余湾村，据《余氏宗谱》记载：大余湾先人系余姓大户，于明洪武二年（1369）从江西婺源、德兴一带迁徙而来；其祖先余秀山以"勤俭能创千秋业，耕读尚开富贵花"为家训。

在这样的宗族小社会里，家庭教育与宗族教育往往联系在一起，人们慢慢养成了一种望族乡贤的责任感，希望能为家族甚至是整个宗族带来荣誉。号称"鄂东第一祠"的湖北黄冈陡山村的吴氏

---

[1] 陈志云.科举制度与两宋赣文化[J].上饶师范学院学报，2001（1）：56-62.
[2] 张国雄，梅莉.明清时期两湖移民的地理特征[J].中国历史地理论丛，1991（4）：77-109.

祠堂就是家族共同捐建的，保存有极好的完整性和极高的艺术价值。这些祠堂一方面记载祖先留下的丰功事迹，另一方面传承本族的家规、家训等。而湘鄂西山区，由于自发性移民进入时间较晚，且以单身移民或单个家庭为主，虽然在局部地区存在一些组织化程度较高的宗族，但大规模的宗族组织在此并不普遍，而且基本没有完成宗族的制度化建设[①]。

（二）名士辈出

科举制是中国封建社会选拔官吏的重要制度，特别是到了宋朝以后，科举制度经过不断改革，日趋成熟，吸引了广大士子参加，一时间读书—应试—做官成为每个学子的奋斗三部曲。两宋时期，江西人文荟萃，各学大师层出不穷，各领风骚。据统计，江西涌现出的人才，仅次于浙江、福建、河南等省份，位列全国第四[②]。湖湘地区千百年来更是有"惟楚有材，于斯为盛"的美誉。这些都体现了荆楚地区具有优良的人文基础，养育了这片土地上古人所具有的伟大理想与远大抱负。大批的士子刻苦读书以实现自己的人生目标，正所谓十年寒窗无人问，一举成名天下知，荆楚地区涌现了大量至今都为人们所熟知的名士。

据陡山村的《吴氏族谱》记载，陡山村曾是世代为官的宗族，"石砌石屋屋挨屋绵延六百载"的发展史，曾有宋代一门三太守，五代四尚书的光辉历史。又如湖南省道县小坪村，村落中还遗留有

---

① 吴雪梅.适应性选择：明清两湖乡村社会秩序的形成机制：乡村社会秩序建构的另外一种解释[J].华中师范大学学报（人文社会科学版），2017，56（6）：124-131.
② 张家驹.两宋经济重心的南移[M].武汉：湖北人民出版社，1957.

旗杆石，旗杆石是我国古代科举功名的象征。

（三）名商荟萃

文化教育的繁荣发展离不开稳固的经济基础。纵观中国封建经济的发展过程，大致经历两个马鞍形的过程。第一次封建经济发展的高峰期是秦汉时期，第二次发展的高峰期是宋代[①]。从总体上看，古代经济发展历经波折，但是小农经济却在不断发展和成熟，成为大多数人的谋生之路。传统村落可谓就是这样一个宏观社会环境的微观缩影。在荆楚传统村落中，有大量的名商历史人物。

据湖北省黄陂区罗家岗村的《罗氏族谱》记载，罗氏祖先在外做生意发家致富，回到家乡后修筑房屋，工匠是从浙江请来的能工巧匠，专门进行设计、施工。族人罗百万，原名罗克广，曾捐赠100万贯给朝廷，朝廷为此颁发了诰命匾额与他。当时，罗家岗村内设有肉铺、绸缎铺、鞋铺等各种商铺，到了近代还享有"小汉口"之称，可见当时村落的规模之大。

此外，鄂、渝、湘交界地区曾经是古代巴人活动最频繁的区域，因产盐和运盐，在古盐道沿线分布了大量因盐而兴、具有商贸性质的传统村落。如恩施市太阳乡社区老街，随着古盐道上盐贩商贾往来蜀楚增多，在清代由驿站变成街，长280米、宽5米的"丁"字形老街，青石板路面的街道两旁以沈、刘、余、吴四大乡绅的房屋居多，都为木质结构，有杂货店、饭铺、骡马店、药铺、染坊、

[①] 漆侠. 宋代社会生产力的发展及其在中国古代经济发展过程中的地位[J]. 中国经济史研究，1986（1）：29-52.

铁匠铺、买卖行等。这些传统村落逐渐脱离农耕生产转向发展商贸，成为人们新的谋生之道；后来，随着盐业的衰落，这些村落也因失去经济支持而衰败。

（四）名将传说

荆楚地区由于地处南北交通要冲，历来成为兵家必争之地。因此，在荆楚地区存在许多防御型和避难型村落，村民往往选择地理环境隐蔽或地势险要的地方作为居住场所，过自给自足的小农生活。如鄂西北的十堰、南漳等市县，在古代都是重要的军事据点。位于鄂西北广水市武胜关镇的全国八大名关之一的武胜关，素有"鄂北门户"[①]之称，北屏中原，南锁鄂州，扼控南北交通咽喉，自古为踞南制北的抗衡之地，具有易守难攻之妙。湖北通山县闯王镇的宝石村地处四面环山的中间缓冲地带，是明朝洪武年间舒氏家族为躲避战乱从江西迁移而来建立的避难型村落。鄂东北接壤安庆等地，自古有诸多不安定因素，自隋唐开始就在德安、黄州等地设有军事镇，元代时在襄阳、江陵、鄂州等地也都相继设了军事据点。

由于深受战争影响，在荆楚地区流传着许多家喻户晓的英雄故事。据湖北省欧桥村刘云四湾的《刘氏族谱》载，元末明初刘氏先祖随抽丁避战乱，于明洪武元年（1368）由江西南昌丰城县，历尽艰辛，徙数里迁至现址，在此繁衍600余年，生生不息，该村据说为汉朝刘邦后裔。湖南省桂阳县的庙下村建立于明万历年间，至今已有400余年历史，至今村中还留有古代的炮楼，辛亥革命将领雷

[①] 郑文翰.军事大辞典[M].上海：上海辞书出版社，1992.

洪就出生于此地。辛亥革命起义时，雷洪初任鄂军政府交通部部长，后任黄兴副元帅府指挥官，同时参加湖南辛亥革命筹划工作。湖北谢店古村相传为明代几户江西移民来此定居而形成的，经过600余年的繁衍生息，谢店古村的主要姓氏为袁姓，据村民说，他们的祖辈是昔年四世三公的袁氏，即本村人是袁绍的后代。

（五）匠人传奇

传统村落的价值不仅体现在物质实体上，它的非物质性也同样具有极高的艺术价值。保护传统村落，不仅是保护它的物质实体，同样对它的民俗、手工技艺等这样一些非物质文化要素也要进行有效的保护。这些非物质文化要素必须以传统村落中的物质实体为载体来保存。在日积月累的沉淀下，村落中诞生了许多手工精湛的匠人。荆楚传统村落中也不乏这样一些传奇匠人。

鄂东地区的很多传统村落中有许多工艺精湛的石头干砌房，如武汉市木兰石砌建筑就极具代表性，它不同于一般的湿砌，而是以干砌为主要技术，至今具有重要的科学、艺术和学术价值。位于武汉市黄陂区李家街道的泥人王村也是一个典型的匠人云集村落。自明清至民国时期，黄陂区的手工业就较为发达，而泥人王村所处的李家集街道则是黄陂泥塑的发源地和泥塑艺人、匠人、传人最多且最为集中的地方。

据记载，清道光十四年（1834），泥人王村的泥塑大师王煌因泥塑技艺高强而受聘制作归元寺罗汉堂内的500罗汉，历时9年终于完成；2007年，泥人王村被湖北省授予"湖北省民间艺术之乡"。类似的传统村落还有湖北省的罗家岗村、大余湾、童家湾、铁炉村等，这些传统村落至今还保留着一些古代石质建筑、街巷、古树名木等，以及历史悠久的明清古宅。

二、历史传说

荆楚地区几乎每个传统村落都有一些可歌可泣的人物传说。尽管这些传说不一定具有真实性，但是它反映的是这个传统村落中的精神文化或精神信仰，隐喻了传统村落内部的风俗观念与礼法、地理环境与生产、宗族文化与制度等。如丫头山村，相传龚氏第十世祖于明隆庆元年（1567）从歧亭搬迁至丫头山村，这里广泛流传着袁媚家中忠厚本分的年轻仆人龚牛伢与袁媚的凄美爱情传说。正是因为这个传说，丫头山村在歧亭一带十分出名，目前村落中修建的一些景观，如"痴汉长廊""痴心亭"的命名都源于此传说。

再如石头湾村，也流传着一个故事。据说古时有一个乞丐来到石头湾村，想要留宿，石头湾村的先祖收留了他，让乞丐住在柴房里。后来乞丐留下了一个包袱便走了，先祖为人忠厚，将乞丐的包袱原封不动地保存起来，等待乞丐来取走。多年后仍没等到乞丐，先祖便打开了包袱，里面竟然是数量惊人的金银财宝。村里流传下来的虽然只是一个传说，却歌颂了石头湾村先祖的善良忠厚。

第四章

荆楚传统村落的物质文化景观

第一节
荆楚传统村落的生活景观

中国古代百姓很早就认识到天时、地利与人类生活有极为密切的关系。中国传统哲学中讲究"天人合一",历来强调整体观念,把天、地、人看作一个统一的整体,认为人是自然的一部分,人与自然是相通的,所以古人强调"人之居处,宜以大地山河为主",正如《管子·五行篇》中所言:"人与天调,然后天地之美生。"体现到村落之中,更是强调人居生活的整体意识注重顺应自然、尊重自然,力求与自然和谐相处,追求一种理想的、生态的生存与发展环境。从而使"人、村落、环境"之间构成一个集生态、堪舆、文化、防灾、防御等功能于一体,含有生态、趋吉、美学、安全等多重目标的有机生活整体。

传统村落作为传统农耕文明的产物,其丰富多彩的生活景观主要以村落建筑群等人工要素为核心,在绿树、青山、河流、池塘等映衬下整体呈现出多层次、多变化的空间形态,并具有典型的生态嵌入性或地理嵌入性特征。所谓地理嵌入性,指的是它的建筑形式与结构受到当地自然环境的约束,从而与当地自然环境协调一致。这种地理嵌入性反映了两个方面的特征:一方面反映出当时物流条件的落后,人居建筑的原材料只能就地取材,因为从外地取材,既受到运输条件的限制,也受到建筑成本的约束;另一方面反映了农耕文明的需要,因为农耕时代的人居环境不仅要满足人的居住需要,还要满足家庭生产的需要,如需要为畜禽提供栖息空间,家庭厕具是收集农用肥料的场所。因此，村落建筑的地理嵌入性不但体现在建筑材料的本地性，而且也体现在建筑功能必须适合小农式的农耕文明需要。总体看，传统村落中的建筑大多随地形变化灵活布置，街巷有曲有直，空间开合有度，建筑材料通常就地取材，创造了融自然美、人工美于一体的空间环境，形成富有生态意向的村落环境，使之总体呈现出"人、建筑、自然"三位一体的完整性、协调性。

一、民居建筑景观

《三国志·魏志·郑浑传》中道："入魏郡界，村落齐整如一。"其中"齐整如一"，便表明村落有人为设计的印记。如今留存下来的不少荆楚古村落，其格局结构大多不是自然天成，而是经过精心设计的。这种经过设计的村落布局，一般以"风水"观念为指导，讲究依山傍水，实际上就是一种生态生活观念的体现。

中国传统村落具有浓重的家族性和血缘性，强调村落内部的向心力和凝聚力，具有较强的排外性，因此村落的布局多采用建筑围合的结构。这种格局表现为层层相套的形式，最外围是村落的边界，常以一些建筑标志或丛林溪流为划分，称为水口。经过一段平缓的过渡空间，到达村口。村口空间较为开阔，通常布置一些高大明显的建筑物，如祠堂、庙宇、书院、牌坊等，作为入村的提示。进入村庄，建筑鳞次栉比排列在街道两旁，通向村落的中央。在一些商业发达、规模较大的村镇，主要街道两旁布置有店铺，成为商业街。村落的中心一般为较为宽阔的广场，是居民的公共空间。居民的住宅由此中心展开，以狭窄的街巷相连。整个村落向内聚合，有强烈的向心性。古人更愿意在这种青山为屏、绿水环绕的封闭环境中过着男耕女织的田园生活。例如，湖南省郴州市汝城县马桥镇外沙村，村内至今还有规模较大、保存完整的明清古民居100多栋，包含古祠堂、古庙、古书院、古桥、古墓、雕塑、石刻、匾额等在内的丰富的历史文化遗存。全村100多栋古民居以朱氏宗祠为中心，按照中国传统风水"五位四灵"模式，围绕朱氏宗祠及主巷道整齐排列。从整体布局来看，巷道、沟渠构成了村落的基本骨架，祠堂等公共建筑成为村落中最重要的公共活动中心和精神中心，井台、朝门、广场是人们日常交往的活动空间。

自五代以来，江西移民历次迁入湖南、湖北，特别是明代"江西填湖广"的移民浪潮使得湘鄂赣成为同一民系。受赣派建筑文化的影响，湘南、湖北的汉族传统村落布局简洁，朴实素雅。而民居高大挺拔的马头墙、宽敞堂皇的厅堂、堂前狭小的天井等与赣派建筑的形制如出一辙。

（一）院落布局

荆楚地区山峦起伏、水网密布、地形多变，因此传统民居建筑多因地制宜，根据需要随地形灵活布置，形成了特有风格。荆楚民居建筑布局大多以家庭为单位组合成为建筑群体，重视建筑平面的布局和空间组合的整体性和序列性，根据地形地貌特征，通过渐进的层次变化，空间的灵活组合与分割，创造出层次丰富、舒适宜人的院落空间环境。荆楚地区的院落布局大体可分为"天井院式""合院式"两种基本形式。

这些院落布局与区域地形地貌、气候环境、水热条件以及人们的社会需求等紧密相关。受大量中原移民的影响，荆楚地区的文化在原有基础上加入了许多来自中原的思想，例如"合院式"建筑布局在平原地区的出现，"天井院式"布局在湘鄂赣三地的相似。荆楚地区传统村落大多位于山地、丘陵地区，地窄人稠，因而民居建筑布局紧凑密集，"寸土必争"，但受亚热带季风气候的影响，荆楚地区炎热多雨且潮湿，所以荆楚传统村落民居布局非常注意通风和防火，民居建筑都相对注重对天井的运用。在长期发展过程中，天井式布局分化出三种：天井、天斗、天井天斗混合。这三种布局在形式上存在一些差别，但是都具有相同的功能，即排水、采光、通风、聚气。民居建筑尤为擅长以长方形的小天井院落巧妙地与基本单元平面有机组合，灵活布置厨房、厢房等用房，形成了变化的空间和丰富的造型；同时许多地方还采用了虚实对比的方法，使其显得既丰富又无比协调。因此，无论是江西的赣系建筑还是两湖平原的传统民居，不管是赣北部的传统村落还是湘西和鄂西南的少数民族村落，尽管建筑样式上有所差别，但对于天井元素的应用是荆楚地区湘鄂赣三省的共同特色。

1. 湖北省

湖北传统民居在平面布局和空间组合上，通过采取合理的建筑朝向与构造方法达到节能宜居的目的。湖北地区的院落布局主要表现为"天井院"布局结构，其中又包括混合式（如三合天井院、四合天井院）、合院式及天井"大屋"院落式，建筑布局形式基本上是南北布局，以天井院为中心，由正房、厢房围合成院落或多个院落，光照充足，能抵御冷空气侵袭，方便居民的起居及日常生活。

湖北省的传统民居多建于清道光至光绪年间，一些乡绅大户通常在民居建筑上会展现自己的与众不同，青砖瓦屋、鼓屏阁扇、建筑整体性和同村其他居民的房屋相比更加大气：院落一般都在三进式之上，中置天井，房屋沿中轴线大多建有大小厅堂，两侧厢房分作卧室、客房、厨房、杂物间，功能分区明确；由于乡绅大户日常来往的友人颇多，为了满足在交际方面的需求，乡绅大户的院落和天井都会更大些，且一般都会选择多院落的布局。

鄂东南的"天井院"布局既有皖赣建筑的古雅简洁，又有多进式院落和灵活的空间格局；常常以一组天井院为一个居住单元，大的

图 4-1 湖北省竹山县竹坪乡解家沟村高家花屋

宅邸往往由若干单元纵向或横向排列而成。鄂东北地区民居院落的平面布局形式多为合院式，以四合院居多，三合院、两合院也有。合院围成狭长的天井以利于自然采光通风和排水，但天井较为封闭幽暗。鄂西北地区的纯天井式院落住宅有三合院式、四合院式、合院并联型三种布局，多为四合院，但比北方四合院略小，建筑紧密围合，屋顶连成一体，成为面积较大的天井院。

江汉平原的天井式、天斗式、天井天斗混合式布局除了强调以天井为中心外，更强调纵向的轴线，使建筑具有对称性"一明两暗"的特点，"曲尺形"平面在江汉地区也有悠久历史。

2. 江西省

江西省区域范围狭长，赣北、赣中和赣东的传统民居存在差异。赣北民居以婺源为代表，深受徽派文化的影响，在建筑风格上，和徽派天井式建筑类似；赣中及赣东地区如南昌、抚州、吉安等地，则受江西本土文化影响颇深，是传统的赣派天井式建筑风格。

赣北地区的民居院落沿袭了徽派的风格，通常表现为三合式天井，也称一条龙式空间布局，通常由三开间或五开间组合，一般民居中都拥有前后两个天井，中间两厅合一屋脊，即"一脊翻两堂"。在赣北民居天井式的院落布局中，天井除了基本的采光、通风等作用外，还将室内空间与外部空间串联起来，形成了一个开放与围合共存的空间，婺源就是其中典型的代表。

江西属荆楚地区的区域中以赣派建筑最为出名。赣派建筑多为长方形平面，内部格局多为二进三开间，一堂一厅，面阔三间，明间厅堂，次间卧室，左右对称形式。其代表性建筑群有乐安县流坑、吉安市钓源、泰和县爵誉、宜黄县棠荫等村镇的古民居建筑。赣派古民居以"进"为基本的平面结构，注重天井元素的运用，以天井为中心展开的居室组群，以井为单元的纵向组合。多为天井式院落建筑，但更注重内部构架和陈设上的实用性，雕梁画栋的面积较少，马头墙也不如徽派建筑高翘。赣派建筑主要集中于赣抚平原、吉泰盆地和赣西山区，代表性的村落有乐安县流坑，抚州市东乡区浯溪，吉安市钓源，泰和县爵誉，丰城市白马寨、厚板塘，安义县罗田、京台等村。

图4-2 江西省吉安市钓源古村全景

图 4-3 江西省吉安市钓源古村远景

3. 湖南省

湖南地区多山多水，且聚集了包括汉、苗、瑶等在内的多个民族，所以湖南省的民居院落布局形式多样，且原生文化富有民族特色。湖南省位于亚热带，地处中国中部，具有一定的独特气候特点：兼具海洋性气候的湿润多雨以及大陆性气候的高温日照。这种气候条件使得湖南地区的民居院落以防热、防潮、防雨为目标，在布局上以天井式和合院式结合为主。

合院式布局多见于村中的富户，一般采用多重四合院和庄园式合院的布局形式，以中部为轴线，由头道龙门、二道龙门、正厅房、祖堂、后房等构成合院的空间序列。这种住宅布局形式的规模大小不一，或为一进院落，或为多进院落，每进院落均设有门，在院落中间一般会布置天井，以满足日常采光通风等需求。湖南省岳阳市的张谷英村，至今仍然留有完整的传统民居古建筑群落，在村子核心的张谷英大屋，生动地再现了传统民居的风貌：在四合院前的下房（或大门、龙门），与街巷相连，也有些会续作二门或屏门。

除了使用合院式住宅的富户外，在湘中、湘北、湘南、湘东四个地区，其传统民居的院落布局以天井式为主，天井是北方庭院按南方条件进行适应性改变后的产物，一般可以分为

图 4-4　湖南省郴州市古村落

单天井式和多天井式，湖南民居的天井一般都较南方地区"高深"，带来的感觉也更加清凉。在天井式民居中，通常设置廊道、门廊来连接天井与各厢房，充分发挥天井在改善建筑微气候方面的作用。

将正屋两头厢房吊脚楼部分的上部连成一体，形成一个四合院，即为院落式。家境富裕的居民，住宅多为院落式，经济实力更雄厚的大地主和豪绅的住宅甚至是几重院落连接，形成三重堂、四重堂等民居形式。

湖南的民居形式除了较著名的天井院落和干栏式建筑外，还有瓦屋、茅屋、"A"字棚、杉木皮屋四类。

（二）空间结构

村落内的广场、庙宇、宗祠或井台等具有一定象征意义的精神空间成为村落的中心，建筑由此向外有秩序地自然生长，形成一种渐进的向心结构，从而构成了大多数村落的基本空间格局。

1. 湖北省

鄂西传统民居建筑的空间结构形式主要有"一"字形、"L"形、"U"形、四合院及其他，其中"一"字形是最基本的形式，其他的几种形式都可以看作是由"一"字形演化而形成的。"一"字形就是通常所说的正屋，与正屋相连的叫横屋。按照土家族传统民居的大木作建造工艺，正屋与横屋的组合只能在正屋的两个端头垂直相接，其他部位是不允许随意交接的。由于房屋组合方式的限制，故土家族传统民居的规模大小主要就由组合的方式来决定了。

图 4-5 "一"字形布局村落——湖北省红安县椿树店村

    鄂东民居的空间结构形式主要有两种形式:"一"字形和天井院式。"一"字形中最简单、最常见的形式就是"连三间",即房屋一共有三开间,中间一间为堂屋,两边各是一间卧室的形式,又称"独三间""单三间""厢三"。其主入口在中间一间正中,并且向内收进,做成"槽门"。此外,还可以在"连三间"的两边继续加开间,从而形成"连五间""连七间"等大型房屋。并且"连三间"及其变体也是组合天井院的主要元素,因此"连三间"是鄂东民居的一个最基本类型。一般民户,都是上栋下宇或独家小院,也有连山

图 4-6
湖北省黄冈市丫头山村民居院落布局

共脊的"一"字形排列。屋内结构或明三暗五,或明四暗七,屋前有晒场,若有小院,则院墙或用土筑,或用篱编。

鄂东北的民居平面格局表现出强烈的轴线关系,往往有数条纵横交错的轴线,并依据地势变化以一条主轴控制数条不同方向上的支轴,平面布局对称、规整。湖北省红安县的祝家楼村,整体核心建筑群布局由 3 条平行巷道构成,每条巷道住有居民 5—7 户,共有大小院落 30 多座,房屋 300 多间,形成以巷道为单元,既相对独立,又户户相通,是典型的以血缘关系为纽带的建筑布局形态。

2. 江西省

江西地区的民居常以"进"为单元,纵向或横向相连,形成以天井式单元组接的平面,轴线上左右对称(或不对称)。加上一列纵向的"横屋",横屋向前突出主体建筑一间,使正面平面形成倒"凹"字形。

赣西民居多半只有一进,后天井往往取消,八字形祖龛后面大多是窄小的贮藏间。赣北民居平面以"进"为单元,纵向可连接几进发展,布局严谨。赣东民居的平面格局多为二进三开间,一堂一厅,明代多前堂后厅,清代多前厅后堂,面阔三间,明间厅堂,次间卧堂,左右对称。堂前均有较为狭小的天井,既供采光通风之用,又取四水归堂之意。居宅一般都有前门、后门,前门通正厅,后门连便厅或厨房。

3. 湖南省

湖南地区传统民居平面结构类型多样,主要有"一"字形、"丁"字形、"凹"字形及院落式等。其中"一"字形是最普通、最常用的形式,常见的有一列三间,也有五开间的。中间堂屋用作祭奉祖先和起居、会亲友,堂屋后有过道房。左右间又分为前后两室,前室作为卧室,后室为灶房。在正房的一侧接出耳房三两间即变为"丁"字形,其规模较"一"字形的建筑大,底层作贮藏用,上层作卧室或客房用。"丁"字形从平面形式和空间形态上已经具备一定的围合感。在正房两侧都伸出厢房即为"凹"字形,又称为"双头吊"或"撮箕口",多被家庭成员较多或经济条件较好的大户采用。

湘东地区传统民居,平面强调对称,重点突出堂屋地位。小型民居以"一"字形平面为最基本的形式,即正屋呈"一"字布置,在此基础上,依据横屋的不同组合形式,构成曲尺式平面、"丁"字形平面、"门"字形平面、"工"字形平面和四合式平面。大中型民居以大屋为例,不再是正屋和横屋的简单组合,加入了天井和过道等组织交通路线,形成一个家庭或者家族生活的空间。岳阳地区的张谷英大屋,以堂屋和天井组成中轴线,形成交通主干道,中轴线两边伸出几道横向分支，每个分支上有堂屋和天井组成各个小家庭，秩序井然，紧靠房屋外围用巷道连接。湘北以堂屋和天井组成中轴线，最后一进堂屋正中供奉祖宗牌位。卧室铺有木地板，墙基处为防潮留有气孔。

4. 吊脚楼建筑群

鄂西、湘西一带的两省交界山地处，通常还有一类非常特殊的建筑群，是土家族、苗族村落，即"吊脚为楼，顺坡造屋"的独特吊脚楼建筑群景观。

古时候，为了在自然中长久生存，在村落选址、建筑选材以及村落空间环境的营造上都充分考虑当地自然环境的特点，合理处理人与自然间的关系，力求营造人与自然和谐共处的居住环境。村落建筑大多遵循自然规律，信守自然条件下的建筑准则，如防潮、防湿，或是利用材质的特性发挥房屋建材的功能。这些建筑的观念和生态方面的设想都极大地推动了生态建筑观念的形成。荆楚地区的鄂西、湘西和赣西的山地村落由于气候及地理条件的限制，通过手工技艺、当地材料及地方化的建造方式，因地制宜地形成了特定的风格和类型。长期生活在山地地区的先民们，建寨选址首要考虑的是生产生活和防卫两个因素。区别于中原汉族多居于平原广川之上，山区先民由于穿行于崇山峻岭之间，多以捕鱼狩猎为生，故其选址多选于临近江河、溪流、山泉之地，因地就势，建造房屋；农耕之地则多为土地肥沃，容易灌溉、排水的坡地。居山地者，易受到蛇虫毒草等侵害，故"人居楼上，登梯而上，号为干栏"，吊脚楼就由其发展而来，形成别具一格的景观。

荆楚地区的很多吊脚楼原始主体建筑共三层：一层架空用于放

置柴火、农具等耐潮湿的物品或圈养禽畜；二层为主要的生活空间，用于日常起居、吃饭、睡觉；三层通风性好，用于储存粮食、风干腊肉和堆放杂物。建筑与自然环境达到了"天人合一"的和谐与平衡。首先，土家族吊脚楼减少甚至避免了对地形地貌的改造，保证了环境的原生态；其次，各形各式的吊脚楼依据山势起伏而建，人畜分层合居，合理利用空间，兼有吊脚楼与各户坝场、村落聚会坝场的分布合理组织穿插；建筑依山势及水路而建，多为坐北朝南，取得最佳的采光，坝场在南方位，或多户围合出一个较大坝场，形成了体验丰富又与环境呼应融合的建筑空间。

（三）细节符号

建筑细节是艺术表现的一种重要形式，是建筑主体创作思想的延续，是建筑艺术中最具张力的延展部分。民居的细节，既受限于民居建筑的构造特征、材料特性和当地工业，也是当地文化、民俗和社会审美的物化载体。荆楚地区的村落建筑可以用"深出檐、美山墙、巧构造、精装饰"来描述，具体表现为屋顶造型、山墙造型、立面形式、平面结构、局部装饰、建筑用材上的不同。

1. 屋顶造型

湘鄂赣地区民居建筑普遍重视屋顶造型的美饰，屋顶多为坡屋顶，形状上多为硬山式和歇山式，但在屋顶结构的细节造型上又有所区别。

湖南传统土家族民居建筑的屋顶基本上采用坡屋顶的形式，屋顶歇山起翘，有雕花栏杆及门窗。湘西地区建筑的墙体多为木质结构，为了防止墙体腐蚀，其屋顶多采取悬山屋顶。在民间建筑中四个坡面组成的"四坡水"式屋顶也采用较多。湘南民居的屋顶形式有"歇山顶""攒尖顶""悬山顶""硬山顶"和"庑殿顶、歇山顶与硬山顶的综合形式"。湘北地区屋面多完整而平直，直抵至两侧山墙下，屋脊亦平直少变化。湘西南区域屋面为双层屋面，在脊檩部分将木板由沿着脊屋面坡度铺设改为水平面，并在中间部分放置雕花板，进行通风换气。

江西地区的传统民居多为双坡屋顶，这

图 4-7 湖北民居的屋顶造型

种屋顶简约实用，以便排水。赣西民居屋顶呈独特的小青瓦歇山式屋顶，外檐出挑大，歇山顶坡度平缓舒展，屋角有起翘，屋顶组合富于变化。赣北民居堂屋（横向的）为双坡顶，厢房、廊子等为依山墙向内倾的单坡顶，形成"四水归堂"式。

湖北民居屋顶中，鄂西南土家族地区，房屋屋面形式主要是硬山式坡屋顶，若是带横屋的房屋，则横屋与正屋屋面交接处常采用镂空"鸦雀口"的处理方式，类似中国古建筑里面的歇山顶，但不管是硬山屋面，还是歇山屋面，其主要部分都是斜坡面。鄂西北民居建筑的屋顶，采用最多的是硬山顶式，瓦为灰瓦或小青瓦；采用各式封火山墙，最为常见的是马头墙、云形墙。建筑屋顶正面常以墀头装饰为主，形式多样，有彩画，有浮雕，有的还包含传奇故事。鄂东南地区传统民居屋顶做法简单经济，多为硬山屋顶，小青瓦直接铺设于椽子之上。鄂东北传统民居屋顶形式以山形硬山式为主，屋顶的装饰部分主要集中在屋脊、垂脊两处，装饰材料多以砖瓦为主。屋面瓦片多以阴阳瓦排列，铺瓦做法又称为"干槎瓦"，同时亮瓦形式在鄂东北地区出现。鄂东北地区的屋面垂脊多呈向上的弧线起翘，户户横向并列展开，视觉上形成连绵不断的升腾感。

2. 山墙造型

由于同属湘赣系，因此很多荆楚地区传统村落的民居建筑都具有较强的共性特征，最为突出的莫过于跌宕起伏、错落有致的马头墙。山墙以"人"字形马头墙造型为主要特征，在荆楚地区均有广泛分布。山墙形状特征还可以进一步演化为"土"字形马头墙、"波浪形"马头墙、盔顶式马头墙，并发展出了封火山墙的形式，其中盔顶式山墙较为少见。山墙造型独特而又富于形式上的变化，在功能上以防火为主，这使得荆楚地区传统聚落的天际线既富于变化又颇具建筑美感。

湘鄂赣三省多为山地、丘陵地形，因而在适于建筑房屋的区域往往民居皆为毗邻而建，建筑密度大，为了取得防火的效果，两段山墙均高耸于屋顶之上，这种在住宅的两山墙顶部筑有高出屋面的封火山墙的马头墙，均不同程度地出现于三省的民居建筑中。至于马头墙的造型可不受任何约束，这样，人们便可按照自己的喜好随心所欲地选择马头墙的造型。正是这个原因，不同地区的马头墙有各自的特点，甚至是同一地区的马头墙也千变万化而没有定规。除马头墙外，封火山墙在湘鄂赣三省的民居建筑中运用得也相当频繁。

湖南民居山墙造型多样，其造型往往随屋面和马头墙坡度的变化而变化。湘西地区的马头墙构造随屋面坡度层层跌落，以斜坡长度定为若干档，墙顶挑三线排檐砖，上覆小青瓦，并在每只垛头顶端安装博风板，上面再安装各种式样的座头。湘南民居建筑十分重视轮廓线的变化，马头墙做法多种多样，墙体多用青砖砌成，其形式随屋面的坡度而变化，有平行阶梯形、弓形、鞍形等。除马头墙外，封火山墙在湘鄂赣三省的民居建筑中运用得也相当频繁，湘南民居的封火山墙随屋面坡度而变化。湘东地区民居建筑往往筑有厚实高大的封火山墙，从而形成封闭的内向空间。湘北民居同样具有形式多样的封火山墙，其常见形式有"品"字形、观音兜式、双拱式等。

湖北民居的山墙造型同样变化多样，层层叠叠，有马头墙、猫拱背、镬耳墙、云墙等形式。鄂西南的吊脚楼外墙多为木板墙，也有一部分吊脚楼采用石垒墙或土坯墙，用片石、块石、卵石或用未经烧结的土坯砌筑而成。鄂西北民居造型上运用了多种封火山墙，有诸如徽州民居的马头墙，也有形如广东民居的云墙（俗称猫拱背），更多的是硬山结合墀头的山墙，可谓糅合了多方风格，形成了鄂西北的地域特色。在多进制的宅院中也有将这几种混合搭配使用，此种情况一般多把猫拱背放在前，以体现湖北的地域特色。鄂东南地区的传统民居封火山墙的形式有五岳朝天、猫拱背等各类样式。鄂东北地区民居山墙形式变化繁多，有三叠式、五叠式，起翘弧度较大。墀头的形式有动物、植物灰塑，也有彩绘线描，更有器物直接嵌入。

图 4-8
湖北民居山墙造型

江西民居山墙简洁明快、素雅大方、尺度适宜，除了山墙的形状变化多样外，在局部装饰上也更为细致。赣东的马头墙高大且多样，半掩半露的双坡屋顶隐在重重叠叠的马头墙后面，马头墙造型丰富多样，有阶梯形、弓形、云形，翘首长空，既可防火，又可防风，还能挡盗防贼。赣西传统民居仍用封火山墙，但双坡顶屋面的屋脊高高露出山墙一段。赣北民居的山墙中有特色的为五岳朝天式，这是形式别具一格的山墙。山墙高于屋顶超过屋脊，砌成马头翘角的阶梯形，一般正面封闭高墙都采取均衡对称的形式，左右高，中间低。

3. 立面形式

湘鄂赣居民在日常生活中，逐渐形成与自然环境浑然一体、巧妙利用自然空间进行布局的建筑风格。民居建筑多采用木构架结构体系以及砖墙和柱共同承重的两种结构体系。

湖南民居承重结构多样，有木架构、土木混合式、土坯墙等形式。传统湘南民居的承重结构采用的有抬梁式木架构和穿斗式木架构。湘南民居的砖木结构，外墙用砖来承重，内部用柱承重，室内用木板墙分隔。湘东地区经济较为发达，制砖技术发展成熟，房屋多用墙承重结构体系。湘西南民居多采用墙承重结构或穿斗式架构，如湘西南地区的杨氏宗祠、谭氏宗祠。

湖北民居承重上有传统的穿斗式木架构、土木架构、砖木结构、砖砌空斗墙等形式。鄂西土家族传统民居大木作是以传统穿斗式木架构为主体或原型，局部发展出具有土家族民族特色的做法，如正屋与横屋交接处的"将军柱"及横屋凫子的构造做法等，均是土家人在民居结构体系方面的卓越贡献。鄂西北建筑结构以砖墙或夯土墙承重，抬梁式架构为主，辅以穿斗式和搁檩式，房间多为五架、七架，建筑正堂为七架加前檐廊。鄂东南民居的建筑结构分砖木和土木两种。砖木结构房屋可以做得高大一些，开门开窗都比较气派；内部用抬梁、穿斗木结构。土木结构房屋低矮，门窗尺寸也都很小，一般都是非常细的木构架，采用穿斗结构。鄂东北地区民居的梁架形式较为常见的为穿斗与抬梁结合形式。该地区传统民居最大的特征是"外石内木"，

图4-9　湖北省黄冈市刘云四湾传统村落立面

外部的石墙将室内与外界环境隔绝，维持室内稳定的环境条件，内部的木结构用于灵活的空间分隔。

江西传统民居以木架构的穿斗式为主，赣东传统民居的木架构以穿斗式为主，少数为穿斗式与抬梁式相结合者，几乎没有使用斗拱的大式建筑。赣北民居大多采用穿斗式木架构承重，砖或土坯、土筑墙作围护的结构体系。古建筑以木架构为主，灵活地运用砖、木、石等多种原料。外墙体基本使用小青砖砌至马头墙，墙脚、天井、栏杆、照壁、漏窗等用青石、红砂石或花岗岩裁割成石条、石板筑就，以达到防卫与美观的双重效果。内墙的梁架构件与立柱等用料硕大，常用精美的雕刻来装饰。

4. 局部装饰

装饰是民居建筑中重要的组成部分，无论是寻常百姓家，还是大户人家都会对民居进行或多或少，或繁或简的装饰。装饰由最初的起保护建筑部件的作用逐渐演变成表达某些象征和寓意。例如雕刻蝙蝠、梅花鹿、寿桃、喜鹊来表达福禄寿喜的寓意等。装饰在民居中是依附于建筑主体的，是古民居最为精美的一部分，可以说装饰艺术在古民居中起到了画龙点睛的作用。装饰艺术中包含了大量的装饰题材和纹样，深刻反映了当时居民的文化修养、审美情趣、日常生活等，具有丰富的文化和社会内涵。

民居的装饰一般主要分布在建筑的入口、马头墙、隔扇门窗、栏杆、柱础、梁枋、屋脊等部位。在湘鄂赣地区，建筑入口的装饰非常富有特色，一般表现于门楣的匾额，门匾多为横匾，言辞精炼，寓意深长，多是成语式的四字句，如"祖德星辉""真良世第"等。

装饰手法大致可分为雕刻、灰塑、彩绘三种，三者也可以混合使用，例如可以先用灰塑形，再在上面施以彩绘，民居建筑中常见的当属木雕、石雕和砖雕。在主题上，不管装饰的部位，也不论装饰的手法是木雕、石雕还是彩绘等，主要包括：植物花卉，如"四君子"梅兰竹菊，还有牡丹、荷花等；吉祥动物，如十二生肖、狮子、麒麟等；吉祥图案，如"暗八仙"、吉祥六宝等；几何纹饰，如菱形、博古回纹、万字纹等；警世训诫，如"耕读传家""忠孝节义""二十四孝"等；传说故事，如"洪武放牛""三顾茅庐"等；文学作品，如《西厢记》《三国演义》《红楼梦》等；除此之外，有的建筑还可有纪实题材的作品，如湖北省红安县吴氏宗祠戏台"武汉三镇江景图"。

　　湖南民居在装饰上除了尽量满足功能的需求外，还具备一定的审美特性，象征手法常运用于艺术创作中，其中以融合了民俗的吉祥主题为代表，其装饰部位多分布在门坊、天井、串梁、柱础等位置。湘西传统民居装饰形式可分为谐音造型和形象比拟两种。如鹿在传统中被誉为长寿仙兽，"鹿"音同"禄"，表示俸禄。湘西传统民居装饰风格亦充满着楚巫风韵。一些民间木雕仍保留着巫术神性意识的构件和纹饰，如永顺县谢家祠堂顶梁雕的太极和神龙，门檐上的八卦和狮子等。湘南传统民居建筑从总体上看，建筑装饰艺术形式多以华美的木雕、精致的石刻以及富于人文气息的壁画彩绘出现。木雕的题材非常丰富，有龙凤，有瑞兽，有花鸟，有山水风光、田园小景，也有神明佛像、演义传说、戏曲故事等。湘南民居建筑壁画彩绘多分布在室内室外空白的墙体上，题材多为戏曲故事、山水、花鸟及书法等，如湘南阳山何氏古建筑研经堂内壁尚可见到一代名流何绍基、曾国藩、左宗棠、李鸿章等人的题壁手迹。这可以从一个侧面看出湖南人重视文教的传统十分久远。湘东地区的建筑

图 4-10
湖北民居建筑局部装饰

装修审美充分体现了中国古代"以人为本"的思想。如花窗的图案以平纹、斜纹、"井"字形和"万"字形居多。

湖北民居装饰有木雕、石雕、砖雕和灰塑几种,雕饰形式有花草、动物、几何纹等,题材包括神话传说、历史典故、阴阳五行等。鄂西南土家族民居建筑装饰色彩淡雅朴素,粉墙黑瓦,给人一种质朴粗犷的感觉。鄂西北保存下来的多是明清时代的房子,装饰多体现在雕塑上,包括"雕"与"刻",十堰传统民居的雕塑有木雕、石雕、砖雕三种。鄂东南乡土建筑的装饰在有限的平面空间里,采取象征、比喻等方法,更深刻地表达出人们的思想。例如,梅兰竹菊寓意品质高洁,蝙蝠象征遍地是福,龟鹤象征长寿,鱼象征有余、富裕。从堂名、匾额、楹联处处体现"忠孝节义""耕读为本"的题材。

江西传统民居除婺源民居雕饰繁杂外,其他地区的民居装饰多集中于门窗部位,装饰手法有平雕、浮雕、透雕等。赣东传统民居大都设计常年保持开敞着的高窗，高窗的形式多种多样，颇具艺术特色，有圆形、方形、扇形、瓶形、寿桃形、梅花形以及各种镂空状的花纹形。门的形式各异，以"一"字门、"八"字门、牌坊式门、凸入式门和门罩式门较为普遍。赣西民居有着丰富多彩的艺术形象，建筑装饰在其中起着重要作用，建筑装饰主要组成部分有梁架装饰、壁面、天花、门窗隔扇等。赣北外墙的装饰比较简单，内墙装饰一般精雕细琢；赣北地区民居墙壁的装饰风格简洁、精练，多以线浮雕、线刻为主，体现墙体的完整、流畅和精致之感。

5. 建筑用材

湘鄂赣地区民居建筑的主要建筑元素有槽门、檐廊、天井和过亭，在建筑用材上主要有木作、石作、土作以及砖作。

木作分为大木作和小木作，大木作多用于房屋承重的结构形式，小木作包含范围很广，大致可分为建筑构件和室内家具两大类。建筑构件主要包括：门、窗、罩、天花、藻井、栏板等；室内家具主要包括：床、榻、桌、椅、凳、几案、柜、架、屏风等；除此之外还包括一些陈设，如匾额等。

砖常用于墙体的砌筑，主要可以分为承重墙与隔墙、檐墙、转角墙、山墙。民居砖墙的砌法有很多种，主要有：实滚、花滚、空斗砌法等几种，每种中又有很多变化。民居建筑常在室内外有许多阻隔的设施，如院落间有花墙、漏窗、月洞、实墙等，这些或实或虚的隔断，造就了荆楚地区传统民居建筑虚实相生、幽敞变化之美。

石材因其坚固、耐久并且可以防水防潮，因此在湘鄂赣三省都得到了广泛的使用。在荆楚地区，常见的石材主要有青条石、红砂岩和页岩，石材利用的部位主要有墙面、地面、台阶以及大门等重要的装饰部位。土是最为悠久的建筑材料之一，以土作为原料的主要有夯土墙、土坯墙和三合土地基。这与其他地区并没有多少区别，现存已不太多。

湖南多山地，自然资源材料丰富多样，建筑用材多以石材、木材为主。湘南盆地多红壤及砂壤，在丘陵地区及山区多花岗岩及石灰岩，白云石、大理石等储量也非常可观。湘南地区还盛产方解石，是建筑装饰及雕刻的材料。湘南地区群山连绵，气候垂直差异较大，适合各种林木生长。境内多马蹄荷、华南五针松、福建柏林、杉木林、油茶林、毛竹及丛生竹林等，这些都为建筑提供了丰富的用材，所以当地居民多用砖、木、竹、石等材料建造房屋，保持了朴素的文化和民族风格特征。湘东盛产石材，檐柱多为石柱，适应当地潮湿多雨的气候，多采用墙承重结构，建筑用材多用砖或土坯砖；其中屋面材料几乎都为小青瓦，外墙基多采用当地生产的麻石、红石或青砖，土坯砖砌筑，柱子多为木柱。山区在建筑的前檐和天井四周也有较多使用麻石柱到顶的，柱身方形，四角钝化或切角，形成一组向上的垂直线条。柱子底端的柱础直接落在屋基上，一般分上、中、下三节，用当地产的麻石或红砂条石制作。

湖北民居中，室内家具多以木材为主，室外装饰又以石材居多。鄂西南土家人聚居的武陵山区沟壑纵横，交通不便，但林木丰富，盛产杉木、松木等，土石料、竹子等材料到处可见，于是土家人就地取材，以木、石、土以及由土烧制的青砖、青瓦等为主要建筑材料修建民居。鄂西北民居建筑的用材以石、木、砖为主，也有一些其他的材料。鄂东南地区丘陵与盆地交错分布，相应的建筑材料也比较多样，有土、木、竹、石、砖等几种常用的建筑材料。

江西民居建筑用材以砖、土、石为主，其中砖材和石材在后期的建筑中被广泛使用。赣东民居基本上都是以石材为基础，木材为支撑及构架，砖块堆砌成外墙，马头墙作修饰，青灰瓦盖顶。赣西传统民居典型特点是白砖白瓦清水墙。初期赣北民居外墙用砖或土坯、土筑墙作围护的结构体系；内隔墙大多用木材或编竹造。清代建筑的典型赣北民居外墙则多用石材，坚固耐用，高不可攀，既可承重又可防盗；台基为易风化的红砂石，墙身为当地烧制的大青砖，高3—6米不等；屋顶则覆盖着小青瓦。

二、公共建筑景观

村落中居民的生活方式与城镇不同，以农业经济为主的生活决定其生活环境与生产活动紧密相连的这一特性。传统聚落中的公共空间是人们的思想与当地自然环境、风俗融合的产物，人的活动需求创造了公共空间，而人们在空间中的活动又加深了空间传递出的氛围。传统村落中承担公共建筑角色的建筑主要有祠堂、戏台、庙宇、作坊等。

（一）祠堂

中国古代社会是一个典型的以血缘关系为纽带的宗族社会，以血缘关系为纽带的传统村落往往表现出较大的封闭性、稳定性和对传统的延续性以及浓厚的祖先崇拜意识。宗族组织奉行的宗法礼制就是村落社会生活和家庭生活中人们的行为准则。宗法即尊崇祖先，在宗族内部区分尊卑长幼，规定继承秩序以及不同地位的宗族成员各自不同的权利和义务。传统村落中人与人之间大多以血缘为基础维系亲情，因此村落作为具有相同血缘的人的居住场所，自然追求具有向心内聚的空间，必有其运作不可或缺的"轴心"。这个"轴心"最常表现的方式便是祠堂。

祠堂又称宗祠、家庙。祠堂作为凝聚和维系宗族的载体，起着敬祭祖先、联系宗族、增进族人团结的作用。同时，祠堂也是以民间自治或宗族自治的形式进行村民自治管理的场所，每个宗族组织在祠堂内通过行使族长权力、展示族谱等组织手段，对本族成员思想、活动行为实现组织制约。所以，祠堂通常都是村落景观的焦点和醒目标志。村落往往以各级祠堂为中心，建立起以宗法制度为背景的生活秩序以及相应的空间结构。祠堂还是族内各房子孙置办婚丧寿喜等大事和年节聚会的场所；祠堂也可以作为家族的社交场所；祠堂也是作为供奉祖先牌位、举行盛大光宗耀祖庆祝活动的场地。通常只有较大村落才有能力建设祠堂，很多传统村落历史悠久，大多是由同宗大姓所组成，故容易形成以祠堂为村落中心的布局形式。

祠堂的建筑具有较为统一的模式。首先祠堂的选址很讲究，重视风水。祠堂的大门朝向开阔的原野，门前铺砌平整的石板，供村民聚集之用，农忙时用以晒谷物；祠堂内有铺砌的大石板坪，两侧设厢房或围廊，中设祭祖大殿，大殿后仅作为仓库和管理房。大的祠堂设几进天井，两侧设别院，安排库房、厨房、厕所等次要房间。有的村落利用祠堂为子弟开办学堂。祠堂一般都是封火山墙，入口大门比较讲究，常采用石刻牌楼形式，显示豪华气派。

湖北的祠堂非常注重风水，大多选择在"负阴抱阳、背山面

图 4-11　湖北省黄冈市红安县吴氏祠堂外观

水"的台地上，平面布局为长方形，一般为三进天井台院或四进天井台院，院落两侧分别建有"值年"和"族长"的厢房。祠堂通常规模宏大，质量优良，一姓一祠，中轴对称，主要建筑有大门、戏楼、拜殿、祖宗殿和两侧围合的厢房。祠堂装修讲究高大的门厅，精致的雕饰，上等的用材。祠堂的名号常制成金字匾额高悬于正厅，匾额之规格和数量都是族人显赫的资本。代表性的祠堂建筑有黄冈市红安县的吴氏祠堂（始建于清乾隆年间）、黄石市阳新县的伍氏宗祠（始建于清顺治年间）。吴氏祠堂背靠卓王山，一条小溪从祠堂门前流过，三进天井院式建筑，正中为重檐歇山式的石牌楼，高9米，飞檐起翘，牌楼正中悬挂"吴氏祠"竖匾。祠堂为三进院落，由大门、牌楼、左右厢房、拜殿、左右配殿和祖宗殿组成。阳新伍氏宗祠位于阳新县王英镇大田村，由大门、戏台、抱厅和祖宗殿组成，三座门楼牌为牌楼式，立正中牌楼为四柱三楼，大门两侧各有石鼓，十分威严。殿内装饰精美，有浮雕、镂雕、透雕等，题材为花纹、人物、动物、植物等。

湖南的大部分传统村落都是典型的血缘宗族相聚而居的实体，如桂阳县阳山村是何氏家族聚族而居，永兴县板梁村是刘氏家族，桂阳县庙下村为雷氏家族，郴州市苏仙区岗脚村为李氏家族等。这些村落大多聚族而居，一村一姓，一姓一祠堂，或相邻数县的多个同姓村落，共同建筑供奉一个祠堂。对历史上的乡土先民而言，祠堂既是缅怀先人之地，也是宗族公共议事场所。祠堂多坐北朝南，靠山面水，沿南北轴线严格对称，中轴线上由南向北依次分为门厅、前厅、中厅（天井）、祭厅（堂屋）、倒厅几个部分，有的还设木板楼台，可作公共戏台。这些祠堂精雕图像，斗拱飞檐，堪称古代村落建筑翘楚。湖南省岳阳市张谷英村的宗族礼仪空间——张大屋——至今已存在500多年，表达了后人对先祖的崇敬，也传达了先祖对后人的教化。张大屋整体空间包括两大部分：一类是与大屋相融合的，主要是位于大屋部分纵向轴线最后一进院落供奉祖先牌位的堂屋空间；另一类是位于大屋纵向主轴上的最后一进院落的公屋。它居于大屋的最高点，在相对方位上处于纵向主轴的收束处，供奉着整个张谷英村张氏宗族共同的祖先张谷英。对于湖南侗族来说，高耸的鼓楼便是侗族人的宗祠，是侗族人心中的政治、经济、军事、文化以及交流的中心，也是侗族村寨中最重要的建筑景观。

江西盛行敦本敬祖之风，各村均建祠堂，且有宗祠、支祠、家祠之分。据《续资治通鉴》载："江州民陈蕴，聚居二百年。食口二千。"受江右文化传统和地理位置等因素的影响，江西形成了独具一格的赣派建筑风格。赣派建筑布局简洁，朴实素雅，外看，多为长方形平面，用空半砖墙围合，清一色的青砖灰瓦，高峻的马头墙，半掩半露的双坡屋顶隐在重重叠叠的马头墙后面。马头墙造型丰富多样，翘首长空，既可防火，又可防风。入内，其格局多为二进三开间，一堂一厅，面阔三间，明间厅堂，次间卧室，左右对称。木构穿斗式梁架，并依使用目的之不同，前檐部常做成各式的轩，形制秀美且富于变化。卧室楼高一层半，下层居住，上半层放置什物。厅堂没有分层，显得高大宽敞，气势极为堂皇。室内地面，以长条青砖横向错缝铺砌。神龛设在厅堂宝壁两边侧门的上方。室内装饰主要有木雕、砖雕、石雕、彩画和墨绘，风格明快，工艺精湛，图案丰富，内涵深邃，反映了江西人对"天人合一"的崇尚，对伦理道德的尊重。

（二）戏台

戏台，是指中国古代演戏的场所。中国传统戏曲的演出场地，种类繁多，在不同的历史时期，有着不同的样式、特点、名称、形态及建造规模。最原始的演出场所是广场、厅堂、露台，进而有庙宇乐楼、瓦肆勾栏、宅第舞台、酒楼茶楼、戏园及近代剧场和众多的流动戏台。在唐代，中国戏剧已具雏形，至宋、金两代正式形成。各个朝代的演戏场所随着戏剧艺术的发展而演进。就建筑而言，以唐代的戏场、宋代的勾栏、元代的戏台和清代的戏楼、戏园为其主流。就其分布来看，也极为广泛，从城市到农村，从平原到山区，

第四章 | 荆楚传统村落的物质文化景观

图 4-12
湖北省黄冈市红安县
吴氏祠堂内的观乐楼
戏台

大凡有人群聚居的地方，几乎都设有或大或小，或今或古、或繁或简的戏楼。戏台就是中国人的剧场，并形成了独特的"戏台文化"。

湖北为中国戏曲渊源最古老的省份之一，宋时就产生了戏文，明清时期，又以汉剧最具代表性。作为戏曲的主要演出场所——戏台，在湖北地区很多乡村均有遗存，且多为明清时期的遗构。戏台的类型有：寺庙戏台、会馆戏台、宗祠戏台、临时戏台、私宅堂会戏台、特殊戏台等。湖北现存的明清时期戏台，平面布局有两种：庭院式和广场式。现存戏台的台基多用柱撑式，就是柱础和短柱支撑枋子形成戏台的台基，也有用青砖和条石实心砌筑的。戏台建筑梁架多为抬梁式构架，但梁架结构方式与北方抬梁式结构有所不同，具有浓郁的荆楚风格。官式抬梁结构是在柱础上立柱，柱上架梁，梁上再立柱，如此重叠而上，逐层缩小、加高，构成双坡屋顶；结构方式是在梁头上挖桁碗，桁条直接搁在梁头的桁碗里。湖北戏台建筑屋顶则多采用歇山式屋顶，檐角起翘较高，有单檐歇山和重檐歇山；屋顶多为灰筒瓦和小青瓦，也有琉璃瓦顶，如荆州春秋阁、襄阳山陕会馆戏台、襄阳抚州会馆戏台等。湖北戏台装饰最具特点之处，就是戏台藻井。藻井常常做成八角形，其作用不仅起到很好的装饰效果，还能起到拢音、合理分配声能的效果。如红安县陡山村吴氏祠堂戏台正中为二层八角藻井，藻井呈宝塔形。

湘南历史文化是湖湘历史文化的重要组成部分，古戏台的实物遗存及遗留信息是反映这绚烂文化的代表。湘南古戏台大多与宗祠结合在一起，位于宗祠中轴线上，体现其重要的地位。湘南古戏台

图 4-13
湖北省红安县陡山村
吴氏祠堂的八角藻井

的形成和发展深受社会和文化背景的影响，主要体现在"好神尚祀"的民间宗教信仰和"崇耕尚读"的传统文化思想两个方面。湘南古戏台主要有砖木结构和木结构两种形式，在竖向空间分为基座、舞台、屋顶三个部分。由于具有与其他建筑类型不同的功能特点，传统古戏台特别注重装饰。戏台以木结构为主，木雕装饰是戏台最重要的装饰，主要集中在舞台部分，特别是集中在朝向观众的正面。从梁柱到雀替，从封檐板到藻井，从屏风到匾额，题材丰富，雕刻精美。

江西省景德镇市乐平市素有中国古戏台博物馆之称。这里共有400余座古戏台，散布于全市各乡村，建筑时间从明清至当代，跨越500余年。乐平古戏台大致分为宅院台、庙宇台、会馆台、祠堂台和万年台5种，其中最多见的是祠堂台和万年台。不管是哪种戏台，它们都具有相同的格局：均为传统的砖木结构，正面均为牌楼式，三五楼不等。屋脊中央一律插有方天画戟，有的方天画戟插在彩瓷宝顶上，屋脊的两端分别饰有造型优美的鳌鱼，正面上方都有极挺拔的飞檐翘角，檐下悬挂着风铃铁马；戏台天棚中央是华丽的藻井。台上几乎所有的木构件上都雕刻有精美浮雕：琼花瑶草、祥禽瑞兽，游梁、随枋、三架梁、抢头梁、穿插枋上及牌楼各层之间，则雕刻了许多戏文。在这些戏文中，出现频率最高的是《魁星点斗》《九老天宫》《八仙过海》《麻姑献寿》等几种。

（三）庙宇

神灵崇拜起源于远古人类对日月星辰、山石水火的自然崇拜；而后，又将对明贤圣哲、英雄壮士的纪念演化为人神崇拜。人们生活中有了难处，心中有愿望就去庙宇中叩头烧香，"祸福悉归之于神"。所以在人们生产生活的村落空间里，庙宇类公共空间的存在成为一种必然。加之受风水理念的影响，村落中对人身所犯忌的空间统统由神来把守，这样使得人们在享受完美空间带来丰富生活享受的同时，又充分得到神明的庇护。这是一种先人趋吉避祸、敬宗睦族思想的表现，因此传统村落中的庙宇景观不仅满足人们生产生活的物质需求，更重要的是它也是人们精神生活的重要依托。

村落庙宇以土地庙为主。土地庙很多是用大理石精心搭建的，也有用四块粗毛板搭建的简易庙或依山洞岩屋而建的土地庙。土地庙分布广泛、规格不一，城镇多由居民出资建造庙宇，乡间则多见于田间、树下、河边等地，常为一二平方米的小庙。

除了真正的庙、祠之外，几块石头也可垒成土地庙，再简陋一点的则是以缸代替，缸内放一块石头便作为土地神，缺口处则为土地庙门，更有甚者，直接以破缸片代替。按土地庙简易程度不同，对于供奉对象而言大致可分为三种：神像、碑、石主。

（四）作坊

作坊作为从事手工制造加工的工厂，分为官府作坊和民间作坊。早时，官府作坊常用于惩罚犯错之人，如《旧唐书·齐复传》："先时，西原叛乱，前后经略使征讨反者，获其人皆没为官奴婢，配作坊重役，复乃令访其亲属，悉归还之。"随着手工业的重要性不断显现，作坊的地位得到了极大提高。《资治通鉴》有云："（帝）尝夜闻作坊锻声，疑有急兵，达旦不寐。"当时的作坊作为兵甲制作的地方，受到统治者的关注。和官方作坊相比，民间的手工作坊一般用于对农产品进行二次加工，作坊根据生产工具和操作场所的需要，一般建造为具有较大空间的棚式建筑。荆楚地区拥有丰富的农业资源，为了使这些资源得到最大限度的利用，大量以碾米、碾面为主的手工业作坊，还有一些加工烟叶的烟坊、榨油的油坊等涌现在荆楚大地上。

三、公共场所景观

荆楚地区的农村几千年来仍处于手工劳动耕作的阶段，男耕女织，一年四季劳动，周而复始。人们习惯了室外耕作，也养成了室外闲处的生活习惯，因此村口的牌坊，村内的晒谷场、井台、道路、街巷、大树，村外的溪边、桥头、山坡等公共用地都成为居民的公共活动场地。

（一）牌坊

牌坊是封建社会为表彰功勋、科第、德政以及忠孝节义所立的构筑物。它集中了中国古代建筑最具特征的构件——屋顶、柱、梁、枋、斗拱、雀替、墙和须弥座，是一座浓缩古建筑精华的标本。牌坊的分类很多，依形制可分为牌坊和牌楼。依建筑材料分，可分为木牌坊、石牌坊、砖牌坊、琉璃坊等。依功能与性质分，可分为功名坊、道德坊、节孝坊、陵墓坊、标志坊、纪念坊、牌坊式大门等。这里主要依建筑材料将湖北现存牌坊分为木牌坊、石牌坊、砖牌坊。

湖北明以前的牌坊均已毁圮，现仅存明、清以降的遗物。大多为石构，也有木构。木、石牌坊有两种：一种是冲天式牌坊，另一种是非冲天式牌坊。冲天式牌坊主要是指用华表柱（清代称冲天柱），上加额坊，在额坊上不再起楼，也就是不用屋顶者。牌坊显然保留了较多的原始性，即从衡门、乌头门、棂星门演变的痕迹；非冲天式牌楼则不用冲天柱，而是在额坊上起楼，有斗拱、屋檐，可用冲天柱，也可不用。砖牌坊常用作门面，这种门常叫牌坊式门。代表性的牌坊有恩施贞节牌坊、通山节孝坊、咸丰贞节牌坊等。恩施贞节牌坊位于恩施市屯堡乡木贡村堰塘。当地人俗称"碑院子"。恩施贞节牌坊建于清光绪年间，为纪念宋吴氏所建。占地约200平方米，牌坊高7米，宽5米，两尊雕刻精美的石狮立于两侧。正面为"如水之清如玉之洁，其人可法其事可传"，牌坊中还有十分精美的浮雕10块，每块浮雕上的图案各不相同，做工非常精细耐看。前门副窗处还有两块记载坊主生平事迹和修坊事宜的碑文。四周建有麻条石砌成的院墙，院内全部用规则的石板铺就，十分显赫气派。

历史上湖南牌楼众多。据史料记载，怀化市溆浦县就有牌楼30余座，据嘉庆《郴州总志》与同治《桂东县志》中载：郴州市桂东县明清两代大大小小牌坊40座。但是由于种种历史原因，现存的牌楼数量大减。根据牌楼的立面形式，牌楼形式可分为牌坊（无屋顶）和牌楼（有屋顶）；根据柱出头情况，分为冲天式（柱出头）和非冲天式（柱不出头）。湖南木牌楼以歇山顶为主。石牌楼屋式样较为简单，庑殿、歇山区分不明显，屋顶较小。砖牌楼多作砖砌叠涩斗拱，屋顶为小青瓦所覆盖。湖南宁远4座木牌楼斗拱均为如意斗拱，早期石牌楼斗拱都刻意地模仿木斗拱。后来，工匠创造出种种符合石头材质的斗拱，如"十字拱"、偷心"一字拱"，还有一种异形斗拱，精彩纷呈，各具特色。砖牌楼屋檐用砖叠涩向外挑出，虽然不能算是正式的斗拱，但是与斗拱功能相似，都是为了增加屋檐出檐深度。湖南牌楼的雀替造型比较一致，不管是木牌楼还是石牌楼，倒骑兽居多，还有一些雀替为卷草纹，甚至两边的卷草图案不一样，奇特之极。湖南传统牌楼抱鼓石类型多样，造型不一。有的曲线非常优美；有的简单做出折线形，简洁大方；最多的就是中间是圆形的石鼓。明朝后期，出现了圆雕狮子、圆雕大象来代替抱鼓石；后来又有抱鼓石雕刻小狮子或卧，或爬，或蹲，或站，形态逼真，活泼可爱。

江西牌坊现存数量大概有200座，而牌坊门（当地多称门楼）占了近1/3，独立的牌坊约120个，分布于全省各地。除了大多数为"一"字形平面外，值得一提的就是"口"字形及与照壁墙体连用呈"八"字形的牌坊。"口"字形牌坊，如赣州市石城县小松乡杨村节孝坊，前后均为三间四柱三楼牌坊，两者之间通过墙体连接，并且有屋顶和内部空间，将旌表和路亭的休息、避雨遮阳的功能融为一体。江西的牌坊常常会与墙体连接，形成"八"字形入口，这在宅第、宗祠等中常可以看见，如进贤县七里乡陈家村理学名贤坊，还有金溪县黄通镇邓家村的忠义世家坊，牌坊两侧有墙体伸出呈"八"字形，前面是一个宽大的广场，后面是一个门屋，共同形成一个村民聚会闲聊的活动场所。江西牌坊多为非冲天式牌坊，冲天式牌坊很少，有也常见于棂星门，非冲天式牌坊多为三间四柱，有三楼的，如高安市村前镇朱轼墓牌坊；也有一楼的，如进贤县理学名贤坊。江西牌坊木、砖、石牌坊均有，木牌坊有于都县岭背乡谢屋村步蟾坊等，其斗拱的构造都非常奇特。最多的还是石牌坊，石质有砂岩石、花岗岩、灰凝石、豆绿石等之分，有单纯用一种石材的，也有混用几种的，如进贤县三里乡科第村的焦氏节孝坊。

（二）石桥

湘鄂赣三省位于南方，气候湿润，水网密布，因此桥梁成为滨水聚落的一个重要建筑，由于石头质地坚硬，耐腐蚀性强，因而在长期发展过程中，石桥成为聚落中选量最多的一种形式。桥梁作为乡土建筑，是与人的生活关系最为紧密的建筑形式之一，它来源于人类最直接的生活需要，因此建筑形式较少受到人为条件的约束而能灵活、自由地发展，它不一定能形成著名的建筑特色，但是却能直接反映出当地的生产、生活、历史文化、传统民俗和审美观念。

湖南农村地区现存的石桥建筑受到境内社会因素和环境条件，以及周边各乡土建筑风格的影响，所体现出来的地域建筑特征并没有形成一种突出的风格，而是在自身条件的作用下，形成了兼顾周边建筑风格，各地差异较大的石桥建筑整体风貌。按照桥梁建造技术划分，目前在湖南农村分布最多的石桥类型主要有石拱桥、石梁桥、蹬步桥以及石廊桥。本地区的石桥平面非常简洁，通常主要是采用直线形平面，但是也有少量的异形平面石桥存在，从人的视觉感受看异形平面石桥使行人在过桥时能不时地转换视角，获得富有变化的过桥体验。如双峰县永丰镇蹬步桥采用曲线排列方式将方形蹬步石块排列在河中，既符合原有的地理状况，又产生动态美感，具有很强的导向性，极富趣味。

湖南侗族村寨最为醒目的是它的风雨桥和鼓楼。侗族人善于在河上架桥，并在桥上搭建带有丰富优美装饰顶盖的通廊，从而形成既能防风又能避雨的风雨桥。风雨桥不仅在实用上具有连通的意义，在景观上具有造景的价值，更为重要的是，风雨桥是侗族人心中重要的村寨意象景观。

（三）街巷

如果说建筑是构成村落整体的一个一个的细胞，那么街巷则是串联细胞的骨骼经脉，尤其在山地地区，街巷是户外活动的主要空间。街巷景观与建筑相互围合，形成特殊的街巷空间。传统村落的建成环境经历数百年的发展，由屋生巷，由巷生街，受宗法礼教的影响，形成极具伦理感的结构。江西的鄱阳县，因古时鄱阳湖乃是从北方进入江西的唯一水道，许多船舶都经过或停靠、

图 4-14
传统村落中的街巷

汇聚在鄱阳镇码头装卸、集散，久而久之在饶河附近就形成了供旅客、商人交易商品和暂时歇脚的地方。随着商业的发展，街巷建筑逐渐向城内延伸，蔓延到东湖和士湖一带，其中东湖一带分布着一条巷至九条巷和柴家巷，士湖则由上棚巷和下棚巷连接。随着老街居住人口的增多，建筑也随之增多，逐渐形成了老城街巷风貌。

（四）寨墙

中国漫长的封建社会中，时有战乱，战乱时盗匪猖獗，防御成为村落建设十分重要的考量因素。荆楚古村落多是分散布局，各村之间少有联系，空间上的隔绝更是加强了防御思想。很多村落注重空间的围合，一方面沿袭了聚族而居的传统，为实现对于某一环境空间的占据，以在居民中形成极强的心理领域感，形成一种心理上的向心性和凝聚力；另一方面更多是出于对增强安全防御的需要。

追溯荆楚传统村落的起源，大规模的人口迁移是形成村落格局的关键。荆楚许多传统村落选址于地域环境相对独立的山地、丘陵地区，借当地自然屏障而定居便是基于防御的考虑，特别是对于外来移民，水土丰厚固然重要，但"寇不能入"对于因战乱而不得不远离故土、迁入异乡的人来说，才是最重要的。对于迁徙到荆楚的流民而言，最明显的冲突便是频繁地与当地番患、匪乱以及土客之争。另一重要影响因素便是大规模民族起义与反抗活动不断。谭其骧在《近代湖南人中之蛮族血统》中提及："湘南衡、永、郴、桂一带，虽无建州立郡传世久远之土司，然自宋庆历以来，变乱迭兴，至清道光间犹然。"频繁的战事使得各族始迁祖不得不考虑定居的安全防御问题。基于种种考虑，许多家族在定居之初往往将家族安全摆在第一位,"依山阻险以自安",在确保安全的基础之上再谋求家族的发展。因此,荆楚传统村落多形成防御性格局,背山面水,巷道幽深错杂,高墙隔绝内外。如昔日的险要关隘、土司的百户寨,今朝的省级地质公园、国家宜居村庄——湖南省石门县长梯隘村,因明朝在该村建关隘,又有一路段十分险要,好似长梯,故取名长梯隘。再如武汉市黄陂区蔡官田村的街巷房屋采取九巷十八门布局,各户靠小门和巷道连接,如遇外敌入侵各门关闭,则全村仅内部流通,外围固若金汤,大大增强了整个村子的隐蔽性和防御性。

居于湘西山区的侗族,因战争失利以及自然灾害等原因迁移于此,特殊的族源和历史使得侗族形成了独特的村寨结构。侗语中,村和寨是两个不同的概念,寨是同一姓氏的群体组成的地域基本单元,多个寨共同组成一个村,村内各寨以各异的鼓楼为形态特征。侗族村寨多处在溪谷之间,村寨口多设有寨门把守,从而体现出强烈的防御意识。如湖南舒家塘古堡寨,为当时"苗防"前哨,与周边的白果屯、王坡屯等形成小区域的防御体系,肩负策应出击、后

图 4-15
传统村落中存留的古城墙

方防卫、军事指挥的重要职能，这种屯堡群连线是明清军事设防布阵的一个重要形式。

第二节
荆楚传统村落的生产景观

中国古代社会，农业生产是人们生存和发展最稳定的保障，也是衡量一个地区生产力水平的重要指标，因此许多村落的选址以有利于农业生产为基本的择地原则，并追求人与自然的林地、农田、水源等生产资源相适应的一体化空间。山可樵，水可渔，岩可登，泉可汲……便是理想的繁衍之地。

荆楚地区的村落以农耕为主，捕鱼为辅，正所谓"在田野者耕稼，近江湖者渔猎"，大部分生产场所多布置于村落的边缘及湖泊周边，与生活区分离，与自然紧密结合，形成独立的功能空间。生产景观包括农业景观、渔业景观、手工业景观等。

一、农业景观

农业作为一国之根本，对古代中国来说意义重大。稻谷耕作产业是荆楚传统村落农业生产的重要支柱。除水稻产业外，湖北、湖南、江西又因各自所处区位和在资源禀赋上存在微小差异，所以在其他主要农作物上存在着一定区别。从宏观上可根据荆楚地区地形地貌的不同，将农业生产方式分为平原型和山区型两大类。平原地带地势平坦、土地肥沃、水热条件充足、河网密布，粮食生产条件优越，水陆交通发达，生产习俗为农耕、捕鱼相结合，耕地以水田为主，少部分地区发展旱地耕作。长江中游的江汉平原、洞庭湖平原以及鄱阳湖平原多水田，旱地次之。农耕种植面积不仅广泛，而且耕种方式集约程度较高，所种植的水稻与小麦可达一年两熟，甚至一年三熟，以至于明朝时期湖南、湖北以"湖广熟，天下足"取代宋朝的"苏常熟，天下足"。山区则多山少田，崇山峻岭，交通闭塞，与外界联系少，生活多有不便，多采用刀耕火种、梯田耕作的生产方式。正如《永顺府志》云："郡地多山少田，土寒水冷，树艺无法，稻谷不蕃。"鄂西南山区"峻岭崇山，幅员几广千里，水险滩高，而挂猿眠鹤之区多，带牛佩犊之地少"。为维持生计，山民们农耕之余，还会选择打猎的方式以填补食物短缺或贴补家用。《荆州府·风俗考》中记载施州卫（今湖北恩施）："伐木烧畲以种五谷，捕鱼狩猎以供庖厨。"由此可见一斑。除了农耕与狩猎，樵采也是山区村民谋生的主要方式之一，特别是当作物歉收时，男女老少皆会去樵采。《鹤峰州志》中记载："蕨，嫩茎为蔬，根可捣粉，岁歉，民以代米粮。"湖南山区的农民农忙之余，也习惯去山上樵采，如《永兴乡土志》中所云："农家每至冬季，掘蕨以助食。"《沅州府志》中也有类似记录："每秋收后结伴入山，采取蕨根，漉汁作粉以充食。"

湖北省东、西、北三面环山，中间低平，略呈向南敞开的不完整盆地，土壤肥沃，气候温暖湿润，是发展农业生产的理想之处。辖区内高原、山地、丘陵、平原俱存，丰富的地形地貌，为湖北地区发展多样的农业生产提供了基础条件。其中，鄂西地区地势陡峭，加上高原山地气候的影响，使得鄂西地区的农业以旱作农业为主，刀耕火种的耕作方式在湘鄂深山地区非常普遍。《湖广总志》中便记载鄂西南的房县、竹溪县、保康县诸县"烧畲为田""广种薄收"。《郧县志》中也有记载："然刀耕火种，习以为常。"《竹山县志》同样记载道："秋冬之时，顺风扬焰，四山常有。"《永顺府志》中对于刀耕火种有明确的记载："山农耕种杂粮，于二三月薙草伐木，纵火焚之，冒雨锄土撒种，熟时摘穗而归。"主要种植大麦和杂粮，

图 4-16　鄂西农田

如荞麦、粟、豆、玉米等。鄂东地区地势平坦,多为平原及丘陵,由于长江和汉江的冲积作用,在湖北省中南部形成了肥沃的江汉平原。优越的土壤条件和雨热同期的条件,使得鄂东及江汉平原地区的水稻种植业蓬勃发展,其他主要农作物如玉米、大豆、油菜等均拥有良好的生长条件。从总体上看,湖北地区的农业景观特点可概括为:农业自西向东从旱作农业向水田农业过渡,作物类型丰富多样,以粮食作物为主,农业景观层层递进,富有变化。

生活在洞庭湖两岸的居民围湖造田、筑垸为田,为湖湘地区的农业发展做出了巨大贡献。总体看,百姓围垦的方式通常有两种形态:一种是在天然湖泊周边围垦,形成湖田,俗称"垸子"。因为湖田近水,适于种植稻米,故其产量也较一般农田要高。另一种形式是在河川的两岸筑堤,堵塞穴口,垦种河滩地或支流的河床地,俗称"垸田"。垸田之筑造,要以湖中淤积的沙洲诸滩的出现为前提,然后在沙洲临湖水之各边,根据枯水线建筑高堤,以防高水位时湖水灌入。自明代开始,各地众多的流动人口始向湖广流动,使湖广成为全国流民集结的中心之一。人口的急剧增加大大刺激了人们对耕地的需求,使得洞庭湖的围垦运动进入急剧膨胀阶段。据史料记载,明朝共筑堤33处,建垸134座,大部分坐落在洞庭湖北部的华容、安乡和洞庭湖南部的常德、汉寿、益阳、湘阴等地。随着水乡变为肥沃农田,湖广地区开始在全国的米粮市场中占据不可忽视的地位。至清朝,在"务使野无旷土"的鼓励政策下,两湖百姓筑垸围田更甚。康熙年间,政府采取一系列措施,鼓励开发垸田:"赏助米粮人工之费六万两",并且对新增垸田"免其升科",遂令湖广垸田开发进入全盛时期。经过康、雍、乾三朝的持续围垦,湖南长沙、岳州、常德等府,"堤垸多者五六十,少者三四十,每垸大者六七十里，小者亦二三十里"，环绕洞庭湖周围的垸田有500余处，已是"滨湖之地，尽皆筑垸为田，湖面已非昔比"。根据地形地貌的差异，可将湖南省划分为湘中、湘北、湘西和湘南四部分。湘中和湘北地区均以丘陵和冲积性小平原为主，大量的垸子、垸田分布于此，气候温暖湿润，是湖南地区主要的粮食作物产区，主要农作物为水稻、玉米等。其中，水稻产量居全国首位，是名副其实的"粮仓"。湘西地区聚集有土家族和苗族，少数民族氛围浓厚，部分山地分布于此，农业较湘中、湘北不发达，但总体看其农作物产量仍较高。湘南地区由于和云贵高原接近，所以山地基本集中于此处，且在部分地区出现喀斯特地

图 4-17　湘中山村清晨

貌，因此该地区农业发展较为缓慢，远不及其他地区。从宏观层面上来说，湖湘文化区拥有良好的耕地条件，除了西南地区与云贵高原接近，土地贫瘠，农业发展较为困难外，其余区域均拥有着良好的耕作条件。总体而言，湖南地区的农业景观特点可概括为自南向北，农作物逐渐增多，且以水稻、红薯、油菜等作物为主。

江西地区的地形以丘陵、山地为主，平原、盆地次之，丘陵遍布境内，而山地大多分布于省境边界，盆地则多夹杂在丘陵之间。营养物质丰富的红壤，赣江、珠江两大水系的流经，亚热带季风气候的条件等，均为赣鄱文化区内的农业发展提供了良好的土壤条件、水热条件和地形条件，也在很大程度上促进了江西农业生产的发展。江西的农业历史可追溯至先秦时期，约前8000—前7000年，在赣东北就出现了农业生产（赣东北万年县仙人洞洞穴遗址考察结果）。到了新石器时代晚期，江西的农业生产重心渐渐显现，在鄱阳湖—赣江流域一带。东汉末年，由于中原地区豪强混战，大量的北方人开始南迁进入江西地区，他们带来了中原地区先进的农业生产工具、生产技术以及大量的劳动力，为江西农业进一步发展打下了坚实的基础，并开始在全国占据重要位置。到了隋唐时期，为了解决耕地不足的问题，当地居民将目光聚集在偏远的山林，发展了独特的山田（梯田）耕作，自给自足；后期由于大运河的开通，往来交通的便利程度大大提高，催生了江西农产品的商品化。如在唐朝中期，江西的婺源、浮梁均已成为全国著名的茶业产地，声名远扬，就如《琵琶行》所描写的"前月浮梁买茶去"。到了宋代以后，江西的农业得到了空前发展，"大田耕尽却耕山"，这一时期，粮食产量盛况空前，《能改斋漫录·记事二》中记载了当时江西粮食漕运的盛况："惟本朝东南岁漕米六百万石，以此知本朝取米于东南者为多,然以今日计,诸路共六百万石,而江西居三之一,则江西所出为尤多。"总体看,江西地区的农业生产景观特点可以概括为梯田水稻遍布全域,自南向北梯田逐步减少,且以水稻、油菜、甘蔗等作物为主。

二、渔业景观

中国古代渔业史源可追溯至旧石器时代的元谋人、蓝田人和北京人时期,从那时起就出现了最原始的渔猎活动。夏代以后,传统农业得到了极大发展,捕捞渔业开始盛行,许多原始的捕鱼工具也逐渐出现。自殷商后期开始,池塘养鱼业也逐渐发展,人们开始有意识地养殖鱼苗,而养殖渔业发展的鼎盛时期还是在唐贞观时期,养殖鱼的种类不断丰富。时至今日,渔业已经成为人们日常生产不可或缺的一部分。

自春秋战国时,荆楚地区就由于得天独厚的渔业资源,于乱世中独占一方鳌头,司马迁《史记》中"通鱼盐之利,国以殷富,士气腾满""楚、越之地……饭稻羹鱼"等足以为证。荆楚地区是典型的"渔耕劳作"生产模式,境内湖泊密布,河网稠密,拥有丰富的渔业资源和多样的渔业生产景观。

"滚滚长江东逝水,浪花淘尽英雄",湖北作为承东启西、接南连北的枢纽,水运交通极其发达,拥有长江及其最大的支流——汉江,润泽楚天,水网纵横。早在宋朝时期,长江就因为其丰富的渔业资源和潜在的水运资源,成为家鱼养殖主要的鱼苗源地之一。宋代时,周密在《癸辛杂识》中十分细致地描述江州(武昌—九江)

一带捞苗与运输的具体过程和经验。《襄阳耆旧传》记有宋代张敬儿制作陆舻船置鱼,从汉江襄阳经长江江夏(武昌)转至南京运送献帝的事实。湖北素有"千湖之省"的美誉,丰富的水系资源为湖北地区的人民提供了丰富的渔业资源,形成了以长江、汉江为轴线,以洪湖、梁子湖、斧头湖为节点,向湖北全域辐射的渔业生产景观。

"气蒸云梦泽,波撼岳阳城",洞庭湖自古就是中国最重要的淡水渔业产地之一。湖南地区形成了以洞庭湖为轴心,湘江、资江、沅江、澧水四水为轴线向沿线辐射的渔业生产景观。在长期的历史进程中,洞庭湖周边的居民可大致分为固定者(环湖居住,主要业渔,

图4-18 洪湖市小港水产健康养殖板块基地

多用小型渔具经营)、游动者(逐鱼而居,浮家泛宅,在湖中漂泊者)、半农半渔者(古籍中所谓"且农且渔","春夏力农,秋冬业渔者")等三种。

自原始社会起,渔业就在赣鄱大地上兴起发展,考古学家在江西省樟树市清江县和九江市修水县的文化遗址均发现有石制和陶制的捕鱼网坠等工具。鄱阳湖作为我国第一大淡水湖,汇集赣江、抚河、信江、饶河、修河五大河系,湖面宽广,连同鄱阳湖生态湿地,为当地提供了丰富的水产资源和广阔的渔业发展空间;鄱阳湖及其汇集水系为当地的航运、灌溉、养殖及调节湖区气候起着重要作用。稠密的水系、浩瀚的湖泊、丰富的鱼苗资源使得赣鄱大地的人们有着发展渔业的充足条件,形成了以鄱阳湖为中心,"五水"为轴线,珠江、长江两江为侧翼的渔业生产景观。

三、手工业景观

荆楚传统村落中的手工业作坊具有涉及领域广、分布范围大、历史传承悠久的特点,形成了荆楚地区绚丽多彩、花样百出的手工业生产景观。

手工业生产主要以作坊形式存在于传统村落中。传统的手工业作坊最早始于原始社会时期,最初的形成是为了能够更充分地利用自然界中的物质,以便更好地满足人们生活的需求。为使农业产品得到最大化利用,荆楚地区的作坊大都用于碾米、碾面、榨油以及烟叶等的加工,这些手工业作坊的大体架构都类似于顶棚式建筑,几根主体承重柱,屋顶铺上茅草或瓦片等材料。作坊内部构造相对简单,依据作坊的实际用处,可放置石磨等工具,整体面积依据服务人数的多少来界定。有些作坊是服务于一个大宗族,或者需要较大的生产活动空间的,那么其面积就会略大一些;相反,有些家庭作坊,主要从事一些日常的生产,其面积就相对较小,甚至不需要围墙。

在湖南、江西、湖北均有发现大型的陶瓷作坊——龙窑遗址。龙窑是一种半连续式陶瓷烧成窑,它依一定的坡度建筑,多倚山近水,以斜卧似龙而得名。龙窑具有通风方便、容量大、成本低等优点,是东汉到六朝时期三峡地区陶瓷窑的主要形式,也是宋代景德

图 4-19
恩施合渣作坊

镇的典型瓷窑。2013年，在江西省景德镇市乐平市的南窑中，发现了迄今为止最长的唐代龙窑遗迹（总长约有78.8米），同时出土的还有数十吨的窑具和瓷片标本。

在鄂西南地区，聚居大量的少数民族，在土家族有"辣椒当盐，合渣过年"的说法，催生了以制作合渣为主的手工业作坊，由于合渣的制作方法相对简单，一般是将黄豆洗净泡涨后，连豆带水磨成浆，架火煮开，然后放入新鲜的萝卜菜叶就好，所以制作合渣的作坊一般都是以家庭为单位，多则由两三户人家共同经营。在各种合渣中，以"张关合渣"最为出名，其创始人黄老太在原有合渣的基础上，加汤、猪肉、仔鸡等做成合渣火锅，营养丰富，口味纯正，有"全价食料"的美誉。

除了这些主要的手工业作坊类型外，各地根据各自的资源优势，还发展出许多其他类型的手工业作坊，如在湖北省鄂州市的瓦窑咀发现了大型的手工业作坊遗址，经考证，该作坊源自三国时期

图 4-20
酿酒作坊

第四章 荆楚传统村落的物质文化景观

图 4-21 陶瓷作坊

的吴王城，作坊内部以馒头窑为主，用于烧制青瓷器；考古学家在湖南省张家界市桑植县的朱家台发现了设备完善、规模巨大的铁器铸造作坊遗址；在江西地区也发现了造纸作坊（高安市华林造纸作坊）、烧酒作坊（元代李渡烧酒作坊）、刻书作坊（浒湾书铺街）等手工业作坊的遗址。

中国传统村落文化抢救与研究 文化区系列

Chinese Traditional Villages

第五章

荆楚传统村落的非物质文化景观

传统村落作为中国传统文化的载体，承载着乡村大量珍贵的物质文化遗产和非物质文化遗产[①]。非物质文化景观是一种依托于有形事物的景观，反映一个地区、一个民族的风土人情与民俗民风的文化特征。非物质文化遗产是文化景观中的一个重要的概念，是指各民族人民世代传承的、与群众生活密切相关的各种传统文化表现形式和文化空间。包括民俗活动、表演艺术、传统手工艺技能等内容，其对于增强民族凝聚力，促进文化交流，加强地方认同感具有十分重要的作用。

村落非物质文化景观是在物质景观的基础上发展而来，体现了村落文化景观独特的个性特征。不同区域在一定的自然环境影响下，形成具有各自地域特色的村落文化景观，这种景观记录着各区域发展历程的片段，以及各区域在生产生活中创造的文化景观。传统村落的非物质文化景观是各区域区别于其他区域最明显的特征，主要以民风民俗、饮食起居、宗教信仰等形式沉积在传统村落之中[②]。

第一节
荆楚传统村落民俗文化

民俗文化，是依附人民的生活、习惯、情感与信仰而产生的文

[①] 罗云，陈庆辉，常贵蒋，等. 乡村振兴战略背景下广西恭城传统村落发展新思路[J]. 安徽农学通报，2018，24（11）：5-8.
[②] 毛森. 麻阳传统村落保护与旅游开发对策研究[J]. 凯里学院学报，2018，36（1）：45-48.

化，它是传统村落重要的非物质文化资源①。民俗涉及的内容很多，直至今日它所研究的领域仍在不断拓展。本节选取民俗文化中日常生活习俗、婚丧嫁娶、节庆活动三个方面来介绍。

一、荆楚传统村落的日常生活习俗

（一）饮食民俗

荆楚地区自古为"鱼米之乡"，品类繁多的饮食产品给饮食提供了丰富的原材料。"吃"是荆楚村落居民重要的社交手段之一。亲友们见面，第一句话通常是"吃饭了吗"；到亲友家做客，桌上有10—12道菜，则意味着受到主人最热情的款待。

1. 湖南

湖南村落人家一日三餐无明显差别；每逢农历节日或节气，其饮食一般要比市镇居民隆重。湖南村落人家几乎家家户户都会根据季节时令制作一些腌菜、干菜、泡菜等；每有客至，总要端上桌来显示主妇的手艺和持家能力。湖南食俗主打"无辣不成菜""无酒肉不成席""三餐不离饭"，山地少数民族最大特点是"吃不离酸"②。

湖南村落人家的饮食多辣，且颇有讲究。将大红辣椒用密封的酸坛泡，辣中有酸，谓之"酸辣"；将红辣椒、花椒、大蒜并腌，

---

① 朱霞，罗迪. 民俗文化保护视角下传统村落旅游规划策略研究[J]. 华中建筑，2018，36（7）：112-115.
② 龙海清. 湖南民俗[M]. 兰州：甘肃人民出版社，2003.

谓之"麻辣";将大红辣椒剁碎,腌在密封坛内,辣中带咸,谓之"咸辣";将大红辣椒剁碎后,拌和大米干粉,腌在密封坛之内,食用时可干炒、可搅糊,谓之"鲊辣";将大红辣椒碾碎后,加蒜子、香豉,泡入茶油,香味浓烈,谓之"油辣";将大红辣椒放入火中烧烤,然后撕掉薄皮,用芝麻油、酱油凉拌,辣中带甜,谓之"鲜辣"。此外,还用干、鲜辣椒做烹饪配料,吃法更是多种多样。尤其是湘西的侗乡苗寨,每有客至,总要用干辣椒炖肉招待;劝客时,总是殷勤地再三请客人"吃辣",而不是请"吃肉",可见嗜辣之甚。与此同时,湖南村落居民大都认为"苦能泻火""苦能燥湿""苦能健胃",所以他们也吃一些带苦味的食物,以利于清热、除湿、和胃。

湖南苗族、瑶族、侗族、土家族等少数民族都有吃酸(菜)的习俗。谚语说:"三天不吃醋,走路打乱窜。"他们不仅喜欢做酸菜,而且喜欢做酸鱼、酸肉、酸米粉等。可以说是"无酸不成餐""无酸不成席"。酸菜有素酸、荤酸、煮酸、酸坛子等。大部分蔬菜,如蒜苗、豆角、萝卜、青菜、竹笋、辣椒和部分瓜菜都可以脆制或泡制于坛子内密封。酸菜爽口,能久放,便于携带。荤酸有酸猪肉、酸鸭(鹅)肉、酸螃蟹、酸小鱼、酸螺蛳、酸虾子等[①]。

湖南人待客少不了"老三样"——烟、酒、茶。在湘潭市城乡则更少不了一样——槟榔。有民谣说:"湘潭人是只宝,个个口里含把草,牙齿不歇气,肚子不得饱。"吃槟榔还有许多讲究。过年送槟榔要辅以5粒桂枝,意为"早生贵子""五子登科"。剖开的槟

---

① 赵玉燕,吴曙光.湖南民俗文化[M].长沙:湖南师范大学出版社,2010.

榔状如元宝，含"招财进宝"之寓意。不仅湘潭嚼槟榔的人有增无减，而且长沙人、株洲人也有这种嗜好，同时，益阳、常德、岳阳地区爱嚼槟榔的人也渐渐多了起来。

龙阳是今汉寿县的古称。过去，汉寿人做粑粑，少的几十斤，多的几百斤。粑粑做好后，可以放到岁尾年头。春节期间，走亲访友，粑粑是必送的礼物。逢场赶圩，更是一篮篮、一担担，以至整条街是粑粑，故有"龙阳粑粑压断街"之说。粑粑油煎、火烤、蒸、煮均可吃。常宁市的粑粑也很有名。它用油糯米制成，吃时拌以芝麻、白糖炒黄豆，香软可口。湖南少数民族对粑粑尤为喜爱，苗族、瑶族、水族、侗族、土家族等民族都有年前"打年粑"的习俗。把蒸熟的糯米打软成团后，放在抹了蜡油的桌面上，压成一个个又扁又圆的糯米粑粑。若送人，便在粑粑上点一点红，以示喜庆。粑粑既是农家必备食品，又是点心，可冲甜酒，可煎甜饼，可和菜煮，还是送礼佳品。

2. 湖北

湖北菜以"四无不成席"为特色，即无汤不成席、无鱼不成席、无丸不成席、无蒸不成席，能基本概括湖北地区传统饮食习俗的特色。

湖北人爱喝汤，也很会做汤。湖北菜的菜品非常丰富，莲藕排骨汤、老鸭汤、鲫鱼汤、瓦罐鸡汤、鱼圆（丸）汤等都是汤中美味。汤品能非常完好地保持菜品的原汁原味以及营养价值。凡家里举办宴席，压轴必然有一道醇香鲜美的汤菜。

湖北盛产各种水产品，许多品种还是湖北所独有。生长在长江支流清江的清江鱼，梁子湖的河蟹、武昌鱼都是水产中的上品。鱼在湖北菜中的比重能占到60%—70%。湖北菜对鱼的烹饪方法很多，鱼块、鱼片、鱼圆做法多样，但在宴席上一定有一道"全鱼菜"。在江汉平原地区，百姓习惯把鱼剩下来，象征年年有余的美好寓意。甲鱼也是不得不提的珍贵水产品，中国淡水鱼第一市的荆州市盛产甲鱼，荆沙甲鱼就是一道湖北名菜。野生甲鱼营养非常丰富，富含蛋白质以及多种维生素，是不可多得的滋补品。

湖北地处中部，有说法称：放眼四周，圆眼视事，所以当地人很喜欢吃"圆子"。圆子也就是人们说的丸子，不论老百姓还是专业厨师都会做丸子。湖北人常吃的有肉圆、鱼圆、虾圆、豆腐圆等，光"圆子"菜肴就多达几十种。一种由糯米做成的丸子叫汤圆，汤圆并非正月十五吃的汤圆，里面没有馅儿，一般作为早餐，很多地方也叫它麻圆；藕丸子、萝卜丸子可炸了当菜吃；把鱼肉和肥肉剁碎，或用搅拌机搅匀，捏成丸子煲汤，味道十分鲜美，营养也非常丰富。

"蒸"这种烹饪技法是东西方饮食文化的重要区别之一。北方人喜爱蒸主食，南方人则擅长蒸菜。蒸菜熟得快，并能保留食物的原汁原味和营养价值，口味鲜香，口感清爽。至今，蒸菜仍是湖北菜的特色，在很多地区十分盛行。提到天门、仙桃（沔阳）、汉川、潜江的蒸菜，无不让人津津乐道。湖北天门被称作"蒸菜之乡"，在天门西北石家河一带考古发现了蒸食物的器具以及蒸菜所用原料。如果从出土的陶器算起，天门蒸菜的历史距今已有5000多年。每到过年过节请客吃饭，蒸菜是必不可少的。在江汉平原特别是农村地区，招待客人都讲究"三蒸九扣"。家里办大酒席，招待上百桌客人，一个大蒸笼里能蒸出上百道菜[1]。

---

[1] 柯小杰.湖北民俗：荆楚民间文化大观[M].北京：中国电影出版社，2007.

3. 江西

江西饮食文化兼有川、湘、鄂、皖、浙、粤风味，在多种风味的基础上形成了自己的特色。嗜辣成性，不亚于湖南、四川，赣西地域连炒盘小白菜都要下大量辣椒粉。佐以甜味，这原为浙菜风味，但赣抚平原也喜在菜肴中放糖，如红烧肉、糖醋鱼之类，这都属浙菜风味。吃生吃鲜，这又为越菜风味，如赣南、赣东的鱼生、鱼丸、鱼泡、烫鲜虾、活鲤鱼等。赣东属吴越之"越"，赣南属百越之"越"，所以江西的越菜风味既含浙江风味，又含广东风味。广东人喜食之物，赣南人也喜食之[①]。

江西由于地处南北主要通道之上，交通运输业十分发达，南来北往者络绎不绝。客商们为江西带来了全国各地的饮食制作方式，并融入江西的饮食文化之中，使江西的饮食具有南北饮食的概括性。如峡江的牛肉炒粉，将西北人吃牛肉的习惯与江西人爱吃米粉的习惯相结合，形成一种全国性的大众小吃。江西的锅贴饺子，本为北方食品，但因江西盛产植物油，贴饺时下油多，配馅时下料重，特别是姜末、葱花、胡椒粉，成为独具特色的江西锅贴饺子。

受道教影响，江西饮食很注意养生之道，药膳成了江西饮食的一大特色。如爆炒枸杞叶、肉炒车前草、木槿花蒸蛋、百合焖肉、油炸天门冬、淮山炖肉等大众菜，既芳香可口，又有防病养生之功效。瓦罐汤，完全采用民间传统煨汤方法，以瓦罐为器，精配食物加以天然矿泉水为原料，以硬质木炭火，恒温传统式六面受热煨制达七小时，演绎成倍具民间传统特色又合乎现代人口味的美食。瓦罐之妙处在于土质陶器，秉阴阳之性含五行之功效，

[①] 梅联华. 江西民俗[M]. 兰州：甘肃人民出版社，2008.

久煨之下原料鲜味及营养成分充分溶解于汤中，其味鲜香醇浓，食后令人久久难忘。

（二）居住民俗

1. 湖南

湖南民居主要集中在湘、资、沅、澧四水水系及洞庭湖地区。山区少数民族地区立寨为居，丘陵及平原地区以村落为住。在湖南，村寨主要有以下几种类型。

第一，单门独户。在湖南，无论是山区还是丘陵、平原地区，独门独户的人家并不鲜见。主要原因是由于农户个体生产能满足基本生存需要。这与地理自然条件（如山区田少且难成片，缺少建设成片房屋的平地等）、种群因素（不同姓，不同族，非本地人等）、性格（不合群）等原因有关。这些独门独户，在山区，有的在千米高山之上；在湖区，有的在荒洲边缘；在丘陵区，多在林深边远之处。

第二，自然村寨。数家房屋连在一起，或数户人家挨得很近，是湖南农村普遍的自然村居方式。这种准村寨式的聚居一般有几个基本因素：土地或山地的生产能够满足居住者的基本生活需要；他们之中没有种姓、家庭、土地、资源、用水等重大纠纷，而且杂姓。这种聚居大都是世代相聚，有着共同的文化认同和民俗文化。还有一种村寨，少则十数户人家，多则数十户或上百户人家。大村寨在湘南地区更为普遍。这种村寨的形成就自然地理条件而言，一般近水傍山，拥有成片田垄。大体说来自然村寨的形成有世居、同姓、移民、杂居以及由于行政管理需要而建的自然村等几种。

过去，湖南群众把"修桥补路"当作"积阴功"，是造福于众的事，修桥筑路也是乡镇行政的大事。在湖南农村，基本上形成了"十里一亭，三十里一铺"的建筑格局。广大乡村以官道、驿道为依托，四面辐射，乡村小道与大道（官道、驿道）相接，形成了四通八达的交通网，还广泛流传一条谚语——"条条道路通长安"（现在演变为"条条道路通北京"），这表明湖南水陆交通都是比较发达的[①]。

湘西民居的建筑风俗独特。花垣县境内的苗寨和湘西凤凰县至今保存有大量以土石为墙、以石板（或小青瓦）为瓦的建筑，如苗族"开口屋"，又称"吞口屋"，该建筑的基脚用片石砌就，这些特色建筑传承了古风。湘西龙山县、永顺县等土家族聚居区盖的转角楼（俗称"吊脚楼"）、摆手堂、风雨桥、土王庙以及散落在州内城乡的祠堂、兵营、会馆、寨门寨墙，青石板铺就的街巷，增添了湘西的独特与神秘色彩。再如湘西吊脚楼，为干栏式建筑工艺，是湘西先民从长江中下游流域辗转迁徙，在适应当地山区新环境下逐步形成的，它成为湘西民间主要的传统建筑形式，也成为当地少数民族建筑文化的载体。在我国传统民居建筑中，吊脚楼存在的历史悠久，其建筑形式比较丰富，有的依山傍谷，有的临水而建，或建在田埂上、半山腰处。正如沈从文先生在《鸭窠围的夜》中描述的一样："一幢幢吊脚楼高高低低参差错落，古色古香，建筑风格特殊的吊脚楼，增添了古城凤凰的几分韵致，也反映了湘西人民的勤劳与智慧。"这些文化遗产与纯真古朴的民俗活动融合在一起，成为湘西博大精深的地域文化根源。

[①] 喻长华. 湖南民俗[M]. 兰州：甘肃人民出版社，2006.

湘西古民居、民族特色村寨、古村落承载着苗族、汉族、土家族等民族的文化内涵与历史信息，是历代先祖留给后人的珍贵遗产和共同财富，凝聚了先祖的智慧、勤劳与汗水，是不可再生的民俗建筑文化资源。湘西传统民居建筑在哲学思想、审美观念和宗教伦理的影响下，结合当地生活方式及其他观念，融入了丰富多彩、灵活多变的地方特色，展示出其独特的人文内涵。

2. 湖北

湖北村落有三种类型：一、单一家族村落，即最初只有一家一户定居，以后发展成了大家族，再分成若干户，成为一个村，形成宗族群居。二、姻亲联合体村落，这种村落往往是单一家族村落的发展，是由姻亲关系联结起来的几个大家族（或几个大姓村落）。三、杂姓移民聚居村落，多为集体移民户定居形成。其中，第一种类型为最多①。

湖北村落取名有独特的方式，山区、丘陵多冠"山""冈""坳""湾""冲""岭""崖""塘""旺""河""园""挡"字；平原、湖区多冠"墩""垅""洲""堰""圩""坪""洼""凹""庄""田""寨""边""嘴"字；交通要道多冠"渡""埠""口""镇""里""坊""牌""巷""店""集"字。具体的命名方式有以下数种：以姓氏命名，如张家湾、李家冲等；以宗族房头命名，如大房湾、二房湾等；以建村始祖名号命名，以武穴尤甚，如朱奇武、朱恒元等；以建村先后顺序命名，如老屋湾、新屋湾等；以地理位置命名，如总路嘴、靠山店、两河口等；以路程命名，如二里河、三里桥、三里贩等；以

---

① 龙海清. 湖南民俗[M]. 兰州：甘肃人民出版社，2003.

田亩数字命名，如一斗丘、三斗丘、六斗城、八斗湾等；以建湾人的职业命名，如博士（木匠）湾、许花布湾；以地形状貌命名，如鼓儿墩、秤杆湾、鹰嘴岸；以传说故事、名胜古迹命名，如成家龙（有马为龙）、圣人堂（彭莹玉在此建堂传教）。此外，还有因出过名人学士而命名的，如三解元、进士河；以两姓合名的，如涂张湾、陈高湾；以户数命名的，如十八户、百门湾；以军事活动而命名的，如滕兵堡、胜利堡等[①]。

鄂东南的村落房屋建筑有一大特色，即门和路特别多。形成这种建筑格局的主要原因是"宗族群居"。某姓祖人在一个地方落业，以后随着人员的增多，其子孙后代以老屋为中心扩建房屋、自立门户，以至居住在一起的能至500户。当然，祖堂前是不能建房的。这样聚居的特点，使村落形成了一个整体。尽管各家各户的房屋或"明二暗四""明三暗六"或"明四暗八""明五暗十"，可自成一个单元，但是，村内宅连宅、户挨户、门对门、窗望窗、巷通巷，下雨天走村串户不湿鞋，全村人共一个大门，或开若干个侧门、后门，因而村中的"门""路"很多，陌生人一旦进入村内，若没有熟人领路，那是很难走出来的。俗语"七门八路"，就是指门道多、有很多方法的意思。

在湖北建宅很有讲究，选宅基看风水，定坐向，这是必不可少的。择基看风水主要注重"喝形"；阴宅与阳宅基本连成一体；屋向一般坐北朝南，地基均建于高处；枕山面水（即山环水绕）；便于耕作，独具一格的田园美。

---

① 柯小杰. 湖北民俗[M]. 兰州：甘肃人民出版社，2008.

在鄂东南的大冶市，现在还有一些保存完好的青堂瓦舍古民居群，这些遗存的古民居，大都有百年以上的历史，是典型的徽派建筑，主要分布在水南湾、下胡周、张德益等自然村落中，是现代农村一道古朴优雅的风景，成为人们脑海中挥之不去的记忆。古民居中保留最多的是木雕和石雕艺术品，从房屋建筑到庙宇祠堂，从房屋摆设到婚嫁喜事，处处皆有木雕、石雕艺术，内容体现的是喜庆、吉祥、长寿[①]。

吊脚楼是鄂西土苗地区典型的建筑，一般依山而建，有的建在傍水处。依山的吊脚楼在平地上用木柱撑起，分上下两层，下层为猪牛栏圈或堆放杂物，上层通风干燥，是人们的居室；傍水的吊脚楼一般楼高三层。还有些乡村地区的民居中有明清时期的古建筑遗留。

3.江西

江西有着非常丰富的民居建筑文化遗产，其建筑形式、构造都有其自身的地方特色，虽未形成强烈的"江西风格"，但就其基本特征——天井式民居，却是国内此类型民居中最丰富、最完整的。江西各地的民居，尽管因地区差异而有着鲜明的不同地方色彩和独特的构筑方法，但是，江西各地民居总的构成都是天井式的法则，因此，天井式民居乃是江西民居的共性和特征。

江西天井式民居的外部形象最重要的是"马头墙"，又称"屏风墙"。这种阶梯式山墙面与两屋坡面相协调，并且可以生化出千

---

① 阮一家，孙家腾，葛亮. 国家历史文化名城研究中心历史街区调研：湖北大冶市水南湾村[J]. 城市规划，2012，36（4）：97-98.

姿百态，大大丰富了建筑的轮廓线，给人以强烈的感染力。山墙因防火功能的要求而必须高出房架，使之在发生火灾时能有效隔断火路，防止火势蔓延。因此，山墙的作用实际上是一道外部封火墙。然而，经过艺术化处理后，却成为江西民居的一个很有鲜明个性的外观特征。

在江西，建筑民俗特点主要体现在建筑建造中的许多民俗惯例。在这里，选地、选材、选日、立柱、落成祝贺等每个环节都必不可少。它表现出一家有事，大家相帮，一家有

图5-1　吉安市青原区文陂镇渼陂古村永慕堂

喜庆，大家祝贺的优良传统习惯。

　　从传统住宅民俗看人与人之间的关系，传统住宅与庭院形成了明确的主从、正偏、内外关系。它以空间的等级区分了人的等级，以建筑的秩序展示了伦理的秩序，形成了尊卑有序、贫贱有分、男女有别、长幼有序的"礼"的物化形式，居中的内院为主体，以长辈居住的正房为中心，以家长为主宰的独立小天地，既突出了父权的威势，也以端庄、凝重的氛围和强烈的向心力、内聚力强调主体空间的主旋律，纵深轴线在这里既是起居生活的行为主线，也是建筑时空的观赏动线，

图 5-2　南昌市安义县石鼻镇罗田村

建筑的空间表现力得到了友好的展现。南昌市安义县石鼻镇罗田村是明清江西传统聚落的杰出典范，在聚落构成、建筑形制、价值观念、生活方式、风俗习惯上都集中体现了地域特性。罗田村完整的宗族里甲制度、雕饰精湛的天井式民居、尊师重教的耕读文化，充分展现了明清江西传统聚落的历史文化价值。

（三）服饰民俗

1. 湖南

湖南的服饰民俗是传统与现实的结合，既有楚文化的继承，又与时俱进。一般说来，湖南的少数民族比较注重传统，汉族喜欢推陈出新。湖南地形变化大，民族众多，民俗服饰也多姿多彩，具有民族特色。

因为服饰与人们的生活息息相关，所以服饰上的信仰与禁忌也很多，这些信仰与禁忌和民俗文化、民族文化有着密不可分的关系。从年龄上说，分为童服、青年服与老年服；从实用情况来说，有劳动服、便服、工作服、休闲服与丧服之别；从民族上说，有汉服、苗服、土家服、瓦乡人服、黎族服等。每种服饰都有它的特点，并蕴含了它特有的信仰与禁忌。

苗族男子一般头缠布帕，上身着对襟短衣；苗族妇女服饰较为复杂，头帕折叠整齐，衣服长而宽松，一般过腰；袖短而阔，袖口绣有花边；裤短筒宽，花边与上衣对称；扎裙长而宽，下脚沿边也绣满花纹图案；花鞋头尖口大，后跟上耳，并注重头饰，头颈耳手

荆楚传统村落

图 5-3　湘西苗族服饰

均有装饰，多为银质、玉质[①]。

2. 湖北

具有特色的主要是土家族、苗族服饰。土家族女装常见的是一种大襟衣，袖口和裤脚都镶有五寸来宽的花边，称为"绲边"；衣领只有五分高，镶三道小边，称作"三股筋领"。

男女一年四季喜欢头缠白帕，妇女喜欢穿八幅罗裙、绣花鞋，爱戴耳环、项圈、手

[①] 龙海清. 湖南民俗[M]. 兰州：甘肃人民出版社，2003.

图 5-4　湖北土家族民族服饰

圈、戒指等首饰，小孩戴菩萨帽，土家姑娘出嫁时要穿上特制的露水裙。

3. 江西

宜春地区的江西"老表"有一种特殊的装束，也可谓之装饰。他们平日都随身带着一条5尺长、2.5尺宽的长布巾，这条长布巾一般用阴丹士林布做成，无论春夏秋冬，宜春老表都将其随身佩带。这条长布巾的用途很多：在冬季，他们常将它缠在头上，可以御寒；在春天，他们下地时常将它束在腰间，可以助力；在夏季，可用它来代替扇子扇凉，还可以擦汗；垫在地上可以就座；困了则可将它铺开代席；烈日临空可将它张开遮阳；下雨可披身避雨；更为有趣的是，上街买东西时，两头可包扎当袋子用；收工回家后将它当浴巾，洗净晾干第二天再用。宜春老表的长布巾用途如此之广，故此物从旧时一直沿用至今，如今部分乡村老人还保留这种习俗。

（四）其他民俗

1. 湖南

湖南竹子品种有 30 余种，多为奇珍竹类，如方竹，主要产于桂东县，其他地方亦有，但多是移植的。"竹子四四方，招财又吉祥"，说明了人们对这种竹子的喜爱。竹类中最负盛名的当属斑竹。"斑竹一支千滴泪，红霞万朵百重衣"，毛泽东的诗句更让斑竹名扬四海。还有一种叫"孟宗竹"，传说由孝子"孟宗哭竹"演化而来。孟宗是湖南常德人，在他小时候，母亲冬天想吃竹笋。孟宗走遍四方竹林都没有发现竹笋，于是在竹山里哭了起来，神灵被感动了，从地里拱出了鲜嫩的竹笋，这就是传说中冬笋的由来。据说，冬笋不能长成竹子，次年便腐烂了。于是在湖南农村便有了挖冬笋的习惯，湖南人认为冬笋是冬季的一种美食。此外，楠竹遍及全省，主要用作建筑和家具材料。

湖南还驯化禽兽捕鱼。渔民将鸬鹚、水獭驯化后，帮助捕鱼，将狗训练后抓王八（甲鱼）。鸬鹚由渔民带着立在渔船的横杆上，船驶入捕捞区后，驱鸬鹚入水叼鱼。鸬鹚叼到鱼后，渔民从其口中取下战利品。水獭也是捕鱼能手,但水獭难饲养,因此驯养水獭的人并不多。

2. 湖北

湖北地区灌溉用具颇有代表性,如龙骨水车、筒车等。旧时农村如遇久旱须引用江河湖塘的水进行灌溉,就多用龙骨水车车水灌田,这种水车在很多地方依然有所保留。农具主要有石碾、风斗、石磨等;捕鱼工具有各种渔网、卡钩、甩钩、花篮、罩等;交通工具有轿、滑竿、畜力车等。

该区域盛产中药材,著名中草药有英山桔梗、金头蜈蚣、罗田九资河茯苓、安陆银杏、利川黄连、鄂西北山区和神农架林区的党参(板党、房党)、蕲春中药三宝(蕲蛇、蕲龟、蕲艾)、神农架林区中草药(据统计有1300多种,如绞股蓝、小丛红景天等)、荆门杜仲、雷公藤、断板龟、松滋金线龟和银环蛇、荆州半夏和鳖甲等;土法偏方有拔火罐、针灸、矿泉疗法等。

3. 江西

水稻一直是万年县境内主要栽培作物。明朝正德七年(1512),万年县知县为答谢朝廷建县之恩将县东部归桂乡出产的"坞源早"制成大米进贡皇上,皇帝食用后大加赞赏,传旨"代代耕作,岁岁纳贡",万年贡米由此而得名。明末清初时州县纳粮送京城,要等万年贡米运到进仓后方可封仓,否则粮仓不能封,城门不许关,故也称作"国米"。

图 5-5
景德镇市浮梁县瑶里镇绕南村水碓

上饶地区河溪如织，近城各乡村的大小溪边都设有水碓用来舂米。水碓有浇轮，还有顺水轮。浇轮安于碓尾，顺水轮安在重碓旁边，其松紧程度要按水势的缓急而调。水轮中间有长轴相贯，轴上木齿参差。溪水如流势急，轮则随水而转，经转后其齿触碓尾而碓起，齿离碓尾而碓落，倏起倏落，总无停机，用这种方法舂米省力省时，而且舂出来的米不会碎。还有的借用水轮之力，在一旁又设水磨、水砻，三者一齐分水轮之力，循环转动，既巧妙，又天然。

水轴、水轮、水碓、水磨、水砻之声与溪水的湍流之声伴和一处，远处听来，有节和拍，美妙动听。

二、荆楚传统村落的婚丧嫁娶

（一）婚嫁习俗

1. 湖南

汉族过去婚姻不重视男女双方的感情和生理实际。古时婚姻主要特点有三：一、封建包办。以"媒妁之言""明媒正娶""通家世好"，甚至"指腹为婚"（在怀孕时就由双方父母指定）为主。二、婚姻不对称、不平等。男子可以三妻四妾，而女子则必须"从一而终""嫁鸡随鸡，嫁狗随狗""夫唱妇随"。三、生育上的重男轻女。"不孝有三，无后为大"，若女方不生男，丈夫可以纳妾，女方还会受到冷漠、歧视，甚至被打骂。当地少数民族在婚姻上是比较能自主的，在恋爱、婚嫁、生育甚至财产上比同时期汉族显得宽松些。

保靖县土家族姑娘出嫁时，由主事的婆妈将一块5尺长的红布搭在哥哥肩上，妹妹则趴在红布上由哥哥背着上花轿。背妹妹的红布由男方准备，背完妹妹后，由妹妹送给哥哥作谢礼。因此，这红布又叫"背情布"。如果姑娘没有亲哥哥，就由堂哥背，如果没有堂哥，就由表哥背，若表哥也没有，族哥也可以背，但都以大哥为最好。现在，因为一些地方已不兴花轿，哥哥背出大门即可。在桂阳县北乡，也有"妹妹出嫁哥哥背"的风俗。

在靖州苗寨里，新婚头夜，新娘必须陪着男家寨子里的小伙子们，一直唱歌到天明。次日，新娘要同小姑一道去担水，然后在小姑和女伴陪同下，挨家挨户接受寨上人家祝福，新郎则在家里款待宾客，直到天明。三天后，新郎在亲友陪伴下送新娘回娘家，但只送到半路。娘家把新娘接走后，婚礼才算结束。新郎要入洞房，须在十天半月之后，亲自接回新娘。

结婚要"偷"东西。在辰溪、溆浦等地，结婚当天，迎亲的人要"偷"新娘子家里的东西。当迎亲队伍到达女方家里后，来人便开始活动，有的作掩护，有的趁机"偷"。"偷"回来后，新郎要奖励一番"偷"的人。三天后，新郎要将"偷"来的东西送还岳父家。照例，岳父会"责备"新郎家的人不该这么做。新郎当即赔礼、认错。于是，两家在谅解的气氛中既充满喜气，又多了一分风趣。

2. 湖北

境内各地婚俗大同小异，一般都有托媒、议婚（发八字、合婚）、订婚（行聘）、过路、送节礼、定日子、办嫁妆、哭嫁、迎亲、拜堂、撒帐、闹洞房、回门等程序。此地婚俗中最具特色者有二：一是婚礼与古成年礼（冠礼、笄礼）相继而行。婚前，男方家族要为即将成亲者举行升号匾仪式，亲友送号匾"贺号"，主家设宴"陪十兄弟"；女方则于嫁前为待嫁女设宴"陪十姊妹"，贺其成年。二是"哭嫁"。哭嫁习俗各地皆有，尤以土家族哭嫁别具一格。土家儿女从十一二岁就开始学唱哭嫁歌。出嫁前半月甚至一个月开始哭嫁，哭祖先、哭爹娘、哭兄嫂、哭姊妹、哭自己、哭（骂）媒人，边哭边歌，以哭伴歌，俗谓"号丧、哭嫁"，认为"越哭越发""不哭不热闹"。出嫁前夜，还要选九名未婚少女陪哭，开台歌过后，依次可独唱（哭）、对唱、合唱，哭嫁歌词中唱到谁，谁就

图 5-6　恩施土家族苗族自治州哭嫁

要给钱，以示关怀。人们把是否会唱哭嫁歌作为度量土家姑娘品性才学的重要标准，哭嫁哭得好，全家都荣耀。

在恩施石窑、大山顶等地，有"女儿会"的习俗，即每年农历七月十二，青年男女通过"女儿会"，唱歌跳舞，彼此爱慕，结为终身伴侣。

土家族的婚姻仪礼大致包括"打样""求婚""讨红庚""定亲"（俗称"插茅香"）、"看期""亲迎"等程序，与汉族古代"六礼"类似。

图 5-7
恩施土家族苗族自治州女儿会

3. 江西

江西各地的婚俗略有不同。一般来说,新娘过门前一两天,男方要请宗亲将聘礼和鱼、肉、禽、面条等物送给女方,俗称送菜和抬嫁妆。到了正式迎亲的那天,接亲的人到了女方家后,先吃点心,然后由女方家人带着到祠堂烧香敬祖。女方家在中午或晚上,要设宴请客。

新娘动身一般是在半夜子时或卯时,这样一是会越走天越亮,象征走向光明;二是晚上出门,也不会碰到抬棺材等不吉利的事。新娘到达男家,如还不到所规定的入门时辰,也就是吉时,就要在大门口坪上或在门外旁边房子等候。入门一般是早上七八点或八九点,有的甚至要等到中午。

新娘在鼓乐声中进到大厅以后,就开始拜堂。大厅摆设香案,东边站父母、长辈,西边站外戚,北边站房亲,南边站小辈。拜堂前,外家要给新郎挂红,将红布披在新郎身上。口念:"手拿幡红五尺长，一心拿来扮新郎，扮得新郎生贵子，早生贵子中个状元郎。"拜堂时，新郎站左，新娘站右，由礼生叫：一拜天地，二拜祖先，三拜高堂，四夫妻对拜。

婚后第三天或第五天，由女方派新娘的姐妹等女眷来请新郎新娘一起去做客，媒人及新郎姐妹也同去，一般7—14人，吃罢午宴，当天回来。结婚后一个月，新娘娘家要来送满月，同时送来小鸡、蔬菜、种子、豆子等，示意五谷丰登，财丁兴旺。

（二）丧葬习俗

1. 湖南

60岁正常死亡为"寿终正寝"，曰"善终"；事故死亡为"凶死""暴亡"；冤死或自杀而亡叫"枉死"；未成年死亡叫"化生子"。

湖南主要是土葬，人们认为"入土为安"。死者生前最担心的是"死无葬身之地"。无论城乡，很多人生前就看好了埋葬地。1949年后，大力提倡火葬，大城市都建有火葬场。现在，城市近郊的农村也实行火葬。

2. 湖北

荆楚地区丧葬习俗的程序分为入殓、葬礼、送葬、安葬、葬后事等部分。在清江流域以北的土家族地区，流传着一种特有的古老葬俗歌舞"跳丧鼓"，又称"跳撒尔嗬"。山寨里，无论谁家老人去世，必请师傅到家里打丧鼓。当夜，唢呐高奏，锣鼓喧天，鞭炮不停。丧鼓一响，相邻村寨的人齐来奔丧。"跳丧鼓"是在灵柩前由击鼓师傅击鼓，歌师叫歌，跳者接歌而起的舞蹈。一般以两人以上的双数舞者在棺木前对舞，跳至高潮时少则可达百人，多则可达上千人前来或舞或观。舞者交替上场直至天明。"跳丧鼓"的形式分为"待尸""摇丧""哭丧""穿丧""践丧""退丧"等若干段，基本动作有"虎抱头""犀牛望月""凤凰展翅""燕儿含泥""猛虎下山"等十几个套路。"跳丧鼓"有文舞（文丧）和武舞（武丧）之分。"文丧"中最具特点的是"哭丧"，"武丧"是和民间武术相结合的一种跳法。"跳丧鼓"的歌词内容十分丰富，有赞颂土家族先民开拓疆土，回忆民族历史的；有反映先民图腾崇拜、渔猎活动、农事生产、爱情生活的；还有歌唱死者生平事迹的；等等[1]。

3. 江西

在樟树市的黄土岗镇柘湖一带，村上的老人死了，下葬那天，全村人都会去吃"送葬饭"。一些来吃送葬饭的妇女，还会从主家装去一碗满满的米饭，并用一支竹筷串上两块或四块肥肉，端回家给孩子吃，名曰吃"百岁饭"。说是为孩子讨个"长命百岁"的吉利。但这是有条件的：第一，死者是村上德高望重而且多子的老太婆；第二，死者必定是寿终正寝，而不是非正常死亡；第三，只能是一碗饭，而绝不能端两碗或更多，不管讨吉利的人家有几个子女。主家被端走了碗，装去了饭，不仅不会生气，而且被装去的饭越多越高兴。一是表示死者有福气，二是表示主家受到村上人的尊敬。

---

[1] 李惠芳. 湖北民俗[M]. 兰州：甘肃人民出版社，2003.

三、荆楚传统村落的节庆活动

节庆活动是人类生活的创举，也是人类文明的重要标志，它强烈地表现了一个国家、一个民族的精神面貌。其形成主要因素有：一是生产的需要。如侗族的"播种节"。二是对神灵、先祖的祭祀。如四月清明挂坟，七月半祭祖；再如瑶族农历十月十六的"盘王节"，是为了不忘先祖盘王。三是为了调节生活。像春节、元宵节、中秋节，这都是人们为了在一年中有适当的休息、娱乐和相聚而形成的一种欢庆性节日。四是纪念性节日。少数民族的纪念性节日比较多，为纪念先祖某一次重大活动，某一次重要战斗，某一次对后人产生重大影响的事件。此外，新兴的专门性节日逐渐增多，有的仅仅为了一次经贸活动，如旅游节、西瓜节；有的是一种评比竞技性活动，如金鹰奖电视节、武术节。

（一）汉族村落节庆

1. 春节与元宵

"过春节"俗称"过新年"，是荆楚传统村落最重要的节日习俗。一般以腊月二十四（俗称"小年"）祭灶揭开序幕，一直要闹到正月十五的元宵节。祭灶是一项在荆楚传统村落中影响很大、流传极广的习俗。旧时差不多家家灶间都设有"灶王爷"神位，而送灶神（"上天言好事"）的仪式即称为"送灶"；这一天还要打扫卫生，"腊月二十四，掸尘扫房屋"，意为驱除病魔。紧接着，"腊月二十五，磨浆打豆腐"；"腊月二十八，家家把猪杀"。大年三十是正式过年，村民一大早就贴上庆贺新春的春联；春联大多是村民自己创作、自己书写。此外，也有在厅堂、卧室挂贴年画的。

荆楚地区村落居民把年饭看得非常神圣。年饭的原料是上等大米，用木甑蒸得又白又香，要足够全家人三五天食用（正月头几天吃剩饭，意为来年吃饱有剩）。年饭菜也颇有禁忌，狗肉、牛肉不能上年饭桌，因为狗要看门，是村民的朋友；而牛要耕地，是村民的宝贝。在湖北沔阳（今仙桃），"三蒸"（即蒸鱼、蒸肉、蒸藕）是年饭的必备之菜，肉切成条，鱼切成块，藕切成方，拌以米粉和调味品，放在垫着荷叶的蒸笼里蒸熟，端出即可食用。吃年饭前要先到宗祠祭祀祖先。大约中午十二时（即"午正"），在震耳欲聋的鞭炮声中，神圣的吃年饭正式开始（也有地方年饭在晚上，叫"牛马归栏"）。吃年饭时，堂屋的大门要关严，以免跑了财气；同时，要等所有人用餐完毕后才能开门。

荆楚地区民间有除夕"辞岁"或"守岁"习俗。守岁从吃年夜饭开始，要饮"分岁酒"，一直到深夜。当年夜交正子时，新年钟声敲响，整个村落大地爆竹声响彻天宇。大年三十早晨开门大吉，先放爆竹，叫"开门炮仗"；而正月初一清晨放爆竹、响铳叫"出天荒"，为迎接新春之意。湖北应城初一时五更起床，闭户焚香，称"紧财门"；再设果、饼、酒、肴等供品，祭拜祖先与家神；然后开门，朝吉祥方向燃一束柴，以照出行，谓之"出天方"。其燃着的柴束，称为"发把"。

荆楚地区的拜年十分讲究顺序，一般是从自家开始，有"初一崽，初二郎，初三初四女拜娘"之说。亦有部分地区"初一拜父族，初二拜母族，初三拜妻族"的说法。正月间，晚辈要向长辈拜年；长辈受拜后，要将事先准备的压岁钱分给晚辈。在家中拜完年后，人们外出相遇时也要互道"恭喜发财""四季如意""新年快乐"等吉祥话语；亲朋好友亦互相登门拜年，饮酒娱乐。湖北有些地区尊崇死者为大，要先到去年有丧事的人家拜年，进门后先对着丧者遗像叩头、烧纸钱、点香烛，主家叩头还礼，然后道保佑，有祝死者安乐，享受"新香"之意故而，主家此日切忌出门向生者拜年。另外，如亲友关系不睦，借拜年之机，双方可释前嫌。除拜年活动外，正月间有乐趣的活动就是舞龙、舞狮、张灯、唱大戏。特别是舞龙、舞狮、张灯最具娱乐性与观赏性，这些活动在正月十五元宵节达到高潮。

灯会是荆楚传统村落中最有影响的风俗之一。江西省广昌县驿前古镇的莲花灯会是明末清初最为盛行的一种民间灯会，虽然历经了数百年的历史，但当地群众仍然一直保留了每逢重大节日闹莲灯的习俗。灯会不仅有整套起灯、舞灯、落灯的仪式，而且规模较大；整个过程分十二组不同的花灯进行，参加巡演的人数逾千，其舞灯、

图 5-8
江西省广昌县驿前古镇
莲花灯会

制灯工艺也极具特色。远近的人都赶来观看,甚至有福建、广东的人来观赏。

　　荆楚地区吃元宵的风俗基本相同,但张灯的方式有所不同。江西的传统村落在元宵夜要送墓灯,给祖宗照明;同时,在门、路、井、灶旁设烛,让各路神圣享受灯火。按江西风俗,元宵夜可以偷菜;少妇元宵夜去偷邻居家的菜,用衣襟裹归,称为"摸青",主生子,故主人不怪。在湖南湘潭地区,元宵节祀太一神,食"浮元子"(后称"元宵",即汤圆)。它以白糖、芝麻、豆沙、枣泥等为馅,用糯米粉包成圆形,可汤煮、油炸、蒸食,有"团圆、美满"之意。到晚上,竞相赛花灯及烟花爆竹,有龙灯、神灯、狮灯、竹马灯、鱼灯等;此外,还有土地灯、蚌壳灯、星子灯等。在湖北荆州地区,元宵节前后还要放飞孔明灯,多为祈福与许愿。在荆州地区,孔明灯又称天灯,相传当年孔明被司马懿困于阳平,无法派兵出城求救,他算准风向,制成会飘浮的纸灯笼,系上求救的讯息,其后安然脱险,于是后人就称这种灯笼为"孔明灯"[①]。

2. 端午风俗

　　端午节又称为端阳节、重五节、天中节,自春秋战国以来,我国汉族即有祭屈原、祭伍子胥、纪念勾践或孝女窦娥等不同说法(湘、鄂、赣三省以祭屈原为由);但追根溯源,它是在酷暑之前一次全民性的避邪驱毒、防疫祛病、游艺保健活动。正如《风土记》云:"端者,始也,正也。五日午时为天中节,故作种种物以辟邪

---

① 林嵩. 节日与贤人:从《荆楚岁时记》注文看节日的神圣化[J]. 中国典籍与文化,2018(2):122-128.

恶。"荆楚地区过端午的习俗有吃粽子，赛龙舟，在小孩额头点雄黄酒、胸前挂粽子（俗称"药包"），在家门口挂艾蒿等。民间歌谣唱得好，"五月五，是端阳；门插艾，香满堂；吃粽子，洒白糖"。

赛龙舟是湖南、湖北以及江西部分地区（同属楚地）传统村落非常重要且有特色的节庆活动之一。端午源头、龙舟故里的湖南汨罗市至今仍在屈原投江之处举行国际龙舟邀请赛。每年的端午节前后，一年一度的水上龙舟赛就要拉开序幕，方圆数十里的村落居民早早聚集在附近的河流两岸，为本村落的选手们呐喊助威。各村落的龙舟选手身着统一的服装，热血沸腾，奋力争先，乘风破浪，不甘人后。这一传统习俗活动至今仍代代相传，不断激励楚地人民奋发图强。

湖北秭归是屈原故里，屈原赴水殉国，秭归人敬之为"水仙"，端午节临江祭屈公是秭归的传统习俗。是故，秭归的端午习俗尤为隆重，分公祭屈原、抛粽招魂、龙舟竞渡和骚坛诗会四个部分。其中，公祭时先将一尊屈原铜像安置在江边，朝着秭归老县城方向；龙舟上的桨手执三炷香上前祭拜，负责念祭文的两位白衣老者立于两旁，一唱一和，用高亢的声音讲述屈原的一生以及后人对他的怀念，结尾一声"放炮仗哟"，长腔有力地一甩，鞭炮声噼噼啪啪地响起来。半小时后，游江招魂开始；龙舟下水时，要杀猪宰鸡，以毛血祭屈原在水之灵；然后，龙舟喊着号子绕江而行，舟上的人不时向江中抛撒粽子以告慰英灵，召唤屈原魂归故里。在秭归还流传着《粽子歌》，"有棱有角，有心有肝。一身洁白，半世熬煎"。当地的诗社成员也会自发或有组织地聚在一起，赋诗唱和，追思屈原。

此外，秭归一个端午分三次过，五月初五为"小端午"，要挂菖蒲、艾蒿，饮雄黄酒；五月十五为"大端午"，举行龙舟竞渡；五月二十五为"末端午",要送瘟船,并亲友团聚。事实上,在秭归,早在四月底即可感受到端午的气息,男人们忙着检修龙舟,重新抹上桐油后浸泡在水里;女人们则开始泡糯米,摘蓼叶、苦艾、菖蒲。

2006年5月,我国首批国家级非物质文化遗产保护名录中的"端午节"即以湖北秭归的"屈原故里端午习俗"、黄石的"西塞神舟会",湖南汨罗的"汨罗江畔端午习俗"及江

图5-9 湖北省黄石市西塞神舟会

苏苏州的"苏州端午习俗"四部分内容联合组成。其中,"西塞神舟会"的主要活动有制作"神舟"、唱大戏、巡游、运"神舟"下水等仪式,整个活动历时40天。

3. 中元节

农历七月十五是传统的中元节,俗称"鬼节",是民间习俗里祭祀祖先、普度众生的重要日子,家家户户必大肆庆祝一番。在荆楚地区,农历七月刚开始,传统村落的街头巷尾就会上演地方戏曲,家家户户都会准备丰盛的瓜果酒肉牲醴祭拜祖先。

有些地方在七月十五晚上还要"放河灯",又叫"点莲花灯",用荷叶或防水纸等做成船形或莲花形等,把蜡烛放在里面,让其随水漂流,以漂得远为吉利。只见水中火光点点,既有情趣又很壮观。

4. 中秋节

湖北三峡地区在中秋节有"摸秋"的风俗。中秋之夜,在各家各户团圆、赏月、吃月饼之后,无论城、乡,小朋友们成群结队去地里挖红薯、掰苞谷或偷柑橘。各家各户也派出老人在田里守护,一旦发现小朋友们"摸秋",就大声责骂,而小朋友们越被骂越高兴;因为"摸秋"时会越骂越吉利。当然,小朋友们"摸秋"得来的"战利品"不带回家独享,一般是大家分享。而江西的传统村落在中秋夜要放"孔明灯"。"孔明灯"是用白纸糊成的吊钟形的纸灯,中心吊着一团吸满油脂的草纸,点燃后可升空数百米,抬头望去,如夜空中闪烁的星星。

图 5-10　江西省宜春市中秋月亮文化旅游节

（二）少数民族节日习俗

1. 土家族

土家族是居住在湘、鄂、渝、黔等毗连地区的一支历史悠久的少数民族，主要聚集于湖南武陵地区，此外在鄂西、渝东南及黔东北有少量分布，共有 2 个土家族自治州、24 个土家族自治县，人口 800 多万人，是我国人口总数排名第七的少数民族。主要聚居在湖南的龙山、永顺、保靖、古丈县，湖北的来凤县以及重庆的秀山县。土家族"毕兹卡"（本地人的意思）为族称，属氐羌族群；有自己的语言，但无民族文字。其民族特征是"敬土王，信土老师，说土语，过土家族节日，跳土家族舞，织土农布，以及基于前'六土'的客观存在而形成的民族自觉意识"。

土家族许多习俗与汉族不同，如其结婚要哭嫁，出殡要跳丧等。湘、鄂的土家族在每年正月的春节或三月要在祖堂前跳"摆手舞"，大约跳三日，"以为神之欢，人之爱也"。土家族主要奉祀土王或先祖八部大王，舞蹈的规模大、内容多，还可表现军阵中的冲锋、比武的内容；因此，村落中必须保留一块较大的场地。土家族男女往往隔山对唱，称"喊山歌"。每年农历七月十二，湖北恩施都要举办土家女儿会。土家女儿会发端于恩施市石窑和大山顶，迄今已有300年历史，有"东方情人节"之称。土家女儿会是土家未婚青年男女赶场相亲、公开自由恋爱的日子，是主动寻找意中人并享有最终决定权的一天。在这一天，不仅未婚姑娘大胆恋爱，已婚男女也可以与旧日情人见面、互诉衷肠，婚后无子的家庭还可以到寺庙求子，寻找延续"香火"的机缘。2009年初，"恩施土家女儿会"被列入湖北省非物质文化遗产名录。

图 5-11 恩施土家族苗族自治州宣恩县非遗传承展演中心演员排练摆手舞

2. 苗族

湘、鄂的苗族在农历九至十一月要举行踩鼓、跳芦笙等活动，因此其村落中心要有广场。此外，湘西武陵山区的苗民为了给未婚青年创造接触机会，往往在村落边缘建房，分住男、女青年，供其在劳动之余通过唱歌（对唱山歌）、娱乐来乘机择偶，叫赶"边边场"，这也是苗族村落的特色之一。荆楚地区的苗族端午节除举行赛龙舟外，还举行鼓舞、唱歌、赶山等活动。

3. 侗族

湘西侗寨鼓楼风格独特，这些塔状木构建筑是全村召集会议的场所，以击鼓为号，全村居民齐集楼前会商大事；逢年过节，在楼前广场举行吹笙、赛歌，跳哆耶舞、芦笙舞，舞龙、舞狮子等活动，俗称"吹彻芦笙岁又终，鼓楼围坐话丰年"。所以，鼓楼及广场是侗族村落必有之设施。

图 5-12
湘西苗族芦笙舞

侗族传统节日各地日期不一，节日饮食常和宴客活动联系在一起，主要节日有新婚节、架桥节、祭牛节、吃新节、花炮节等。侗族喜欢斗牛，每个村寨都饲养专供比赛用的"水牛王"。

4. 瑶族

湘西瑶族的传统节日也很多，几乎每月都有。其中，最隆重的是盘王节、达努节。节日期间，瑶族同胞要跳传统的长鼓舞，举行斗鸟、射弩等多种比赛和庆祝活动。

图 5-13　湘西瑶族盘王节场景

据至今仍在湘南江华瑶族地区流传的民间传说《十月十六调盘王》中讲，在古老的年代，瑶人乘船漂洋过海，遇上狂风大浪，船在海中漂了七七四十九天不能靠岸，眼看就要船毁人亡。这时，有人在船头祈求始祖盘王保佑子孙平安，许下大愿。许过愿后，风平浪静，船很快就靠了岸，瑶人得救了。这天是农历十月十六，恰好又是盘王的生日。于是，上了岸的瑶人就砍树挖成木碓，把糯米蒸熟舂成糍粑。而后，大家唱歌跳舞，庆祝瑶人的新生和盘王的生日。另据流传在宁远县瑶族地区的传说故事《长鼓舞的来历》中说，盘王死后，官家欺压、逼迫瑶人，抢夺瑶人土地。瑶人告状，禀帖（状纸）总到不了金銮殿（皇帝）那里。后来，聪明的瑶人想了个办法，把禀帖藏在长鼓里面，闯州过府去打长鼓，表演民族民间技艺。这样，瑶人好不容易才到了京城，上了金銮殿，打开长鼓，取出禀帖，才把状告准。以后，过盘王节时，瑶胞就跳长鼓舞，唱《盘王歌》，并且一代一代地传了下来。

为了使神主高兴，在祭祀盘王时，瑶族民众总是把集体创作、世代传承的本民族史诗古歌《盘王歌》唱、跳于盘王之前。盘王，就是盘瓠，亦即龙犬。也就是说，瑶族是以犬为图腾的民族；《盘王歌》生动地反映了瑶胞把盘瓠当作本民族的始祖来崇拜供奉的原始信仰（图腾信仰与鬼魂信仰、祖先信仰结合在一起）。于是，《盘王歌》变得日益内容庞杂、篇幅甚大，宗教祭祀与世俗民情混杂，这在其他民族的史诗古歌中是甚为罕见的。

第二节
荆楚传统村落宗教文化

民间信仰蕴含着丰富的信息，包含着民风民俗、宗教信仰、社会心理、科学思维、地域文化特征、伦理道德观念、为人处世哲学等。同时也包含着许多迷信的东西，对人们的思维和生活有着深刻的影响。

一、荆楚传统村落的宗教信仰

（一）湖南传统村落的宗教信仰

湖南的宗教信仰除了与国内大部分地区共同的信仰外，还有一些具有地域或民族特点的信仰。

1. 梅山教

梅山教是在湖南中部雪峰山周围的湘中丘陵与湘西山地交界的一个广阔区域，形成的一种独特的梅山文化以及信仰[1]。它不同于正统宗教，又有别于万物有灵的巫教。梅山神不是单个的神，而是许多个神，也没有教主，但有男性、女性之分。

---

[1] 胡晓东. 仪式音乐表演民族志视域中的梅山文化研究：以湖南梅山文化区仪式音乐为例[J]. 中国音乐，2019（4）：13-20.

男神张五郎被认为是梅山猎神，但他是位倒立之神。张五郎神像，一般用葡萄藤雕刻，谐音"不倒"的意思。雕像背剜一方孔，装一服中草药，以灶心土、破纸、杜仲皮、神仙叶、野棉球、海马分别代表肝、肾、脾、肺、心与骨骼，再加上千里眼、顺风耳、龙眼肉、珍珠四味明目、聪耳之药封闭于方孔内，孔内放些金银，最后加一副银制喉管，安于神像喉头。师父传于弟子时，开光后安于梅山神坛。梅山神坛安于堂屋祖坛右侧，在长竹钉上铺一块称为"云头布"的红布，"云头布"下罩盖着一张写有"玉皇老君梅山四山九郡五猖之神位"的神榜。

梅山女神相当多，法力无边。一位是吉吉如伶（或称白氏仙娘），后被太上老君飞刀砍成三段，成了三位女神，在梅山教中，传为桃源洞中的三位仙娘。另一位女神是梅婆蒂主（即"梅山女神婆婆"）。梅婆蒂主因抚育三个义儿、两个义女而闻名，又因抚育三洞梅神而成为开头发蒂神母，专为孕妇排忧解难。梅山神不坐受香火，只领受人间半炉香火。第三位梅山女神是流行于湘西土家族的梅据（"梅山"谐音），是位猎神，是土家族最崇敬的神灵之一[①]。

2. 排教

排教主要受排客（放排工）们的信奉。过去，放排走水十分艰险，排客们最担心的是生命安全。为了求得心理上的安慰，他们除信奉河神、水神、龙王等神祇外，亦信梅山教、排教。排教主要是敬神、念咒语、施法等巫术，认为凭法术可以散排、拢排、避浪、躲风、驱兽、救生、驱邪、求平安。随着航道安全性的提高，放排

[①] 龙海清. 湖南民俗[M]. 兰州：甘肃人民出版社，2003.

工具的改进，航运安全基本有了保证，排教的影响也逐渐弱化起来。

（二）湖北传统村落的宗教信仰

湖北过去属于楚国，在当今的习俗中有不少关于楚人的图腾崇拜的残痕遗迹，还有各种神灵信仰的习俗。它们均存在于民俗事象之中，其中比较重要的介绍如下。

1. 崇凤尊鸡

楚人的先民以凤为图腾，《楚辞》中的大量有关描述和出土的古楚文物就是证明。凤是远古的人们以现实生活中山雉、鸡为雏形，经自己的审美观和想象力所熔铸成的神物。

楚人视凤为先祖祝融的化身，将凤作为民族的象征而尊崇和钟爱。楚人爱鸡崇鸡，又杀鸡吃鸡，并且用它作为祭祀之用。在当代，依然可见上述遗风。楚人认为公鸡早晨啼鸣的时间为阴阳界限，鸡鸣之后，鬼不能在人间出没。人们在宰杀时，却又虔诚地祈祷它再生。湖北各个时期在杀鸡时都要念一首大同小异的歌谣："鸡儿鸡儿，你莫怪。凡家你是一碗菜，今天杀你来客待，明年你再来。"视鸡如人，认为鸡死后可以投胎再生，这显然是楚人古老的图腾观之反映。如今，鸡在祭祀中照例起特殊的作用。各地祭龙舟、点墓穴、打醮都用雄鸡血。鄂东南的大冶、黄冈等做屋祭梁时，离不开雄鸡和鸡血，还伴随《起梁彩文》。

2. 崇火尚赤

崇火尚赤是楚人的基本信仰。楚人源自祝融氏，祝融氏是火神，火焰赤色。祝融氏是掌握火种的人，在祭祀中曾掌管大火以照明。祝融后裔、楚国的始祖熊绎曾为周天子祭祀时守燎。这表明他们和火的关系非同一般，应当说，这些是楚俗崇火尚赤的内在原因。

丹江口市官山一带，各自然村都有一幅火星爷像。他六只手，上执两把宝剑，怀中抱着火葫芦。各家共同组织一个"火星会"，于每年正月初七，即火星爷生日，到供奉他的人家聚会，对之进行隆重的祭祀，然后按顺序迎至另一家，直至第二年的同一天。

直到现在，湖北各地崇火尚赤的习俗尚存。生意好，谓之"红火"；行运发财，叫"走火"（大冶）、"跑火"（武当山）；梦见失火为吉兆，叫"跑天火"；除夕夜，用树蔸子烤火，火要越大越好，越旺越发，意在祈福；新婚之夜，新娘入洞房要跨火盆（大冶）；庙里求来的红布，谓之"菩萨红"（黄冈、黄石）等。夏天男人喜欢穿红色的背心，女孩喜欢穿红色的裙子。这些无疑都是崇火尚赤的遗风。

（三）江西传统村落的宗教信仰

1. 龙虎山道教

道教是我国东汉晚期形成的一种土生土长的宗教，相传为张天师张道陵所创，奉先秦老聃为道教教主和最高天神。道教讲求长生、飞仙，重视神仙、鬼神，从玉皇大帝到阎罗天子，虚构出一整套鬼神谱系。道教源于先秦以来的方士、术士，而且派别很多[1]。

元朝以后，道教演变成两大宗派，即全真道和正一道。前者主

---

[1] 余悦. 江西民俗[M]. 兰州：甘肃人民出版社，2004.

张炼丹飞仙、遵守戒律，不许结婚、不食荤腥。后者主张驱魔、祈福，以天师道为代表，可以结婚，又叫火居道士，俗称方士。道观中的主持者是熟悉经书的道士，应称"高功"。道士又称"黄冠""羽客"，女道士又称"女冠"。

我国的道教圣地很多，西岳华山、北岳恒山、江西龙虎山、山东崂山、湖北武当山、江苏茅山及北京白云观等，都是有名的道教集中地。

龙虎山是天师道的中心机构所在地，已有1000多年的历史，统领着南方的"正一道"。道教把他们借以栖身的风景优美的地方，叫作"洞天福地"，号称"三十六洞天，七十二福地"。龙虎山位于鹰潭市区南郊20千米处，是中国道教发祥地，国家级重点风景名胜区。全区面积200平方千米，素有"神仙所都""人间福地"之誉。龙虎山源远流长的道教文化，独具特色的碧水丹山和历史悠久、出土文物丰富的古崖墓群构成了龙虎山"三绝"。《水浒传》第一回

图 5-14
龙虎山天师府

"张天师祈禳瘟疫，洪太尉误走妖魔"，以生动的文字描写了这里的景色："远观磨断乱云痕，近看平吞明月魄""千峰竞秀，万壑争流。瀑布斜飞，藤萝倒挂"。

龙虎山原名云锦山，东汉中叶，第一代天师张道陵来到这里肇基炼九天神丹，"丹成而龙虎见，因以山名"。之后，张道陵精诚修道，创立了道教，先后获"黄帝九鼎丹书"和"太清丹经"，撰写《老子想尔注》进行解说，并携带弟子入蜀布道，用符水咒法为人治病祛灾，深得人民爱戴。

天师世家承袭 63 代，历经 1900 多年，是我国一姓嗣教时间最长的道派，在百姓中具有广泛的影响，素有北孔（孔子）南张（张天师）之称。至今保留完好的龙虎山上清嗣汉天师府，占地 3 万多平方米，建筑恢宏，尚存古建筑 6000 余平方米，全部雕花镂刻，朱红细漆，古色古香，一派仙气，被历史上许多皇帝赐号"宰相家""大真人府"，历来被尊为道教祖庭。"百神受职之所"的大上清宫，始建于东汉，为祖天师张道陵修道之所，简称上清宫。道教兴盛时期曾建有十大道宫、二十四道观、三十六道院。宫内伏魔殿的镇妖井，就是施耐庵生花妙笔下梁山一百零八将的出处。整个建筑规模宏大，是中国建筑史上一大奇观。

2. 东林寺净土宗

东林寺位于长江南岸，庐山西北麓，在九江至南昌 105 国道旁，北距九江市区 16 千米，西至九江县沙河街 5 千米，海拔 30 米。

东林寺在两汉至六朝时期，皆为柴桑县所辖，属江州。柴桑于隋为湓城，于唐为浔阳，仍属江州。从东晋太元年间慧远法师驻东林寺起至今已历时近 1700 年。寺内文物很多，大唐时期，有

第五章 | 荆楚传统村落的非物质文化景观

图 5-15　东林寺大佛台

准确纪年的文物就有十多件，有些还属于国家一级文物。东林寺是净土宗的祖庭。净土宗是念佛法门，主张念"南无阿弥陀佛"，每日诵经接香，经常举行念佛法会。

东林寺是净土宗祖庭，是汉传佛教第一宗，当年慧远法师创立的白莲社，为佛门第一个社团，属南方最大的僧团，成为中国的第二个佛教中心。东林寺净土宗是佛教在中国民间最重要的宗派，此宗派专教人发愿往生极乐世界清净佛土，故称净土，是佛教中国本土文化的范本，是各宗派中历史最久、信徒最多、流行最广的宗派之一。

二、荆楚传统村落的宗教祭祀活动

历史上,荆楚传统村落没有形成一个相对统一的宗教信仰,而是流行多神崇拜。"万物有灵"观念在传统村落中普遍存在,对自然万物的崇拜也流传至今。

(一)荆楚村落居民的拜物活动

在荆楚地区少数民族村落居民的自然崇拜、图腾崇拜和传统宗教中,雷、电、日、月、星、山、河、树、洞、石、牛、蛇、狗、蛙、龙等物都被视为神灵,甚至被赋予人的性格,如湘西瑶族的青龙王崇拜、瑶族与苗族共同崇拜的盘瓠、土家人四月初八祭牛王等。

在"万物有灵"观念的支配下,荆楚传统村落除了按照风水理论建村立寨之外,还要在村落内、外和门庭、居室供奉神灵,如村落共祭的山神、水神、树神、土地神,居室分祭的火神、灶神、门神等,并赋予各路神祇以特定的职能,从而在传统村落居民的心理上和精神上构成一套安全防卫系统,确保村落平安。同时,作为传统村落建筑中供人祭祀、礼拜的庙宇,用于镇妖降魔的塔、阁等建筑形式,也成为传统村落建筑中的文化景观。

遍布荆楚乡村地区的大大小小的土地庙,每逢社日,四乡各有社稷,以祭土谷之神;"文革"时期,这些土地庙作为"四旧"大部分被捣毁。2007年,湖北省进行第三次文物普查时将土地庙等乡土建筑列入普查对象,终于在团风县贾庙乡水晶坳村发现了建于清嘉庆十年(1805)的目前仍被当地人使用的土地庙。该庙是迄今为止湖北省文物部门已知年代最为久远且仍在使用的土地庙。其庙身由条石垒砌而成，是山石板坡屋顶，平面是梯形，前宽后窄，正面宽度约4米，进深2.32米，通高1.84米。庙前由两根石立柱围成外廊，内置石祭台；庙门上嵌一匾额，上书"太平社"；门右侧嵌功德碑，记载捐资建庙人的姓名及时间；庙中间设方形龛门，内供土地公公及土地婆婆。该土地庙规模较大，保存较完整，对研究湖北民间宗教信仰具有重要的参考价值。

（二）荆楚村落居民的英雄崇拜

人类先民在与大自然的斗争中逐渐意识到应该更多地依靠英雄的力量。当人们将力量汇聚到一个人身上时，这个人就成了"英雄"。英雄崇拜反映了人由膜拜自然发展到逐步依赖自身力量的过程。

荆楚地区少数民族传颂的英雄很多（如土家族的土王、苗族的盘王），各地还分别将传说或史实中的英雄人物奉为本村落的保护神，并在村头或田边的坡岭上修建庙宇，立其神位以祀之。

湘、鄂苗族的英雄崇拜甚至成为统一的节日活动，如"四月八"。"四月八"本是湘西凤凰县落潮乡一个小山头的名称。相传古代有一个叫"亚宜"的苗族首领领导苗族与统治者做斗争。他组织各苗寨头人在现在的"喝血坳"喝鸡血，约定四月八日在四月八山上聚众起义。起义后，义军连连获胜，一直打到四川、贵州。第二年的四月八日，亚宜不幸战死在贵阳市的喷水池附近。此后，苗民为纪念这位英雄，便于每年的四月八日举行纪念活动，追思亚宜的功绩，为战死者扫墓。清乾嘉苗民起义后，统治者禁止湘西苗民举行这一活动。1949年后，经国家民族事务委员会批准，方将"四月八"定为苗族统一的节日——英雄节。每逢这一天，苗民们自动聚集到预定的地点跳鼓舞,还有对山歌、舞花带、上刀梯、钻火圈等活动。

每年的四月,湖北省大冶市殷祖镇一带都要举办一年一次的"土主会",空前热闹。土主会又称"菩萨会""接土主老爷",主要流传于大冶的殷祖镇、刘仁八镇一带200多个村庄,是当地重要的盛典与传统节日,延续了1000多年。据说,土主会主要供奉和祭祀当地一个对外抵御掠夺者、对内扶贫济困的英雄——土主老爷。每年农历二月十八,这一带的村民就把两尊红脸红袍的土主老爷抬下山,绕村庄游一周,三月初三再送上山,历时半个月。奉祀"老爷"的贡品主要是有当地特点的"印子粑",它由稻米、糯米舂成粉后用"粑模"印成,粑面上有花、鸡、鱼、龙、凤、猪、牛、狮子等形象。

（三）荆楚村落祖先崇拜活动

据《春秋》记载,炎帝神农生于湖北省随州市厉山镇的烈山石室。之后,他教百姓耕作,百姓得以丰衣足食;他尝遍百草,百姓得以解除疾病之苦;他削桐为琴、结丝为弦,百姓始闻音乐之声;他削木为弓,百姓得以抵御野兽与外族的入侵;他立历日、分昼夜、定日月,百姓得以日出而作、日落而息……由此,炎帝神农成为中华民族的始祖;亦由此,湖北大地乃至在全国范围形成了拜谒、祭祀始祖炎帝的祖先崇拜活动。

在湖北谷城民间,崇敬始祖神农、祭拜五谷的习俗随处可见。稻、麦成熟时要在田头摆案设祭,收割完毕要围着稻谷击鼓而歌;建房时要在堂屋房梁正中悬挂"神农袋",包裹当年收成最好的作物；评价一女子是否贤惠时常用"茶饭好不好"为标准。

湘、鄂的土家族等少数民族的祖先崇拜尤为隆重，并形成了相应的祭祀舞蹈、神歌等仪式活动。"摆手舞"亦叫"舍巴巴""舍巴日""舍巴骆驼""舍巴格蛩"，即为土家族传统的祭祀舞蹈，具有浓厚的宗教色彩。它是纪念先祖、祈求后代兴旺发达的舞蹈仪式，其舞蹈内容充分反映了土家先民之原始氏族社会生活，流传至今已有1200多年。"梯玛神歌"及其仪式则记述了土家族的起源、繁衍、战争、迁徙、开疆拓土、安居乐业等诸多内容，被誉为土家族的"原始史诗"。

由于"梯玛神歌"及其仪式源于原始巫师祭祀，在其形成与发展过程中融合了天地神人、人间万物、历史事件、生命哲学等内容，深蕴着音乐、舞蹈、文学、语言、民俗、艺术等诸学科，堪称"土家族文化宝库"，有着浓厚的土家族巫师祭祀特色。

湖南郴州地区的祀先之礼主要在祠堂举行。每年清明扫墓时，先在祠堂致祭，扫墓后再回到祠堂吃酒肴，谓之"吃清明酒"。冬至时也是如此，称为"冬至会"。

（四）荆楚村落佛、道崇拜活动

至少从唐代开始，佛教、道教为了扩大自己的影响、争夺信众，纷纷采取各种文艺形式来宣传其教义，使宗教更为通俗化；与此同时，从古代社祭而来的歌舞酬神传统，使佛、道宗教仪式往往带有文艺表演的性质。二者一起，使寺、观的吸引力更大。由于前来参加敬神活动的人很多，无孔不入的商业活动也加入进来，形成一种既娱神也娱人的民间群众活动——庙会。

庙会活动的发展在于通过敬神娱神、歌舞戏剧、商品交易等各种群众性活动来强化传统村落社区内部的凝聚力。村民通过各种组织形式，如以行业、性别、社区等组成行会，由一些村落头面人物出面组织，村民积极参与，在活动中充分展示本村落的政治、经济实力和内部的凝聚力。村落成员无论是在观赏，还是在参与过程中，都能充分体会到一种认同感，感受到自己的身份认同。于是，村民所敬奉和巡游的神就有了特殊的意义。

江汉平原的沿江地带有其完备的信仰系统，除了以家庭为单位的祖先灵位、灶神，以村或组为单位的土地神外，还有当地乡民的信仰中心——殿内供奉着佛、道的各路菩萨和神仙。其中，水官大帝、清江大王、杨泗菩萨是其民间信仰的典型代表，代表了当地乡民祈求长江停止泛滥，保佑渔民、排工人身安全的愿望。

第三节
荆楚传统村落艺术文化

民间艺术是各种民俗活动的形象载体，本身便是复杂纷纭的民俗事象。各种民间艺术都有其自身古老的传承渊源。在社会阶级分化以前，原始的艺术是全民性的艺术。在长期的生产劳动实践中，先民掌握了韵律、节奏、对称、均衡等艺术形式美的规律，产生了艺术审美的形式感。生产劳动是原始艺术最基本的题材和内容，艺术创造活动与生产劳动实践紧密地联系在一起，或者就是生产劳动实践不可或缺的组成部分。物质生产是艺术发生的主要动因。

一、荆楚传统村落的地方戏曲

与市镇相比较，荆楚传统村落的文化娱乐活动要单一得多，但绝非没有，相反颇有地域特色。

（一）湖南传统村落地方戏曲

湖南地方传统戏剧主要有：湘剧、祁剧、花鼓戏、阳戏、皮影戏、湖南枝头木偶戏、平江花灯戏、目连戏、苗戏、侗戏、傩戏"扛菩萨"。曲艺项目主要有：长沙弹词、武冈丝弦、九澳渔鼓、瑶族谈笑、侗族琵琶歌。

1. 湘剧

湘剧是湖南省地方戏曲剧种之一，主要以长沙、湘潭为活动中心，一度被称作"长沙湘剧"，兼唱有高腔、低牌子、昆曲、乱弹四种声腔。湘剧的剧目丰富。大小剧目达 1155 个。其中高、乱声腔的剧目占 98% 以上。湘剧的传统剧目，不少出自宋末南戏、元代杂剧和明清传奇，也有少数系艺人创作和改编的剧目。

湘剧传统剧目中有清代王船山创作的《龙舟会》和杨恩寿创作的《坦园六种曲》，其中《桂枝香》《再来人》两出为清代剧评家吴梅所推崇；《桃花源》《麻滩驿》《理灵坡》三出取材于湖南地方的历史和民间传说，都有一定的社会影响。1949 年后，老艺人和新文艺工作者合作，对湘剧的丰富遗产进行挖掘、整理，上演剧目由200多个增至400多个，并及时抢救了行将失传的剧目320多个。重点加工整理了《拜月记》《追鱼记》《拨火棍》《水牢记》《金丸记》《玉簪记》《黄飞虎反五关》《金沙滩》《六郎斩子》《百花公主》《生死牌》等60多个剧本，其中《拜月记》和《生死牌》被拍摄成舞台艺术片。

2. 湖南皮影戏

湖南皮影戏历史悠久，具有自己独特的艺术风格和地方色彩，尤以童话剧和寓言剧独树一帜，深受广大观众特别是少年儿童的喜爱，众多获奖剧目蜚声国内外，曾被法国《费加罗报》赞为"比金子还要贵重的皮影戏"。湖南皮影戏于2006年被评为国家级非物质文化遗产。代表作有《龟与鹤》《三只老鼠》和《雀之灵》等[①]。

3. 傩戏"杠菩萨"

傩戏"杠菩萨"是流传于怀化会同、洪江、中方等地的一种由巫师行傩艺时演唱的古老傩戏，"杠菩萨"即扮演菩萨，以杨公为河神，构成了独有的巫傩体系。高椅傩戏"杠菩萨"是一种由巫师演唱的古老傩戏。高椅古民居群已被列为国家级文物保护单位，它位于会同县城东北，属于雪峰山的南麓，沅水上游的巫水自村前流过，村子的另三面环山，形同椅状，"高椅"因此而得名。这一带以杨公为河神（沅水中、上游以伏波将军为河神）构成了独有的巫傩体系，山民"凡酬愿，巫神戴假面歌舞"。

---

① 赵玉燕，吴曙光. 湖南民俗文化[M]. 长沙：湖南师范大学出版社，2010.

4. 长沙弹词

湖南曲种流行于湖南湘江、资江流域的长沙、益阳、湘潭、株洲、浏阳等地。长沙弹词源于道情，用方言说唱，也有称长沙弹词为道情的。《坦园文录》记载长沙道情艺人张跛于同治年间演唱情形时说："以鼓板唱道情""惟肖惟妙"。后来有了一人弹月琴，一人以渔鼓简板和小钹击节，二人对唱的"渔鼓道情"。艺人在秋收之后串村说唱，平时在城镇街头卖唱。20世纪20年代中期，长沙艺人周寿云、舒三和等进入茶馆茶社"坐棚"说书。20世纪50年代以后定名为"长沙弹词"。

5. 花鼓戏

花鼓戏是中国戏曲剧种，是各地方小戏花鼓、灯戏的总称。有湖南、湖北、皖北花鼓戏等，以湖南花鼓戏影响较大。花鼓戏源出于民歌，逐渐发展成一旦一丑的初级表演形式。清嘉庆时已有演出，同治初年已出现书生、书童、柳莺、婢女4个角色，演出也具有一定规模[①]。

湖南花鼓戏是湖南各地花鼓戏流派的总称。由于流行地区不同而有长沙花鼓戏、岳阳花鼓戏、衡阳花鼓戏、邵阳花鼓戏、常德花鼓戏、醴陵花鼓戏六个流派之分，各具不同的艺术风格。湖南花鼓戏源自湘南民歌，从一旦一丑演唱发展到"三小"演唱。各地花鼓戏的传统剧目有400多个，音乐曲调300余支。按其结构和音乐风格的不同可分为川调、打锣腔、牌子、小调四类，都有粗犷爽朗、地方色彩浓郁的特点。音乐主要是以极具地方特色的湖南花鼓大筒

---

① 李德复，陈金安. 湖北民俗志[M]. 武汉：湖北人民出版社，2002.

以及唢呐、琵琶、笛子、锣鼓等民族乐器作伴奏。曲调活泼轻快，旋律流畅明快。1949年后，花鼓戏艺术有较大发展，不但整理了如《刘海砍樵》《打鸟》等传统戏，而且创作了《双送粮》《姑嫂忙》《三里湾》等不少现代戏。而《打铜锣》《补锅》《送货路上》《野鸭洲》等已摄制成影片。特别是唱遍大江南北，风靡海内外的湖南花鼓戏名剧《刘海砍樵》，其脍炙人口的"比古调"唱段，深受全国各地的人民群众所喜爱[①]。

（二）湖北传统村落地方戏曲

就戏曲文化而言，湖北传统村落有汉剧、楚剧、黄梅戏、南剧、枝江楠管、湖北大鼓、采花戏、利川灯歌、建始闹灵歌、襄阳花鼓戏等。其中，尤以湖北的汉剧影响最为深远。

1. 汉剧

汉剧距今已有近400年历史，早在清中期即已成熟，无论在皮黄声腔、十大行当还是服饰、伴奏等方面都相当完备。早在清道光三十年（1850）的《汉皋竹枝词》即有这样的描述："曲中反调最凄凉，意是西皮缓二黄，倒板高提平板下，音须圆亮气须长。"提起国粹京剧的起源，人们熟知的是"徽班进京"；实际上，咸丰三年（1853），汉调演员谭志道北上京、津，与徽班领袖余三胜、程长庚一起演出，其过程就是徽、汉两调不断融合、京化，为京都百姓所

---

① 颜春英. 浅谈湖湘民俗文化对湖南花鼓戏的影响：评《非遗保护与湖南花鼓戏研究》[J]. 中国教育学刊，2018（9）：144.

喜爱与接受的过程。因而，著名京剧艺术家程砚秋说："汉调二黄是京剧之祖山。"在北上的汉剧创造中国戏曲史奇迹的同时，南下的汉剧也成功突围。至今，从中原南迁的客家人仍在坚守着这一方舞台，在赣、闽、粤交界地区，移植的汉剧被称为"'外江戏'，且随着客家人迁徙到东南亚及世界各地"①，正在走向世界。

2. 楚剧

楚剧，旧称哦呵腔、黄孝花鼓戏、西路花鼓戏，清代道光年间鄂东流行的哦呵腔与湖北省武汉市黄陂区、孝感市一带的山歌、道情、竹马、高跷及民间说唱等融合，形成一个独立的汉族地方声腔剧种，1926年改称楚剧，距今已有百余年的历史。楚剧主要流行于武汉、孝感、鄂州、黄冈、荆州、咸宁、荆门、宜昌、黄石、随州十地市五十余区县，是湖北地区具有广泛影响的地方剧种。2006年5月20日，楚剧经国务院批准列入第一批国家级非物质文化遗产名录。

3. 黄梅戏

黄梅戏，旧称黄梅调或采茶戏，是中国五大戏曲剧种之一，也是与徽剧、庐剧、泗州戏并列的安徽四大优秀剧种之一。黄梅戏源于湖北、安徽、江西三省交界处黄梅一带的采茶调，清末传入毗邻的安徽省怀宁县等地区，与当地民间艺术结合，并用安庆方言歌唱和念白，逐渐发展为一个新生的戏曲剧种，一度被称为怀腔、皖剧。黄梅戏唱腔淳朴流畅，以明快抒情见长，具有丰富的表现力；表演

---

① 杨童舒. 汉剧表演民俗的文化分析[J]. 戏曲艺术，2014，35（4）：111-116.

质朴细致，以真实活泼著称，成为演绎、传播中国传统文化的重要手段。2006年5月20日，黄梅戏经国务院批准列入第一批国家级非物质文化遗产名录。分布地以安庆为中心，遍及中国。

4. 南剧

南剧，又称南戏、施南调，俗称"高台戏"或"人大戏"，是湖北省恩施土家族苗族自治州的地方戏曲剧种。起源于鄂西容美土司时代，至今已有300多年的历史。南剧唱词多是七字、十字上下句，道白、唱腔多杂有鄂西土家方言土语，风趣幽默，通俗易懂，生活气息浓郁，带有明显的"深山峡谷"之音。主要由南路（似二黄）、北路（似西皮）、上路（梆子腔）三大声腔组成。

南路声腔源于楚剧，与湖南荆河汉戏有渊源关系；北路声腔由"秦腔"的梆子腔衍变而成；上路系弹戏、川梆子。此外还吸收有昆曲、高腔、民间小曲和宗教祭祀音乐的精华，形成一种有地方特色的杂腔。伴奏音乐由锣鼓谱和曲牌音乐组成。锣鼓谱音乐有云板、板鼓、锣、钹等乐器；曲牌音乐由京胡主奏，伴之以唢呐、笛子。2008年6月7日，南剧经国务院批准列入第二批国家级非物质文化遗产名录。

5. 枝江楠管

除汉剧外，湖北各传统村落也多有其地域性的戏曲文化。以湖北省枝江市董市古镇为例，清末民初时期，民间曲艺活动十分频繁，流行着评书、道情、大鼓等多种民间曲艺，但流行时间最长、影响范围最广且颇具特色的曲艺还属枝江楠管。枝江楠管源于江汉平原的沔阳渔鼓。据枝江当地传说，清末有一沔阳渔鼓艺人沿江卖唱，流落于枝江，被董市绅士张金山收留，聘为家师。张素喜汉剧，对沔阳渔鼓兴趣尤浓。他在学会渔鼓演唱技巧之后，逐步将渔鼓改为具有枝江特色的楠管，即保留渔鼓演唱形式，沿用板、筒击节伴奏方式，但用本地方言演唱，并借用汉剧道白程式，再选用戏曲武场的小钹增强伴奏效果。后来，张氏家境衰落，只得携子行艺为生。为了携带方便，张氏又将楠管改为可分可合的两截，平时断开装入包袱，演唱时合而为一。由于楠管演唱形式新颖，且有地方特色，故深受听众喜爱。张氏父子每到一地，观看者络绎不绝，求艺者亦不乏其人。长江南的刘元孝、周发祥、杨得其，长江北的张万栋、文启道、阎广森先后拜其为师，学成后又各自带徒弟。到 20 世纪 80 年代，楠管艺术已传五代，行艺者 120 多人，分布在枝江各村落。2005 年 1 月 7 日上午 8 时 50 分，中央电视台做了《楠管先生》的专访，对董市楠管艺人杨和春作了专题报道，枝江楠管遂为越来越多的村落居民所认识与欣赏。

6. 其他

湖北大鼓，原名"鼓书"，又称"打鼓说书""打鼓京腔"等，是一种流行于孝感、黄冈和武汉一带的汉族说唱艺术。1950 年定名湖北大鼓后，在湖北省内广泛流传。2008 年 6 月 7 日，湖北大鼓经国务院批准列入第二批国家级非物质文化遗产名录。

湖北评书是湖北省的汉族说唱艺术。评书流行于中国北方地区，作为一种独立的说书品种，大约形成于清代初期。湖北评书用湖北方言讲故事。由一人表演，只说不唱，以一块木头为道具，情节每到关键时刻，猛击一下醒木，听众为之一震。湖北评书流布于武汉、沙市、宜昌等长江沿岸城市，与之相近的荆州、孝感、黄冈等地区也有一些艺人从事演出活动。2008年6月7日，湖北评书经国务院批准列入第二批国家级非物质文化遗产名录。

湖北渔鼓，中国湖北曲种。原称沔阳渔鼓，源于道情。湖北曾有麻城渔鼓、长阳渔鼓、襄阳渔鼓、沔阳渔鼓等。自清末以来，多已衰微，唯鄂中的沔阳渔鼓，职业艺人代代相传，并有丰富的传统曲目和唱腔。1952年以后，沔阳渔鼓演唱活动遍及全省，1958年被定名为湖北渔鼓。流传于江汉平原的仙桃、潜江、天门等市。湖北渔鼓是说唱相间的曲艺形式。说的部分有散白、韵白之分。散白叙述故事情节，或模拟人物的声态语气；韵白有叙述及代言两种，讲究抑扬顿挫，伴以云板击节。唱腔曲调主要由沔阳一带的"打麦歌""薅草锣鼓"等民歌曲调脱胎而来[1]。结合当地方言韵调，具有节奏明快、曲调高亢的特点。唱腔结构属于曲牌联套体。

汉川善书，湖北省一种说唱结合的汉族曲艺曲种。自清乾隆年间形成曲艺形式以来，已有200多年的历史，曾盛行于湖北全省、河南开封、四川乐山和湖南大部。至今，唯湖北省汉川市的善书艺人继承并发展了这一曲种，俗称宣讲善书。因艺人常用"未开言来，泪流满面"开场，故民间戏称其为"未开言"。宣讲善书流传于汉川、天门、仙桃、潜江、孝感、黄陂、云梦、安陆一带，其中以汉川最盛，故又有"汉川善书"之称。2006年5月20日，汉川善书经国务院批准列入第一批国家级非物质文化遗产名录。

荆州鼓盆歌，一种非常古老的曲艺形式，源于我国古代丧礼上"扑一个盆子当鼓打，唱歌陪丧家"的民俗活动，故又俗称"丧鼓""丧鼓歌"和"打鼓闹丧"，是在江汉平原的荆州一带流传了

---

[1] 杨胜兴. 荆楚文化圈薅草锣鼓音乐文化层的成因分析[J]. 贵州民族研究，2018，39（9）：73-76.

千百年的汉族民间演唱形式。旧时，鼓盆歌只在老人亡故后才演唱。鼓盆歌只用一只大鼓伴奏，一唱众和，唱腔通俗流畅，极易上口；唱词纯朴通顺，易懂而不俗，以演唱故事为主，演唱曲目浩瀚，文学价值很高；伴奏的鼓点花样繁多，手法多变，鼓声时轻时重，节奏时缓时急，十分特殊，是一种鼓的艺术。鼓盆歌在荆州流传多年，有广泛的群众基础，现还有数个歌班在荆州城区活动[①]。

（三）江西传统村落地方戏曲

1. 弋阳腔

弋阳腔，亦称"弋腔"，俗名"高腔"，是元末明初时宋元南戏流传到江西弋阳一带，与当地语言、民间艺术相融合而产生的。弋阳腔是明代戏曲中的四大声腔之一，形成于江西东部一带。其特点表现为：保留了徒歌与帮腔，出现了滚调，曲牌联套具有民间音乐的灵活性和随意性[②]。

江西弋阳腔，继承着南戏的优秀传统，沿着民间戏曲的发展道路，以其独特的艺术风貌，自成一派。其曲调多半是出于宋人词曲和里巷歌谣，用不同的曲牌连缀成套。它的曲牌来源于两个方面：出自南戏的曲牌有鹧鸪天、皂罗袍、泣颜回、驻云飞、香罗带、红衲袄、山坡羊、步步娇等；出自北曲的有新水令、端正好、点绛唇、寄生草、朝天子、醉太平、快活林、清江引等。它们虽为套曲，但可随心入腔。它的剧目多脱胎于目连戏文，复受话本、小说的影响，

---

① 柯小杰. 湖北民俗：荆楚民间文化大观[M]. 北京：中国电影出版社，2007.
② 余悦. 江西民俗[M]. 兰州：甘肃人民出版社，2004.

并集以家喻户晓的神话传说和历史故事为其题材内容,从而创造了一种连台大戏的演出方法。大戏剧目有:《目连传》《东游记》《西游记》《南游记》《北游记》《封神榜》《许真君》等十二本,每本可以连续演出七天[①]。

2. 赣剧

赣剧是一个兼唱高腔、乱弹、昆腔及其他曲调的多声腔的传统戏曲剧种,所用方言为赣语。其起源和前身为弋阳腔,为著名的古代四大声腔之一。赣剧的弹腔,以二黄、西皮为主,其他还包括秦腔、高拨子、浙调、浦江调和文南词诸腔,其中优美动听的文南词腔调尤受群众的欢迎。

1949年后,艺术进行改革,整理、改编演出了《梁祝姻缘》《还魂记》《窦娥冤》等优秀传统剧目。赣剧的发展对京剧、川剧、湘剧、秦腔等44个剧种的形成产生了巨大影响。2011年5月23日,赣剧经国务院批准列入第三批国家级非物质文化遗产名录。

3. 采茶戏

江西采茶戏是一种古老的汉族戏曲剧种,是江西省各地采茶、花灯等汉族民间歌舞小戏的统称。最初为茶农采茶时所唱的采茶歌,后与汉族民间舞蹈相结合,形成了载歌载舞的采茶灯。每逢灯节或收茶季节,茶农常用这种形式即兴演出以采茶为内容的节目,因以茶篮为道具,亦称"茶篮灯"。后来,内容、唱腔、表演形式不断丰富,逐渐发展成为活跃于广大农村的采茶戏。

---

① 周虹,汪晓万. 弋阳腔与宗教民俗[J]. 四川戏剧,2010(6):81-83.

4. 东河戏

东河戏是在赣州市东河一带高腔的基础上，逐步融合了昆曲、宜黄调、桂剧、安庆剧、弋板、南北调、秧歌调等，发展成拥有高、昆、弹三大声腔较为完整的汉族戏曲剧种。因其形成于赣州东面贡水流域，故称东河戏。东河戏中的乱弹腔首先将自己的观众定位于下层百姓，非常具有地方特色，实际也证明它受到人民的热烈欢迎。2014 年 11 月 11 日，东河戏经国务院批准列入第四批国家级非物质文化遗产名录。

5. 宜黄戏

赣语戏曲之一，发源于宜黄县，迄今已有近 400 年历史，中心流传地区为江西的宜黄、南城、南丰、广昌等县，远及赣东北、赣南、闽西一带。宜黄戏班在明朝就很出名，中国杰出戏剧家汤显祖的剧作《临川四梦》，最初就是由宜黄班演出的，并因此有"宜伶""宜黄子弟"之说。但那时的宜黄班先唱弋阳腔。"弋阳之调绝"，相继兴起的便是徽州、青阳两腔的流行。2006 年 5 月 20 日，宜黄戏经国务院批准列入第一批国家级非物质文化遗产名录。

二、荆楚传统村落的民间文学

（一）湖南传统村落民间文学

湖南民间文学内容十分丰富，形式多样而具有特色，尤其是少数民族的民间文学，更是绚丽多彩。

1. 民族史诗

湖南汉族虽然有不少古民歌（如《疏天记》），描述了古代祖先开天辟地、创造繁衍人类、与自然斗争和艰苦创业的历史，但不够完整，没有形成结构完整的史诗。

而湖南各少数民族几乎都有本民族的完整的大型史诗。苗族史诗有《俫巴俫玛》《古老话》等，《俫巴俫玛》记录了在民族大迁徙旅途中的艰难情形，以及为了反抗恶魔所进行的英勇斗争。故事情节较为完整，语言质朴生动，极其感人。土家族的《摆手歌》是一部结构完整的民族史诗，内容包括人类起源、民族迁徙、农事生产、英雄故事，其中反映人类起源的神话，充满奇特的想象，富有浪漫主义色彩。

与苗族、土家族一样，湖南侗族、瑶族也都有叙述本民族来源、迁徙的古歌和史诗。侗族的史诗《赵源之歌》《开天辟地》《洪水滔天》《破姓开亲》等，想象丰富，具有浓郁的氏族特色，以神话的方式追述了侗族远祖先民的生活及婚姻状况。

瑶族的《盘王歌》，也称《盘古书》《盘王大歌》或《大路歌》，是描述瑶族历史和生活情况的长歌。这些史诗性的古歌，无论规模、影响，还是思想性、艺术性，都可称得上是湖南少数民族古代文学的经典作品。

2. 神话

神话在湖南民间文学中占很重要的地位，它反映了湖南远古先民对自然现象的认识和解释，体现了湖南人敢于战天斗地、征服自然的愿望和勇气。在许多神话传说中，人们对待自然灾害不是消极承受，而是勇敢奋斗、积极抗争。

湖南各民族的神话都说是人创造了世界，人是天地的创造者和主宰。《女娲抟土造人》反映了湖南先民的女性崇拜，汉族说的是女娲抟土造人，土家族说的是衣罗娘娘造人，苗族的传说是《落天女》中的落天女国王吃了7个红色的果子而怀孕生子。

湖南各民族几乎都有洪水神话。汉族神话传说《洪水淹天门》，是因为人类不善良和糟蹋粮食，引起天怒，老天决定发洪水淹没一切打算灭绝人类。伏羲兄妹坐在葫芦中保全了生命，后来兄妹结合，繁衍人类。苗族的洪水神话《阿剖果本》、侗族的《雷王发滔天洪水》、土家族的《罗公罗娘》、瑶族的《洪水的故事》，都是说人与雷公做斗争，雷公虽然威力无比，却斗不过人类。

在物种起源神话中，各族几乎都有狗为人类求得或保存谷种的故事。汉族的《狗渡谷种》、土家族的《狗尾金谷》和苗族的《狗取谷种》等，说的都是上古特大洪水将人类和万物淹没后，狗上天庭为人类求得谷种。白族神话《白族人为何爱狗》则对狗的作用更加肯定，所以白族人特别爱狗。

湖南很多民族都有"射日"的神话，只是射日者或砍日者的姓名、所用工具、当时天上太阳的数量有所不同。

其他神话传说，如氏族神话传说、英雄神话传说，叙述的都是本民族崇敬的始祖、信仰的尊神或崇拜的英雄人物的神奇故事，极具民族特色，如土家族的《巴务相》《八部大神》《大二三神》，苗族的《阿普蚩尤》《欢斗的传说》，都是属于一个民族特有的神话。

3.传说故事

民间传说故事在湖南民间文学中占很大比重。传说故事比神话产生的时代要晚一些，题材更广泛，内容更丰富，情节更生动。传说大致可分为姓氏传说、始祖传说、历史传说、人物传说、山川景物传说、动植物传说和风俗传说等；故事包括幻想故事、爱情故事、生活故事、机智人物故事、动植物故事以及童话、寓言、谜语故事、笑话等。

土家族传说产生甚早，内容甚广，民族特色十分浓厚，它从多个侧面反映了土家族的社会历史、风土民情和民族性格。主要有人物传说《彭公爵主》《向老官人》《田好汉》《计杀吴著》等。土家族英雄人物传说多是"狠人"的传说，这类狠人都出身贫苦、力大无穷、勤劳淳朴、刚直剽悍、敢于反抗，如《科洞毛人》《鲁里嘎巴》《磨炼卡铁》等。

苗族传说故事以起义斗争人物传说故事为多，如《石柳邓的故事》《吴八月的故事》。苗族的习俗传说十分丰富，关于节庆、服饰、居住、饮食、婚丧礼仪、信仰崇拜和禁忌等风俗习惯，几乎都有传说和故事。机智人物故事《谎江山》的系列故事流传甚广，也最为有名。

瑶族传说流传最广的有《长鼓的来历》《千家洞的传说》等，还有许多讴歌英雄人物的传说，如《赵金龙的传说》《雷再浩的传说》等。

4. 歌谣、谚语

湖南人民普遍爱歌、善歌，还会编歌，湖南素有"歌乡"的美称。民间歌谣的种类很多，有祭神的神歌；有反映人们生活和思想感情的情歌、诉苦歌、哭嫁歌；有伴随劳动生产的山歌、猎歌、湖歌、渔歌、号子；有伴随作战的军歌；有进行游戏的盘歌、猜歌、扯白歌、吹牛歌；有母亲和大人哄小孩和孩子们自己唱的儿歌，应有尽有。尤其是各少数民族的民歌,更加丰富多彩,如土家族的"梯玛神歌""摆手歌""哭嫁歌"和"薅草锣鼓"等,都极具特色。侗族地区有"诗的家乡,歌的海洋"之称。著名的作品有《开天辟地》《姜郎姜妹》《秀宁吉妹》等。苗乡是歌的海洋,苗歌伴随着苗家人民的迁徙、繁衍、喜怒哀乐,绵延几千年而不衰。其数量极多,内容包罗万象,形式活泼多样,是苗族民间文学的大宗。苗族有句俗话:"歌即话,话即歌,唱出是歌,说出是话。"在他们看来,唱歌和说话没有多大区别。

湖南民间韵体口承文学,除以上形式的民歌、民谣外,还有大量的童谣、谚语、谜歌等。这类作品大多简短精练,富有趣味性、知识性、哲理性,充分体现了湖南人的聪明睿智,是湖南各族人民生产、生活经验的总结和智慧的结晶。

(二)湖北传统村落民间文学

歇后语、谚语和民谣是湖北民间语言的精华。随着时代的发展,这些幽默诙谐、言简意赅的警句在湖北省内劳动人民中广泛流传。谚语是劳动人民从生活中提炼出来的,用以表述客观规律并能指导生产生活的结论性民间语言,有气象谚语、节令谚语、哲理谚语、家庭谚语、经营活动谚语、养生谚语等。歇后语形象生动,耐人寻味,劳动者使用时轻松自如、脱口而出,别有一番风味。

早在远古时期,楚国先民们就用口头文学作为精神宣泄的手段,在原始思维的支配下创造出了大量与世界源起、人类来历相关的神话故事。战国时代,屈原、宋玉等的《楚辞》汇纳了楚地的民间文学作品,并开始摆脱神的羁绊,发展到对人性的张扬,随之出现了讴歌英雄、赞美劳动人民的传说故事。这些民间创作在长期的历史演变中不断丰富发展，长盛不衰。湖北民间文学形式多样，内容丰富，有神话、民间传说、民间故事、民间叙事诗等。

1. 昭君传说

王昭君是美的化身、和平的使者、民族团结的象征。传说主要流传于湖北省兴山县。其史料散见于《汉书·元帝纪》《后汉书·南匈奴列传》《汉书·西域传》《后汉书·西域传》等诸多典籍。其特点有群众性、传奇性、多样性、传承性，体现出极高的文学价值、历史价值、思想价值、人文价值，其文化内涵符合和谐发展的时代主题。

2. 屈原传说

屈原传说在秭归县境内广泛流传，以乐平里为中心，覆盖归州、周坪、沙镇溪、泄滩等乡镇。据史料记载，晋庾仲雍《荆州记》："秭归县有屈原宅、女嬃庙，捣衣石犹存。"说明屈原传说晋代之前已经流行。该传说题材丰富，以劳动、生活、情感、精神为主要内容，情感浓烈、撼人心魄、神奇浪漫、精神激扬、内涵深邃，具有艺术创作和社会研究价值，它注重渲染民族情、乡情、亲情，使人更热爱人生、热爱社会，有利于促进和谐社会的构建。

3. 黄鹤楼传说

黄鹤楼传说主要流传于武汉市，肇始于南北朝时，最早见于梁任昉的志怪小说《述异记》。萧子显的《南齐书》云："夏口城据黄鹄矶，世传仙人子安乘黄鹄过此上也。"唐宋咏黄鹤楼的诗词中，仅有想象仙灵者，未有实指其名者。其间，"崔颢题诗""李白搁笔"的传说使黄鹤楼声名鹊起。当代除了原有的各种"仙道"传说、名人逸闻，又衍生了一些平民传说，如"黄鹤楼上吃西瓜""黄鹤楼上飞金叶""黄鹤楼上看帆船"等。其文学价值成就了一批诗文名作，其审美价值支撑了一座千古名楼，其社会价值彰显了一座历史名城。

4. 创世史诗《黑暗传》

《黑暗传》在保康县和神农架地区的民间早已盛行。其题材广泛，结构庞杂，内容接近追述人类起源，民间歌师将其用于丧歌场面。1984年神农架地区被发现后，引起了广泛关注。作为广义的汉族史诗，它为文学、史学、民族学研究提供了崭新的素材。

5. 伍家沟故事

伍家沟村是湖北省丹江口市西部山区六里坪镇的一个行政村落，濒临丹江口库区，素有"九沟十八洼，一百单八岔，岔岔有人家"之说。伍家沟故事包括神话、传说、故事、寓言、童话、笑话等六大类。目前，在伍家沟村已经发现民间故事一千多个，民歌千余首。已出版《伍家沟村民间故事集》。在传承民间故事方面，该村与河北耿村齐名，民间文艺界称为"北有耿村，南有伍家沟村"。该村享誉海内外，1995年，联合国教科文组织摄制了该村的有关纪录片，并向全世界发行。

这里的民间故事，一是种类齐全，内容丰富，原生态的作品较多，稀有故事较多。二是具有鲜明的地方色彩。武当山传说、陈世美传说、有关本乡本土的传说等都是当地独有的"土产"。三是积淀深厚，传承久远。四是鲜活的故事生态。至今有人把《林家庄遇鬼》《狐狸精偷鸡》《吃过鸡蛋捏碎壳》等当成实有其事，所以讲述起来格外生动传神，特受群众青睐。

伍家沟故事的价值主要有两点：一是学术价值。民间文学作品朴实、地道、稚拙、原始，地方特色浓郁，民间风貌醉人，具有较高的文艺欣赏价值和文学研究价值。二是实用价值。故事蕴含的思想意识、伦理道德逐渐形成了一个以"忠孝"为本，兼有"慈、爱、惠、悌、和、贞、仁、义、礼、智、信、慎、廉、俭朴、忍辱、宽容、清静无为、力作而食、济人之急、救人之危、矜孤恤寡、敬老怀幼、先人后己、与物无私"等的庞大的文化体系，对维护社会稳定，丰富人民的文化生活，构建和谐社会，功不可没。

此外，还有《董永传说》（孝感市）、《木兰传奇》（武汉市）、《尹吉甫传说》（房县）、《黄香的故事》（云梦县）、《孟宗的故事》（孝昌县）、《钱六姐的故事》（咸宁市）、《炎帝神农的传说》（随州市、神农架）、《女娲传说》（竹山县）、《惟楚有才》（武汉市）、《高山流水》（武汉市）、《都镇湾故事》（长阳县）、《禅宗祖师传说》（黄梅县）等二十多种民间文学。

（三）江西传统村落民间文学

江西山水秀美，物产丰饶，历来人文荟萃，为"文章节义之邦"，民间文学创作自然也从中受益。神话、故事、传说层出不穷，引人入胜；生活中积累的点滴经验也浓缩为简练深刻的各式谚语，留予后人；不同的地域风情，诞生了各具特色的地方小戏、曲艺节目，在村落乡间广为传唱。正是通过这种种形式，江西民间文学逐步发展、繁荣。

1. 民间神话、故事、传说

江西民间神话、故事、传说主要围绕着风景名胜、人物特产、宗教信仰、行业主题、地方风俗和革命斗争六大主题展开。

（1）风景名胜主题。江西钟灵毓秀，风景名胜遍布各地。关于这些奇山异水的来历，不少都可以在民间流传的神话、故事、传说中找到线索。如永丰富溪乡的九峰山脚下有一眼"五味泉"的故事，弋阳龟峰风景区也是峰峰有传说，景景有故事。

（2）人物特产主题。以人物为主的神话、故事、传说，其刻画的人物形象主要有两种：一是有名有姓，确有其人而且多为当地历史上的名人。如元末农民起义时，朱元璋与陈友谅在江西鄱阳湖广阔的水面上，曾有几番恶战。传说《鞋山的由来》便借二人水战的声名，说玉皇大帝与绣花公主各助一方，公主落下的一只绣花鞋挡住了神剑的攻击斩杀，朱元璋得以保全性命，反败为胜，绣花鞋也就变成今日的鞋山。江西人杰地灵，自古英才辈出，于是家乡就流传着许多他们与贪官污吏、豪门恶霸斗智斗勇、维护穷苦乡民的传说。如《邓子龙斗狮》《熊大邦告状》《陈康伯"送礼"》《方志敏捉鬼》等。还有一种情况就是以无详细姓名、历史上无从考证、多半是虚构出来的人物作为传说故事的主人公，如《龙宫洞的传说》。

特产传说介绍的是江西各地特产的来历及其加工制作，因为是传说，听起来趣味盎然。如莲花县炒血鸭和抱石鱼两种特产都有自己的传说故事。

（3）宗教信仰主题。中国土生土长的道教在江西民间极为兴盛，所谓的"洞天福地"神仙居所，在江西大小共18处，因而道教神话、故事、传说在江西尤为丰富多彩。仅以道教名山龙虎山来说，它的一百零八峰、二十四岩、十大景以及大量的名胜古迹，几乎都有着张天师的传说。在这些传说故事中有对天师、神仙道法和无量功德的宣扬。如《许真君擒孽龙》《张天师斗八部鬼帅》《斩龙坑》《印剑石》等。

（4）行业主题。各行各业也都有相应的神话、故事、传说流传，从祖师爷的来历到制作工艺均有涉及。江西陶瓷可作为这方面的代表。代表作有《白土的传说》和《高岭土的传说》。

（5）地方风俗主题。江西各地都有各自世代相传的风俗习惯，关于这些地方风俗的神话、故事、传说也就特别多。

（6）革命斗争主题。革命斗争故事是随着人民战争的进行而出现的新题材。中国革命史上第一个革命根据地就是在江西这片热土孕育成长、发展壮大的。军帮民、民拥军，人民军队与江西老百姓建立了深厚的感情，老百姓把他们的所见所闻编成故事，广为传播。如《闯关送情报》《彭德怀吃腊肉》等。

2. 谚语

谚语是民间集体创造、口头流传、言简意赅并较为定型的艺术语句，是民众丰富智慧和普遍经验的规律性总结。谚语带有哲理性，具有一定的地域性。江西谚语中就经常出现"冒"（没）、"熊"（丑）等方言词语，但从整体上看，江西谚语还是句式整齐、通俗明白的。

种植业的谚语里有人们对各种各样的树木特性的认识，如"桃三李四梨五年"说的就是这些植物从出苗到结果的年限。而这种认识往往和经济利益相联系，人们从经济角度来谈对其的认识，才有了"百万富翁""生财有道不发愁"之说。从另一方面来看,这种对树木价值的认识也激发了人们的环保意识,使他们能较自觉地维护林木资源。

生活谚语是以俗语形式表达的社会经验总和。如"一手难捉两条鱼",说的是凡事难以两全;"田塍关得住水,道理管得住人",也就是常说的"有理走遍天下",认为做人要讲道理;"好人不听狗唆",指不听、不轻易相信闲言闲语;"钟不敲不响,话不说不明""打开天窗说亮话",意为这样更能解决问题;"吃菜念树根,饮水思源头",强调做人不能忘本;"嬉要好伴,住要好邻",说明环境、朋友的重要影响;"朋友不怕多,冤家怕一个",讲交友要慎重;"养儿防老,积谷防饥",这是民间普遍存在的一种生活态度;"富人四季穿衣,穷人衣穿四季",反映了旧社会的不平等现象;"智养千口,力养一人",指出智、力之间的巨大差距,号召人们学习知识;"儿多母苦,盐多菜苦",告诫人们多子并非真多福。

三、荆楚传统村落的民间音乐

(一)湖南传统村落的民间音乐

湖湘自古歌风盛行,江华瑶族自治县有"歌父山",以纪念一位传说中的歌手。在宁远县九索山中埋葬着舜帝时期的一位"歌仙"——方回。屈原的《九歌》更显现了湖湘民歌的丰富和美丽。如今,湖南更是涌现出一批声震中国歌坛的歌唱家,如李谷一、宋祖英、成方圆、张也、陈思思等。

1. 湖南情歌

以湘中地方情歌为代表的"湖南情歌",在湖南民歌中有很大的比重,它悠长、高亢的旋律在全国情歌中占有一席之地。"醴陵情歌"代表了湘东地区民歌特色,在全省曾风靡一时。传统的"孟姜女哭长城""九女牧羊"也很受群众欢迎。

2. 长沙山歌

歌的内容很广泛,按内容分有看牛歌、茶歌、田歌、牧歌、樵歌、船歌、打夯歌、窑歌等。按地区分有长沙山歌、浏阳山歌、常德山歌等。各少数民族均有自己的山歌。

湖南山歌,以长沙山歌为代表,它包括湘中、郴潭、株洲及岳阳部分地区。长沙山歌基本是七字句,四句一段,它最大的特点是可变式为长短句,二四句可以任意使用连词叠句,可独唱,也可对唱,曲调悠扬婉转,高亢抒情。

3. 夜歌

又叫"丧歌""夜歌子",湘南叫"唱好歌",怀化地区叫"领花歌"。夜歌是晚上守灵时唱的歌,既可由专业歌师唱,也可由守灵人和看热闹的人唱;既有现成的本子,也可即兴编唱。夜歌凄婉,很有感染力,歌词大都演唱历史人物,歌唱死者生前种种好事,劝人向上尚善。

4. 潜水船工号子

是以反映船工们苦难生活和战天斗地的劳动场面为主题的一种独特的民间音乐,没有固定的唱本和唱词,也不需要专门从师,全凭先辈口授，代代相传。大多是因地因人即兴而起，脱口而出，比较通俗。一般是拉纤时由一人领唱，众人合唱，气势磅礴，浑厚有力。也有专门唱给船老板和旁观者的号子。

5. 桑植民歌

起源于原始农耕时期的生产劳动，质朴、粗野、风趣、诙谐、奔放，构成了桑植民歌主要的艺术风格。它有山歌、小调、礼仪歌、傩腔等，涵盖了传统民歌的所有曲种。

此外，湖南少数民族众多，其民间传统音乐也颇具特色。如侗族大歌、苗族歌鼓等。

（二）湖北传统村落的民间音乐

1. 兴山围鼓

缘于兴山善男信女结队朝拜武当山的需要，约在清咸丰年间，流传于武当山周边及鄂、豫、陕交界地区的"打火炮"传入了兴山。一百多年来，"打火炮"与兴山民间艺术结合，形成了具有本土特征的"兴山围鼓"。它既保留了北方吹打乐粗犷的气质，又具有南方吹打乐委婉的风格，有别于鄂、川等地的"围鼓"而独树一帜。兴山围鼓传承脉络清晰，现今已历经十多代传人。该乐种广泛应用于民俗的各方面，深受喜爱，颇具影响。20世纪70年代初，兴山围鼓被宜昌地区列为民间艺术"七鼓一曲"之首。

兴山围鼓乐器有鼓、大锣、叶子、马锣、唢呐。音调乐而不荒，广而不宣。曲牌来源于鄂、豫、陕等地的民歌小调、花鼓戏和道乐耍曲，种类丰富，涵盖面广。其价值在于：一是历史较久，文化信息含量大，具有一定的历史、文化研究价值。二是与当地人民生活一刻不可分，极具民俗功能和娱乐价值。三是成为兴山的重要文化品牌，对于文化繁荣、旅游发展和经济建设具有一定的作用。四是与鄂、豫、陕接壤地区的民间音乐存在某些相同的基因，具有文化认同功效，对于弘扬我国传统文化，构建和谐社会起到不可忽视的作用。现今，兴山围鼓出现了后继乏人，珍品曲牌武曲子已散失过半、被遗忘等严峻的局面，且具有丧失传统技艺而全盘现代化的危险，保护迫在眉睫。

2. 宜昌丝竹

也称细乐，是宜昌民间艺术的一朵奇葩，流行于夷陵的鸦鹊岭、龙泉，并辐射毗邻的枝江、当阳等市。其特色为曲调细腻、典雅清新、曲调优美、旋律华丽、板式规范，小调与本地民歌交融汇合成一种特有的风格。其"联曲规律"与"乐曲派生技法"，对民族音乐的创作具有重要的史料价值和学术价值。

3. 枝江民间吹打乐

它是由打击、丝弦、唢呐等乐器结合在一起进行演奏的民间音乐艺术形式，活跃于枝江地区，经过多年的发展演变，已经成为一种普遍实用、极具地域特色的文化风俗。它主要通过民间的婚丧嫁娶以及各种庆典风俗、劳动习俗和岁时节庆活动配合民间舞蹈等音乐形式表现出来。它几经濒危，但在地方政府和文化部门的努力下，得到了较好的传承和保护。基于此，2000年，枝江市被文化部命名为"全国民间艺术之乡""民间吹打乐之乡"。

4. 长阳山歌

主要流布于长阳县，以榔坪、贺家坪等几个土家族聚居区为最。土家先民巴人素以好歌著称。据史载，其在3000多年前就被称为"蛮歌巴舞""下里巴人"；《旧唐书·刘禹锡传》载"贬朗州司马。地居西南夷，士风僻陋，举目殊俗……蛮俗好巫，每淫祠鼓舞，必歌俚辞"；清代著名诗人彭秋潭在《长阳竹枝词》中写道："换工男女上山坡，处处歌声应鼓锣。但汝唱歌莫轻薄，那山听见这山歌。"1998年，《中国民间歌谣集成·长阳卷》整理、出版。长阳山歌积淀了土家人数千年的文化精粹，不仅对研究民族心理结构、文化特征有重要价值，而且具有调整人际关系的功效。

5. 吕家河民歌

该民歌集中于丹江口市吕家河村。它具有鲜明的个性，曲目腔调丰富，风格色彩奇妙，演唱颇具原生态，家族传承和社会传承相互补益。该村已经收集整理民歌5000多首，记录的曲调有70余种，出版了《武当山吕家河村民歌集》《吕家河民歌研究》《南神道探秘》等，对于研究道教文化、秦楚文化、房陵文化、武当山建设具有显著的价值。

此外，荆楚地区的民间音乐还有老河口丝弦（老河口市）、潜江民歌（潜江市）、宜昌堂调（宜昌市）、哆哆咚（监利县）、喜花鼓（建始县）、京山田歌（京山县及周边地区）、马山民歌（以荆州区马山镇为中心）、嘉鱼呜都（嘉鱼县）等20多种民歌。

（三）江西传统村落的民间音乐

传统民歌是江西民间音乐的重要组成部分。江西传统民歌历史悠久、内容广泛、题材丰富、形式多样，是广大劳动人民在日常生活中创作出来，抒发自己的喜怒哀乐，反映自己的思想、情感和愿望的一种艺术形式。它的形成与发展受到自然环境、经济条件、政治斗争、文化教育、历史变迁以及居民的民族构成、语言习俗、风土人情等因素的影响。

依此可将江西民歌大致分为赣中、赣东北、赣西北、赣西、赣南5个民歌区。根据歌唱环境、方式、功能的差异，江西传统民歌又可分为山歌、号子、小调、灯歌、茶歌、情歌、风俗歌、儿歌等几大类。在特殊的革命战争年代，还出现了以革命歌谣为主要内容的新民歌[1]。

四、荆楚传统村落的民族舞蹈

（一）湖南传统村落民族舞蹈

1. 苗族鼓舞

湘西苗族鼓舞产生于苗族祭礼活动中，种类多达几十种，常见的有：花鼓舞、猴儿鼓舞、女子单人鼓舞、男子单人鼓舞、团圆鼓舞。这些鼓舞节奏明快，动作舒展大方，双手交替击鼓，脚轮换跳

---

[1] 龚国光. 赣地艺术民俗建筑[M]. 南昌：江西教育出版社，2008.

跃，全身不停扭摆，气氛浓烈。

2. 湘西土家族茅古斯舞

湘西土家族茅古斯舞是中国最古老的民族舞蹈，中外专家称其是"中国民族舞蹈的最远源头"。湘西茅古斯舞是土家族纪念祖先、开拓荒野、捕鱼狩猎等创世业绩的一种古老舞蹈。汉语多称为"茅古斯"或"茅猎舞"。茅古斯舞产生于土家族祭祀仪式中，是湘西土家族一种古老的舞蹈形式，主要流布在湘西的龙山县、永顺县、保靖县、古丈县。

（二）湖北传统村落民族舞蹈

荆楚地区少数民族众多，且形成了各具地域、民族特色的歌舞形式，如恩施的"扬琴"、利川的"肉连响"、鹤峰的"土家打溜子"等，其中以鄂西土家族的"摆手舞"最为出名，被称为"东方迪斯科"。

1. 摆手舞

摆手舞是鄂西土家族在原始的生产与生活中自编自导的一种全民舞蹈，集音乐、舞蹈、康体、美学、伦理、爱情等多种元素于一体，舞姿粗犷豪迈、苍劲古朴，且节奏鲜明。它表现了土家人的生产、生活、战争、神话传说等内容，蕴含了浓郁的地方特色和巴土风情，与"西兰卡普"并称为"土家族文化艺术之花"。

湘、鄂土家人聚集的传统村落有专门跳摆手舞的地方——摆手堂。位于酉水河畔的湖北省来凤县舍米湖是摆手舞的故乡。每逢新年佳节，土家人吃罢晚饭，就扶老携幼，举着灯笼、火把，撑着五彩锦旗，身着五彩的花被面，涌入摆手堂。①

为了营造热闹的气氛，土家人还要鸣铳放炮，在桂树或松树、柏树上悬挂红灯笼，树下悬一面大锣，放一面大鼓，由一人敲锣打鼓，大家按照锣、鼓的节奏，绕大树跳摆手舞。目前，来凤县在每年的 5 月 24 日都要举办"中国土家摆手舞文化旅游节"，酉水之滨，原野之上，燃起 10 堆熊熊篝火，八方来客插秧、撒种、纺织、射箭，上演万人摆手游行、土家歌舞晚会，呈现"红灯万盏人千叠，一片缠绵摆手歌"的空前盛况，全方位展示土家艺术和摆手文化。

摆手舞的舞蹈动作多是土家生产、生活、征战场面的再现：有表现打猎生活的"赶野猪""拖野鸡尾巴""岩鹰展翅"等，有表现农活的"挖土""撒种""种苞谷"等，有表现日常生活的"打蚊子""打粑粑""擦背"等，有表现出征打仗的"开弓射箭""骑马挥刀"等。②

2. 肉连响

肉连响，是湖北省恩施土家族苗族自治州利川市土生土长的、以独特的肢体表演为主要形式的少数民族地方舞蹈品种，流行在该市的都亭、柏杨、汪营一带，舞蹈主要以手掌击额、肩、脸、臂、肘、腰、腿等部位发出有节奏的响声而得名。"肉连响"以往曾称"肉莲湘"，动作与民间传统舞蹈"打莲湘"相仿。因舞蹈以其肉体碰击发出响声为其突出特色，乡民习惯称之"肉连响"。肉连响舞

---

① 康霁宇. 鄂西南土家族传统村落环境的文化特征[J]. 艺术评论，2018（9）：163-166.
② 李惠芳. 湖北民俗[M]. 兰州：甘肃人民出版社，2003.

蹈动作诙谐、明快，深受群众欢迎，但因表演难度大，动作要求高而使习艺者不多。

肉连响多为男子表演，表演场地不限大小，由于动作和声响关系密切，表演时只穿背心、短裤或者干脆赤膊上阵，既不需要道具，也不需要更多服装，所以极易为大众所接受。它的主要动作有秧歌步、穿掌吸腿跳、颤步绕头转身、双打、十响、七响、四响、三响等十几种。肉连响的表演生动、诙谐、活泼、自由。在动作上，讲究"圆转"，即顺着相击的部位不断改变身体倾斜角度，柔美协调。肉连响虽无唱腔、无伴奏，但口读简谱简短而有特点，艺人根据演唱的需要，加上舌头弹动的声响伴奏，更增添了舞蹈的欢乐气氛。2008年6月7日，肉连响被国务院批准列入第二批国家级非物质文化遗产名录。

3. 撒尔嗬

土家撒尔嗬，汉族称"跳丧"，又叫"打丧鼓"，是土家族民间悼念死者的一种隆重的送葬仪式。撒尔嗬作为清江流域土家人的一种丧仪习俗，它的奇特之处就是丧事当作喜事办。土家人有"人死众家丧，一打丧鼓二帮忙"的说法。四山五岭、左邻右舍的乡亲聚集在孝家堂屋里，在亡人的灵柩前，人们踏着鼓点载歌载舞，场面气氛欢快热烈，通宵达旦[①]。

撒尔嗬的演唱形式是一人执鼓领唱，众和。执鼓者，是有声望的长者，也是能歌善舞的能手，他以鼓点指挥舞蹈，以鼓点变换曲牌。据有关史料记载，"家有亲丧，乡邻来吊，至夜不去，曰伴亡。

---

① 莫正刚，田丹. 对土家族"跳丧"的艺术及民俗解读[J]. 文化学刊，2008（5）：115-119.

于柩旁击鼓，唱俚歌哀词"。这种祭祀歌舞，在古代巴人之后裔土家族的聚居区，世代沿袭，千古不绝。无论哪家死了老人，村民闻讯而至，载歌载舞通宵达旦。这叫"人死众家丧，一打丧鼓二帮忙。打不起豆腐送不起情，跳一夜丧鼓陪亡人"。

撒尔嗬作为一种民族舞蹈，无论是音乐、舞蹈还是歌词内容，都少有悲凄之感，音乐高亢欢快，舞步健美勇武。歌词内容十分广泛，回忆民族起源、讲述民间故事、叙述父母的养育之恩等，歌舞者看到什么就唱什么，想到什么就唱什么。歌词多呈四句七言，四、三式，上下句，也有"五句子"，保持着古代巴歌"竹枝""杨柳"等曲牌格律形式，内容古朴。每唱完一首，最后大家高声合唱一句"跳撒尔嗬喂"，或"解忧愁噢"，粗犷的歌声和明快的曲调扫去了死者家里悲痛凄婉的气氛，人们用欢歌和鼓乐致哀，为死者家人驱散忧愁。跳丧有歌有舞，舞的成分更重。整个舞场均随掌鼓人的鼓点和唱腔随时变换曲牌、节拍和舞姿。当唱到感情交融时，掌鼓者还会绕开鼓座加入舞者行列，时而用鼓槌在鼓上敲击节拍。

另外，还有赶象（宜城市）、耍耍（宣恩县、恩施市）、地盘子（咸丰县）、麻城花挑（麻城市）、拍打舞（通城县）、凤凰灯（十堰市郧阳区）等十几种舞蹈。

（三）江西传统村落民族舞蹈

1. 赣傩

赣傩，又名江西傩，是中国傩的重要组成部分。它以历史久远、形态原始、品类丰富，且自成文化体系而饮誉海内外，被称为研究中国，乃至人类文明发展的"活化石"[①]。赣傩，丰富厚实，始于汉初，两千多年来，傩风不绝。娱神娱人的傩舞，脱胎于古代傩祭，在许多农村较为普遍，尤以南丰、上栗两县为盛，堪称中国傩文化的活化石。据统计，清末至今，南丰县有傩班150多个，不仅留存明代傩神庙，保留古老的傩祭仪式，而且流传传统节目80余个和傩面具百余种2000余只，现有傩艺人2000余名。上栗县自古素有"五里一将军，十里一傩神"之称，现保存明清时期古傩庙20多座，承袭古典傩舞50余折，有古傩面具400余种，面具雕刻艺人20余名。

赣傩较完整地保存了原始的古代傩祭仪式。南丰县石邮村的"跳傩"是中国现今极为罕有的古代傩祭仪式的遗存。除了规模之外，它与《汉书·艺文志》所载汉代宫傩基本方面极为相似。彭泽县老屋湾的"打野猫"充溢着古代乡人傩的意蕴，是一种充满宗教意义的逐疫仪式，这在当今中国傩文化中实属鲜见[②]。

2. 永新盾牌舞

永新地处赣西南，与井冈山、湖南茶陵毗邻，处罗霄山脉中段。盾牌舞就是流传在永新的一种民间舞蹈。

盾牌舞，又称男子群舞藤牌舞、滚挡牌。该舞体现出一种最原始的汉民族凝聚力、团队精神和战斗精神。就艺术价值而言，它集武术、杂耍、舞蹈、音乐于一体，动作粗犷、雄健、彪悍，队形变化奇特、壮美，具有浓郁的汉族文化特色和磅礴的战斗气势，成为

[①] 梅联华. 江西民俗 [M]. 兰州：甘肃人民出版社，2008.
[②] 余悦，吴丽跃. 江西民俗文化叙论 [M]. 北京：光明日报出版社，1995.

江西省汉族文化的典型代表。盾牌舞主要流传在永新的龙源口、烟阁等南片诸乡镇。龙源口镇的南塘村，素有"不练盾牌舞，不是男子汉"之说，绵延至今。2006年5月20日，永新盾牌舞经国务院批准列入第一批国家级非物质文化遗产名录。

中国传统村落
文化抢救与研究
文化区系列

第六章

Chinese Traditional Villages
村落

荆楚传统
村落的保护

随着城乡一体化和乡村振兴的快速推进，中国传统村落逐渐进入了由传统向现代的全面转型阶段。在内部因素和外部驱动力的共同作用下，村落原有的社会风俗、建筑景观、空间格局和生态环境等均发生了不同程度的变化。由于转型模式与发展现状的不协调引发了一系列传统村落人地关系危机，村落人居环境所蕴含的景观基因和文化基因不断遭受"建设性、开发性、旅游性"破坏，面临着特色消失的巨大风险[1]。如何做好保护和活化利用，已成为中国传统村落可持续发展面临的主要问题之一。

第一节
城镇化对荆楚传统村落的冲击

随着我国城市经济的迅猛发展和社会生活的急剧变化，乡村经济发展与乡村文化保护之间的矛盾日渐突出，许多作为中华传统文化根源、物质和精神文化载体的传统村落正在走向灭亡。传统村落是物质文化与非物质文化结合的载体，传统村落的消失不仅代表着物质文化的消失，也代表着非物质文化的流失。近年来，在新型城镇化进程中，部分社会民众缺乏对传统村落的保护意识，再加上缺乏有序规

---

[1] 李伯华，郑始年，窦银娣，等. "双修"视角下传统村落人居环境转型发展模式研究：以湖南省2个典型村为例[J]. 地理科学进展，2019，38（9）：1412-1423.

划，导致传统村落原有风貌与传统村落文化在一定程度上受到破坏[①]。

一、荆楚传统村落的生存环境

荆楚文化融会南北，横贯东西，自成体系。其文化有独特的地域特性，兼容并蓄、神秘浪漫，构成了荆楚文化的鲜明特色。传统村落是在特定历史时期、自然环境条件下形成，聚族而居，以农业为主要经济活动方式的农村聚居地，它记载了丰富宝贵的历史文化信息，保留了大量传统民俗生活形态，具有深刻的文化特色背景，存在多种古文化遗产，还拥有得天独厚的自然景观，是一种古老、独特、封闭、完整而又脆弱的文化资源。其以极高的生态价值、历史文化价值、审美价值和科研价值，引起了业界和学术界的广泛关注。然而，作为一种特殊的公共资源，传统村落在保护与利用中也存在着"公地悲剧"的问题。在经济利益和社会利益的驱动下，管理者、经营者、使用者和所有者等既得利益集团之间互相博弈，这种博弈带来的后果就是对公共资源的无限制使用和环境的恶化。

（一）传统村落格局和风貌被破坏

由于快速城市化，城市建设急剧扩张，许多城市边缘地带的传统村落被纳入了城市发展的范围内，地方政府盲目追求城镇化速度，

[①] 蒲茂林. 新型城镇化进程中传统村落保护规划的反思与优化[J]. 建材与装饰，2019（27）：117-118.

拆并村庄，强制农民上楼居住，建设大规模集中居住区，导致传统村落的消亡速度惊人。

另一方面，荆楚地区属于长江中下游，许多传统建筑属于木制结构，长期受到风雨侵蚀和战祸等的影响，房屋年久失修，存在着漏水、地面潮湿等诸多问题。村民为了改善自身居住条件，选择在原有宅基地的基础上拆旧建新，造成村落中新老建筑穿插交替，严重影响了村落的整体景观。人为地建设性破坏是造成传统村落历史建筑被损毁的最主要原因。

图6-1　湖北省咸宁市通山县江源村曾经的风貌、村民新修的楼房

图6-2　湖北省大冶市金湖街道上冯村被毁坏的古民居

（二）公共基础设施和服务供给短缺

在地理位置较为偏僻落后的荆楚地区，一些传统村落保存了丰富的历史建筑和较为完整的村落格局。同时这些村落普遍存在供水、排水、供电、消防等基础设施落后的问题。政府在历史建筑的保护和修葺方面投入了大量的资金，却在公共基础设施的建设和公共服务的供给方面支持甚少。

一些村落内的供电线路裸露在外、架空铺设；历史建筑内缺乏消防设施，存在安全隐患；自来水的供应与生活污水的排放也存在较大问题，不能满足居民现代生活的需要。部分村落公共服务设施严重缺乏，如商业设施普遍空间狭小，面貌陈旧；文化、体育设施缺乏，缺少休闲娱乐的处所；养老机构条件简陋，服务不配套；村落内教育、医疗资源稀缺，教学设施落后，师资力量薄弱，教师队伍不稳定，村落的基本医疗服务和公共卫生条件较差；等等。传统村落的给水排水、道路交通、环卫等生活配套公共设施问题突出，非常有必要进行现代适应性改造[①]。

（三）村落生态环境遭到破坏

荆楚地区传统村落的生态环境主要受到村民生活污染、旅游开发、经济发展和外来文化冲击等的影响而遭到破坏。

首先，荆楚地区多山多水、河网密布，传统村落大多依山傍水而建，一些村落里挖有水塘，供村民日常洗菜、清洗衣物之用。由

---

① 袁祺. 湘西传统村落生活配套设施的现代适应性改造研究[J]. 智能城市，2019，5（14）：69-70.

于村民没有形成良好的保护意识，对村落内的公共水塘无节制不科学地使用，以及村民长期使用的肥皂、洗涤剂等皆含有害化学物质，导致村落的公共水资源被污染。有些村民甚至随意排放生活污水和丢弃废弃物，致使村落的生态环境问题日益严峻。

其次，有些传统村落发展旅游业后，相关企业为了追求高利润，不加限制地接待游客，超负荷的游客进入传统村落，由于没有相应或足够的旅游基础设施与之配套，使得村落公共环境遭到严重的威胁。

图 6-3 湖南省郴州市永兴县高亭司镇板梁古村水体现状

再次，经济的发展、人口的增长，促使村落规模不断向外延伸，侵占山体、林地；城乡一体化建设步伐加快，城市大规模的发展扩张，带来的新事物也改变了村落环境，如郴州板梁古村旁的武广高铁线、阳山古村旁的夏蓉高速公路等，彻底打破了古村外环境的格局。

最后，新农村建设、城乡一体化进程、现代化的生活，给村落带来了现代化的建筑、现代化的产品、现代化的生活习惯。因为缺少统一的规划，于是在村落中出现了新、旧建筑的混合，在古民居的外墙上出现了太阳能、空调等不太协调的现代化产品。古村落包含了"乡土民居、原生态环境、传统文化"，如果一些现代化产品掺杂其中，会显得格格不入，同时也破坏其传统风貌，改变其原有的自然生态格局，会严重破坏其农耕文化内涵。

（四）村落民俗文化流失

传统村落在相对封闭的社会文化环境条件下，保持了传统文化的延续性和完整性，使得村落内的传统民俗和手工技艺能够代代相传，经久不衰。然而，近年来，随着城镇化的快速推进和传统村落旅游业的逐渐兴起，传统村落内的社会文化环境发生了较大的改变。一方面，村落居民在大量接触外来文化后，对于传统文化和技艺的传承逐渐失去了兴趣，造成文化传承面临断代的威胁。另一方面，在新型城镇建设过程中，民俗文化往往被作为经济符号加以利用[①]，

[①] 林继富，谭萌. 新型城镇化与民俗文化的传续与创造[J]. 华南师范大学学报（社会科学版），2019（1）：12-16.

有的村民为了迎合游客的需求，将一年一度的民俗活动变成了日常表演，使得原本具有传承意义和纪念价值的传统文化成为游客眼中的消费品，旅游中的民俗文化不仅没有很好地体现出当地民俗文化的生活性、特殊性和多样性，反而失去了原有的价值和意义。

另外，人口的迁移使得原本由亲缘、地缘、宗族等组成的传统社会关系网络遭到减弱。荆楚地区很多村落都是以宗族、血缘关系为纽带的聚落，人口的外流使得村落的社会关系网弱化，传统村落得以延续至今的文化纽带也逐渐消失。

二、荆楚传统村落的发展现状与趋势

（一）现状及分析

荆楚地区传统村落正处于迅速衰败的进程中，"空心化""老龄化""现代化"等现象十分严重。"空心化"（空巢化）正加速传统村落的衰败，大量农村人口外流，年代久远老旧的传统村落民居，无人居住，更无人修护照看，很难留存，逐渐走向自破自灭；此外，现代化发展进程的加快对传统村落也是致命危害。传统村落及其承载的文化表现为村落经济、村落社会、村落文化、村落人口、村落建筑和土地等因素。村落作为中国几千年来农业文明和传统文明的载体，这些因素的变迁就是传统村落的变迁，它们的消失就是对村落的最大肢解。以下从经济来源、社会距离、文化变迁和其他因素来分析荆楚地区传统村落的衰败原因和现状。

1. 经济来源

荆楚地区传统村落的村民从以务农为主到以务工为主。改革开放以来，经济建设成为农村发展轴心线。随着各地城市建设需要和经济快速发展，大量农村剩余劳动力成批次涌入城镇，"民工潮"悄然兴起。进城务工人员不断改变着农村的面貌，村落经济活动以务农为主向以务工为主转变。务工收入比例反超务农收入，占主导地位。该地区农村经济活动渐趋多元，务工、经商、养殖等已取代传统农业的主导地位，传统村落地区农业经济走向衰退。

2. 社会距离

传统村落中村民都共同生活在一个紧密的交际圈中，人与人之间接触频繁。随着农村经济市场化和工业化、城镇化的纵深推进，乡土中国正由"全耕社会"向"半耕社会"演进，转型期的农村经济社会形态和结构及人们的社会心理和价值观念正在发生深刻而复杂的变化。传统村落中村民之间的距离从以往的熟人社会走向现在的陌生人社会。

随着大量农民进城务工，村落原本生产生活瓦解，空巢化严重，并逐渐从"空巢"演变到"弃巢"。村落以青壮年外出务工为主，妇女、老人和孩子留守在家；村落人际关系变化显著，邻里关系淡薄，在日常交往中经济关系逐渐增强。在荆楚许多农村中，村民之间交流少、见面生疏，过去的互相帮工活动已基本消失，以雇工为主。农村人际关系失去了原有的生机和活力，人际关系的传统差序格局淡化。家庭联产承包责任制的实施，使村民呈现原子化状态，家族组织功能弱化，家族成员之间人际关系疏远，传统的家庭组织形式和功能发生变化，渐渐失去维系和整合功能，农村传统的

图 6-4　湖南省怀化市辰溪县五宝田村老人、小孩和狗

社会关系资本和村落传统的社会价值随着城镇化对村落的影响逐渐消失。

3. 文化变迁

荆楚地区传统村落的传统民俗文化正在经历从淡忘走向消失的过程。随着城镇化的推进和外出务工人员的增多，村落文化也发生了较大变化。荆楚村落正面临前所未有的文化撞击，以农耕文明为基础的乡村文化开始出现由传统向现代的文化变迁。在湖南、湖北等地，随着外出务工增多，大多数村民既掌握基本的方言，也能熟练运用普通话。传统娱乐方式如唱大戏、放电影等逐渐被电视、手机、电脑等替代。而传统节日和婚丧嫁娶仪式亦渐渐变得简单，传统礼节已在实践中省去，受市场化影响显著，部分地区铺张攀比现象严重。在国家政策引导下，传统丧葬礼俗程序日益简化，火葬代替土葬。伴随市场经济的影响，传统节日渐渐淡化，村民对传统节日兴趣逐渐变弱。现代化触角已深入传统的方方面面，村民的传统观念发生了巨大的变化。

4. 其他因素

传统村庄的人口年龄、性别、知识结构发生变化。农村老龄化现象越来越明显，村落中文盲比例变小，文化程度越来越高，部分农民到城镇落户，或者因外出求学、婚嫁等改变农村户籍。随着农民收入的增加，传统村落大面积旧房屋改造翻新，农民盖房选址逐渐靠近公路，搬离村落，造成了村中心的衰落，农民外出务工、在县城置房进一步加剧了农村空心化的趋势。村中具有特色的宗祠、寺庙等逐渐衰败，只有少数稍有整修，祭拜活动减少。土地、村落双双被整合。随着新农村建设浪潮的推进，小型自然村逐渐萎缩，大面积的土地被占用，村落面临或即将面临合并的境况。

综上所述，传统村落空间环境面临整体性衰败的主要原因在于生产力发展对于交通的依赖性给村落带来外部压力，使得村落发展逐渐落后于交通发达地区的城镇；在于社会变迁过程中传统封建社会大家庭瓦解所带来的根本冲击；也在于乡村社会生活组织方式和社会结构变迁带来的影响；以及在于人们在追求现代生活质量目标下对于传统生活方式的离弃[1]。

---

[1] 杨贵庆，戴庭曦，王祯，等. 社会变迁视角下历史文化村落再生的若干思考[J]. 城市规划学刊，2016（3）：45-54.

（二）发展趋势

1. 加速消亡

传统村落是不可再生的文化遗产，是历史的"活化石"。随着现代化建设、乡村城镇化、郊区城镇化、新农村建设、乡村旅游开发、城乡统筹发展等的快速推进，荆楚传统村落的开发和保护面临着建设性、旅游性和快速开发性的破坏和挑战，甚至面临重要历史文化遗产和自然资源濒临消亡的困境。根据历年统计年鉴数据显示，我国城镇化水平已经从1978年的17.92%提高到2016年的57.35%，年均增长1.04个百分点，城镇化率逐年提高，自1994年以来，进入快速发展阶段。

如果城镇化继续保持此速率，而不采取其他措施，全国村落将在147年后完全消失。城乡融合是社会发展的大势所趋，亦是社会发展的必由之路。而在现阶段城乡共存发展阶段，乡村社会急剧消亡却是一种拿中华文明之"根"换取现代文明"外衣"的买椟还珠的行为。村落是我们农耕生活遥远的源头与根据地，然而，作为传统农村生产生活方式的载体，作为传统农业文明和农村文化载体，村落正在大批消亡。在过去五年，我国每天有近20个自然村消失，它显示着村落消亡不可阻挡的迅猛趋势。

我国目前正步入快速城镇化时期。城镇化是人类由农业人口占主要比重的传统文明向以非农业人口占主要比重的现代文明转变的历史过程，是两种文明碰撞交接的磨合期，也是从农业社会步入工业社会，由农村为主的社会转向以城镇为主的社会形态的转变历程。总体来看，与我国传统村落发展趋势一样，荆楚地区传统村落的数量呈现下降趋势，伴随着城镇化进程的加快，消逝速度不断加快。

据新华每日电讯（2013-02-12）报道，纳入中国村落文化研究中心考察范围的湖南传统村落 2002 年有 2797 个，到 2012 年只剩下 863 个，大约每 2 天消失 1 个。湖北省也不例外，据湖北省民政厅统计，2002 年至 2012 年，该省自然村由 15.51 万个减至 14.82 万个，约每天消失 2 个自然村，其中包含大量传统村落。

2. 建设同质化

在城镇化和现代生活的冲击下，当代的传统村落正在逐渐消失，同时村庄发展同质化的问题日渐突出。村落不但失去了原有的文化特色，而且缺乏可持续发展的动力和源泉。

"宽马路，排排房，张村李村差不多，东乡西乡一个样……"这是目前在农村流行的顺口溜。尽管有些戏谑成分，但从一个侧面反映了村镇规划建设中存在的问题。在荆楚地区，有些传统村落在进行新农村建设的过程中，将城市规划建设方式简单地套用到了乡村规划建设上来，建成的新村被规划得整齐划一，流淌了多年的小河被改了道；生长了数年的大树被挖出来，换上"城市风景树"，翠绿的竹林变成了人工绿化带；老宅院因不够新潮被拆除，古朴的青石小路改成宽阔的柏油大道；碧草如茵的绿地被浇上水泥建成休闲广场。在大拆大建的推土机下，原本风土人情味浓郁的乡村瞬时变得城不像城，村不像村。

3. 重视开发与保护

在旅游业和文化产业大力发展的今天，对传统村落的开发成为一种潮流，一些传统村落的开发使得其获得知名度和美誉度的同时，增加了传统村落居民的收入，带动了当地的经济发展，同时反哺了传统村落的保护。但是，城镇化进程中消失的传统村落及市场经济条件下大力开发产生质变的传统村落，其良性发展问题重重、阻碍多多，城镇化和市场化大背景下传统村落的发展面临巨大挑战。传统村落保护与开发存在问题的同时，当下复杂的社会环境某种程度上成为传统村落保护与开发存在问题无法有效解决的困境，而这些发展困境在某种程度上加剧了传统村落保护与开发中问题与矛盾的滋生和生长。

4. 传统村落的再生

当前传统村落再生具有其历史必然性，其原因在于在国家层面所构建的新型城镇化规划和城乡统筹可持续发展的宏观政策框架，在于生产力发展因互联网等迅猛发展带来对于交通依赖方式的重大转变，也在于"大城市病"催生了人们对于生态优越、乡村田园牧歌式环境的向往，还在于现代价值观念和生活方式多元化带来的居住和就业地点的新选择[①]。

首先，国家层面把保护和传承传统村落的工作提升到生态文明的新高度，《国家新型城镇化规划2014—2020年》指出，"适应农村人口转移和村庄变化的新形势，科学编制县域村镇体系规划和镇、乡、村庄规划，建设各具特色的美丽乡村"，同时指出"在提升自然村落功能基础上，保持乡村风貌、民族文化和地域文化特色，保护有历史、艺术、科学价值的传统村落、少数民族特色村寨和民居"[②]。

其次，当今生产力发展进入了互联网的新时代，过去受制于区

---

① 杨贵庆，戴庭曦，王祯，等. 社会变迁视角下历史文化村落再生的若干思考[J]. 城市规划学刊，2016（3）：45-54.
② 仇保兴. 中国古村落的价值、保护与发展对策[J]. 住宅产业，2017（12）：8-14.

位交通劣势条件的传统村落获得了新生的历史性机遇[①]。这是因为，互联网络、个人电脑、Wi-Fi、远程视频等一系列现代通信工具的发明创造，使得人们工作内容和工作岗位所处的地理位置获得了从空间分离的可能性。

再次，大城市发展过程中集聚了越来越多的"城市病"。大城市的人口过度拥挤，给住房、交通、公共设施和基础设施带来巨大压力；大气污染、水污染、固体废物污染等严重的环境污染，造成市民健康受到影响，直接或间接导致各种身体疾病，降低了人们的生活品质和幸福指数。此外，在快节奏的大城市生活环境中，人们并不具有充分的安全感，承受城市灾害威胁的忧虑，再加上人情冷漠，贫富差距拉大，社会矛盾冲突增加，快节奏的生活方式，市场机制下的激烈竞争，复杂的社会交往关系，以及在视觉上"混凝土森林"景象等工作和生活环境，给人们心理上带来巨大压力，深刻影响着当今大都市人际交往的模式和精神生活。

最后，现代价值观念和生活方式将影响一批城市年轻人到乡村创业和定居，乡村田园牧歌式环境的图景，传统村落环境积淀的深厚历史文化内涵，也将吸引更多年轻人到传统村落环境中创业和定居。只要对传统村落的物质环境适当加以改造，就能够满足多样的创意活动需要。一批城市中的年轻人，已经不满足城市较为封闭的空间限制，结成"青年创客"联盟等形式到乡村环境中释放自由的创造心灵，这对于传统村落的再生是一个较好的机遇。只要村落老旧住宅建筑内部配备必要的卫生洗浴等基础设施，对建筑结构予以

---

① 杨贵庆，关中美. 基于生产力生产关系理论的乡村空间布局优化[J]. 西部人居环境学刊，2018，33（1）：1-6.

安全加固等环境改造,在互联网Wi-Fi环境中,就能够满足诸如各种艺术设计、手工制作等小规模的创意生活。传统村落特有的历史人文积淀和自然山水环境,更能够激发此类创意设计的灵感,这也将赋予乡村旅游以新的内容。青年创客与游客产生互动,有助于青年创客的创意设计作品受到更多游客的青睐。另一方面,现代价值观念和生活方式也将会影响一批进城务工人员返乡创业和居住。乡村青壮年劳动力"背井离乡"到城市打工,由于各种原因,他们中的多数人从事较为繁重的体力劳动或危险并且低收入的工作,在城市中也难以找到身份认同。而且,当前城市公共服务体制环境难以做到教育、医疗等重要公共服务的均等化。更为深层次的代价是,务工人员远离家乡无法满足对于家人照顾和亲情交流的需求,他们中的一些人不乏有志向且具有一定教育水平和创业能力的年轻人,只是他们苦于在家乡找不到合适的创业致富机会,如果传统村落能够再生发展,将为他们创业提供良机,实现人生梦想。此外,有些在外打拼多年的年轻人,他们已经具备了一定的积蓄和技能,正处于选择长期定居于城市还是返回家乡生活的两难考虑中。如果传统村落有了一些源于当地年轻人的返归,那么对于村落再生和可持续发展,他们无疑是一支重要的生力军[①]。

[①] 杨贵庆,戴庭曦,王祯,等.社会变迁视角下历史文化村落再生的若干思考[J].城市规划学刊,2016(3):45-54.

第二节
荆楚传统村落的保护现状

传统村落作为一类特殊的文化遗产，对其进行保护是树立文化自信和建设生态文明的重要途径，也是乡村振兴的重要方面①。传统村落本身包含着丰富的经济、社会、文化及科学研究价值，是当代的一笔宝贵遗产。然而，长期以来重经济轻文化的发展倾向，致使整个社会呈现"经济巨人，文化短腿"现象，急功近利的城镇化建设更使农村传统文化雪上加霜，诸多承载着优秀文化遗产的传统村落在城市向乡村的拓展中不断消逝，附着在其上的异彩纷呈的传统文化精髓也一并成为历史的记忆。因此，面对传统村落及其文化在城镇化进程中令人担忧的生存现状，要调整城镇发展战略，改变"重经济，轻文化""追现代，丢传统"的发展现状，做好传统村落及其文化的保护与传承。

一、荆楚传统村落的保护方式与措施

《乡村振兴战略规划（2018—2022年）》从国家顶层设计层面确立了"分类推进乡村振兴"和"弘扬中华优秀传统文化"的行动

---

① 高翔，李建军. 传统村落保护：实践困境与制度缺陷[J]. 华南农业大学学报（社会科学版），2019，18（5）：130-140.

指南和总体部署要求。村落既是国家实施乡村振兴战略的重要细胞和空间单元，也是留得住乡愁，凝结独特乡村情结的特殊地理空间载体、深厚文化土壤和文化情感归属所在[①]。村落塑造了传统文化的强大基因库，"特色保护类"村落更是彰显和传承中华优秀传统文化的重要载体[②]。

（一）村落保护方式的多维探索

20世纪80年代国内学术界提出"古村落保护"的概念，在乡村振兴战略背景下，美丽乡村建设、传统村落开发与保护、重建等在全国各地蓬勃展开[③]。随着国家、社会层面对传统村落生存现状的关注，荆楚地区村落保护工作已有起步，并采取了一系列卓有成效的措施。

1. 法制化保护

当前，传统村落及其文化生存现状已经引起国家层面、各级政府的重视，相关法律法规逐步出台。1982年11月，国家颁布了《中华人民共和国文物保护法》，这是首部涉及古村风貌保护的权威性法律。2012年4月，住房城乡建设部、文化部、国家文物局、财政部联合启动了中国传统村落调查，并把盘查家底列为首要工作，随即成立了由建筑学、民俗学、城乡规划学、艺术学、文化遗产学、

---

① 张浩龙，陈静，周春山. 中国传统村落研究评述与展望[J]. 城市规划，2017，41（4）：74-80.
② 张晓燕，周军，王华兴，等. 特色保护类村落旅游业助推文化振兴的困局与实现路径：基于兴山昭君村的观察[J]. 三峡大学学报（人文社会科学版），2019，41（5）：35-39.
③ 刘东峰. 乡村振兴战略视域下传统村落内生动力的激活：基于记忆空间设计的视角[J]. 山东大学学报（哲学社会科学版），2019（5）：127-134.

人类学等专家组成的专家委员会，评审《中国传统村落名录》，在此过程中将原来习惯称呼的"古村落"改名为"传统村落"，进入名录的传统村落都将作为今后保护的重点。而在地方层面，个案性的尝试和自发的努力也已初见成效。如今，湖北省已构建"法律—行政法规—部门规章—地方性法规—地方规章"五位一体的传统村落法制化管理体系。此外，江西、湖南等省也在法规制度建设上有较大进展，开始重视传统村落及其文化的保护①。全国首部传统村落保护省级地方性法规——《江西省传统村落保护条例》，于2016年12月1日起正式实施。通过立法方式，明确传统村落保护资金来源、保护责任主体等，加大对传统村落保护投入和扶持，统筹保护发展规划编制、人居环境改善、传统建筑保护等工作。同时，明确传统建筑的认定条件、保护要求、利用措施等，杜绝一些传统建筑被随意拆除、私自倒卖或偷盗流失的现象。

2. 村旅结合式保护

1964年3月，中共中央批转中央外事小组拟定的《关于开展我国旅游事业的请示报告》，这份报告主张"大力发展旅游事业"，建议"有选择地整理恢复一些古迹"，在偏僻的山川名胜建一些"砖木结构的招待所"，再增加一些交通工具，制造一些纪念品和工艺品，以吸引外国旅游者来华旅游②。

传统村落不仅是"文保单位"，而且是农民生产生活的地方，还是社会构成的最基层单位即农村社区，因此，村民的生活改善与

---

① 施瑛，潘莹. 江西传统聚落的保护与利用研究[J]. 农业考古，2010（3）：213-215.
② 刘东峰. 乡村振兴战略视域下传统村落内生动力的激活：基于记忆空间设计的视角[J]. 山东大学学报（哲学社会科学版），2019（5）：127-134.

村落的发展休戚与共，故传统村落的保护不是违背社会发展的完全"复古式"的保护，而是兼顾传统文化传承与村落经济发展的保护。村落仍保有古老、人文、诗意的环境，村民仍生活在其中，利用村落传统文化进行旅游开发，实现经济发展与传统文化保护的协调一致。村落旅游在整合乡村优质发展资源、提升乡村发展层次等方面发挥着巨大的作用，也是推动新时代乡村振兴战略有效实施的关键着力点和重要经济形态[①]。一方面旅游开发吸引投资，对改善古村落的基础设施和环境卫生状况提供支撑，使古村落风貌更加整洁、和谐、美观；另一方面，通过旅游开发刺激的经济效益，激发村民对古建筑、传统文化的保护意识，增强村民对本村传统文化的自豪感，从而也有利于村落社区公共文化空间的营造，促进村落治理。

湖南郴州小埠村，企业参与并进行大量投资，对村落进行了重新规划，将居住区、旅游区、服务区、公共区进行整合；将原有破旧的古民居建筑按照湘南民居的建筑特色进行修缮，并且新建了大量的湘南民居式建筑；结合商业楼盘的开发，对小埠村进行大力宣传，吸引游客，使古村的客流量有了保证，村民的收入也有明显提高，进而参与到古村的整体保护与开发项目中。

3. 多重主体共谋式保护

传统村落的保护与发展并非完全意义上的"自力更生"，实现传统村落及其文化的有效保护，应在当地村民主导，政府、研究单位、民间组织、市场力量、个体志愿者等共同参与下，延续历史记

[①] 张晓燕，周军，王华兴，等. 特色保护类村落旅游业助推文化振兴的困局与实现路径：基于兴山昭君村的观察[J]. 三峡大学学报（人文社会科学版），2019，41（5）：35-39.

图 6-5　湖南省郴州市北湖区保和镇小埠村

忆，挖掘地方特色。既要防止其过度商业化、庸俗化，也要致力于自身转型和造血功能的提升，努力编织出传统村落更加美好的未来[①]。

实现对传统村落及其文化的有效保护，需要发挥政府、研究单位、民间组织、市场力量、个体志愿者等的作用。一些地方政府逐渐认识到传统村落保护的价值和潜在收益，提出文化领先的发展策略，积极发展文化产业，进行传统文化保护与开发。例如，湖北省部分地方政府就通过召开座谈会、开展学术活动、调

---

① 祁双，石磊. 全面助力传统村落的保护与振兴[J]. 人民论坛，2019（23）：76-77.

研采风、发布课题、项目招标等多种方式，把民间文化传人、文化人、专家学者、文艺创作者、企业老板团结起来，为传统村落保护与民间文化的传承、创新献计出力。此外，一些大学科研单位与热心传统文化保护的社会团体开展合作，召开各种形式的古村落保护研讨会，建设相关网站、论坛等。不少志愿者深入典型、濒危古村落进行抢救性考察和记录，积极参与村落保护。

（二）村落保护借鉴性方案

1. 博物馆式保护

它是一种以村寨社区为单位，没有围墙的"活体博物馆"，强调保护和保存文化遗产的真实性、完整性和原生性。目前的探索方案，如湖北省利川市谋道镇鱼木村、十堰市竹溪县中峰镇甘家岭村等建立新城，老城让原住居民继续生活，可以经营，也可以租给别人，这就是一个生活场景的打造；或者原有传统村落保持不变，在旁边建设居住生活的新区，这样传统村落的原汁原味就保持下来了。

江西省对传统村落最好的保护就是"活态"保护，在保护的同时继续发挥村落的原有功能，增强村落"造血"能力[①]。更加注重村落资源的合理利用及居民合法权益的保障，传统村落所在地的各级政府要改善传统村落的基础设施、人居环境，提高村民的生活质量，把村民留住；鼓励传统村落发展乡村旅游、民宿、传统作坊等产业，促进居民就业，增加居民收入；鼓励传统村落的居民以其所有的传

---

① 傅安平，张杰. 江西省非物质文化遗产资源现状分析与保护利用[J]. 南方文物，2017（3）：273-277.

统建筑、房屋、资金等入股参与传统村落的保护、开发和利用，传统建筑所有人可以约定获得合理的收益分成①。

2. 街区及院落保护

对于成一定规模并具有历史文化价值和旅游利用价值的重点街区或院落，原则上要保存下来，其余更多空间留给农村正常发展。这种以保护为前提的二次功能开发，既保存了历史地标，获得了道义和品位上的社会认同，又使"古董"的潜在价值充分显露出来，还可使其他空间得以更充分利用，从而达到了矛盾和利害上的平衡。这类保护最显著的特点就是传统建筑仍居住着居民，他们在祖先留下的宅院中繁衍生息。如赤壁市赵李桥镇羊楼洞村，历史极盛时茶庄 200 余家，如今羊楼洞村还保存着一条湖北省内最长、最为完好的明清石板街。店铺街式建筑群多以街道为轴线，建筑有两层，一楼做店面，二楼居住。

3. 集散为整的保护

集散为整的保护就是整合古村落元素，把散落在各个自然村落中有价值的单体或构件搬迁过来，将这些极具地域特征的单体乡土建筑，重新规划场地集中起来，整合成一种特殊的文化资源，搞"百村""百院"文化园，也相当于是拼贴式保护和集锦式保护的集合。这样可以弥补在新农村建设中，大量老村撤村合并或者城镇化发展，导致本土文化记忆流失等不足。

---

① 郑荣林. 江西"活态"保护传统村落[EB/OL].（2016-8-3）. http://travel.people.com.cn/n1/2016/0803/c41570-28606613.html.

2014年6月,湖南省召开全国重点文物保护单位和省级文物保护单位集中成片传统村落文化遗产整体保护利用工作会议,宣布全面启动重点传统村落整体保护工作。会议印发了《湖南省全国重点文物保护单位和省级文物保护单位集中成片传统村落整体保护利用实施方案》。该方案计划用3年时间,全面提升28个全国重点文物保护单位和省级文物保护单位集中成片传统村落整体保护利用水平,形成可推广、可复制的经验与模式。

此外,传统村落的保护必须是整体性的,这意味着不仅要保护建筑,还要保护其中的传统文化,如家庭组成、生态环境、生产生活方式、谋生手段、手工工艺等。可以尝试发挥村落的自身优势,比如将村落保护与建筑民居、农业工程、景观、生态农业、特色民俗、农产品生产等结合起来,侧重某一个或几个方面的保护,真正实现传统村落的活态传承。主要类型有:传统村落保护与典型古建筑和传统民居结合模式、与农业工程设施保护利用结合模式、与传统特色农产品结合模式、与传统民风民俗结合模式、与农业景观结合模式、与传统生态农业生产方式结合模式、多种形式相互融合模式等。

(三)保护措施

1. 村落重构与立法先行

传统村落正处于急剧转型期,如何规避村落衰败风险,重构村落秩序,是目前村落保护中常常忽略的。村落重构离不开法律政策调整与管理创新。在传统村落的保护过程中,相应的立法需要先行,让传统村落保护工作有法可依,依法管理,明确传统村落保护的范围和标准，划定保护职责分工，并制定相应的监督条款，可以尝试在管辖村落的地方政府签署村落保护承诺书，任命地方官员为指定责任人，同时致力于建立执法与监督机制。传统村落承载着物质文化遗产和非物质文化遗产两种文化成果，没有被纳入物质文化遗产和非物质文化遗产保护中的任何一项，处于文化遗产保护立法的空白地带，缺乏可以参照的法律依据。只有建立起长效的监督机制才能使传统村落真正得到保护，而国家政策法规的建立和完善是必要的前提，也是做好传统村落保护工作的最基本保障，传统村落的自身特征也为加强法律建设提供了新的发展空间，需要不断探索和实践。

荆楚地区省市均根据现有的《中华人民共和国文物保护法》《中华人民共和国文物保护法实施细则》《历史文化名城名镇名村保护条例》等法律法规，制定和起草与文物保护相配套的传统古民居村落地方性法规。对传统古民居村落土地所有权的置换、产权转让、旅游开发、保护维修程序和技术要求等涉及保护的具体项目进行明确规定，确保民间未列入文物保护单位的传统古民居村落保护工作有据可依。按照《江西省传统村落保护条例》要求，传统村落保护名单批准公布后，所在地县级人民政府应自批准公布之日起一年内完成保护发展规划的编制工作[①]。

2. 村落发展与保护开发

现代化、城镇化的过程是不断提高物质文明和精神文明的过程，以期实现人的更好发展，改变过去的落后状态。新农村建设的

---

① 施瑛，潘莹. 江西传统聚落的保护与利用研究[J]. 农业考古，2010（3）：213-215.

初衷和目标更是如此。传统村落的保护和发展需要坚持以人为本的理念，在保持原有历史风貌、明确村落发展限制要求、明确生态环境保护要求的前提下，改善村落基础设施条件，改善村落中人们的生活条件，提高生活质量。同时，需要处理好新农村建设和传统村落保护与发展的关系，将新农村建设与传统村落资源的合理利用、适度开发结合起来。对村落资源的合理利用和适度开发能够为村落发展带来一定的经济效益，同时让村落保护得以实现，村集体和村民得到实惠，激发起他们保护和发展村落的热情和积极性，形成保护与开发的良性循环。在村落开发过程中过度商业化的倾向是保护与发展传统村落必须竭力避免和处理的问题，需要在实践中不断探索，寻求平衡。

编制有效的传统村落保护与发展规划对传统村落的保护起着至关重要的作用。对传统村落的科学规划要立足于对传统村落的保护，而不是完全依赖于市场的开发。因而要在正确处理好资源保护与旅游开发的基础上，在坚持对传统村落资源保护的前提下进行合理的开发利用，只有将传统村落的资源完整地保护，才能通过开发体现它的市场价值。传统村落的所有开发建设活动都应该被置于保护规划的框架内，实行梯度开发、渐进式开发，对少数具有优势资源的传统建筑和自然资源进行有限开发，对不具备开发条件的传统建筑实行严格的保护。此外，规划的编制不仅要考虑传统村落的保护，还要为当地居民提供更多发展的机会。只有把发展的角度切入传统村落的保护中，保护规划才有更多的现实性和更强的应用性。

此外，荆楚各省市也将传统古民居村落保护纳入新型城镇化和新农村建设的重要内容。在新农村建设中，要将传统古民居村落的保护作为一项重要内容，列入总体规划，依法正确处理好文化遗产保护与新型城镇化和新农村建设、农民致富奔小康之间的关系，注重改善居民的产业结构、生活水平和居住环境，促进地方政府加大对乡村历史文化遗产抢救性保护的力度，维护区域历史文化遗产安全。

3. 文化传承与多元参与

村落文化是中华文明之根，保护传统村落，重在保护与传承村落优秀文化。目前村落文化良莠不齐，要挖掘出富有生命力的文化内涵，探索出保护性措施，需要聘请专业人士，提供理论与技术指导。在理论指导和实践规划中，急需建筑学、人类学、社会学等方面专家的共同参与。在具体的保护与发展规划制定过程中，政府需要与专家通力合作，共同研讨和制定传统村落保护与发展的规划，同时获得上级部门的认定和批准，为保护与发展工作提供执行依据，发挥好桥梁和纽带作用。目前，相关部门正在建立国家、省、市三级传统村落保护目录，并逐步落实保护措施。实行分级保护、制定保护规划、安排保护资金的方式不失为村落保护之良策。同时，村民是村落文化的直接生产者与保护的实践者，激发村民保护意识，提高文化自爱与文化自信是重中之重。可尝试利用村民喜闻乐见的形式组织传承传统村落文化的活动，让村民参与其中，真正理解村落文化的内涵和价值，倡导村民组织起来，形成保护和传承传统村落文化的组织集体，共同为村落文化保护与发展贡献力量。

例如湖北省通过发改、财政、住建、文化（物）、旅游、交通等多个部门，通过分工合作，利用部门优势开辟一些具有湖北地域特色和湖北民间文化特色的经典景区和经典线路，通过文化旅游，推动当地社会经济的全面协调发展。实现从乡村生产型向旅游服务型的转变，探索一条文物保护与社会效益相结合的新思路[①]。合理利用民间文化资源，进行保护性生态旅游开发，充分挖掘其旅游观光和学术研究价值，以保护带动开发，以开发利用促进保护，设计和建设以弘扬和展现湖北民间文化为主体、具有较高生态旅游价值的民间文化经典线路和景区是实现民间文化保护良性循环机制的有效措施。

4. 资金支持与智力保障

因传统村落的维修、自然环境的整治都需要大量资金的支持，而大部分地区本身经济发展水平严重不足，能提供给村落整治的资金支持也非常有限，国家传统村落处于快速开发时期，所能提供的资金也并不充足，在这种综合背景下，各省市要想有充足的资金，从根本上实现自身的发展，必须深入挖掘特色，提高对其他渠道融资的吸引力。湖北省设立新型城镇化和村落保护专项补助资金。按照《湖北省实施〈中华人民共和国文物保护法〉办法》《湖北省人大常委会关于加强文物保护的决议》中关于"文物保护的财政拨款随着财政收入增长而增加"的规定，将省级文物保护专项经费提高到全国的中等水平以上，并设立传统古民居村落保护专项资金，对保护、利用工作中做得好的基层人民政府给予表彰和奖励，对产权人按照文物保护要求实施维护和修缮的给予适当补助。各级政府应用"退税"政策作为手段，鼓励社会力量以多种投资方式，参与传统古民居村落的保护工作。鉴于许多地

---

① 方天宇. 湖北传统村落保护与发展[N]. 中国文物报，2014-02-07.

方存在的传统村落民居空置造成建筑加速毁损的现象，对产权明晰的非文物性质的传统村落民居，允许在法律许可的范围内交易、置换，以利传统村落的保护。

虽然传统村落通过地方政府的大力支持可以取得一定程度的基础设施等方面的发展，但长期持续发展的根本动力在于当地村民的发展能力，尤其是村民对传统村落文化的思想认识和掌握旅游等相关产业的技术能力。因此，首先，可以结合传统村落在产业建设和价值观念中的需求，组织有关力量和人才，开展相关的培训和指导，尤其是针对旅游相关产业的培训和学习；其次，通过政策吸引外出务工农民返乡就业发展，为传统村落建设提供丰富的劳动力资源；再次，加强基础教育建设，提高村民的基本文化素养，增强对传统文化的价值认知；最后，还可以加强引导，增强村民的传统文化认知和文物保护意识，可通过专题组织培训的方式，加强村民对本土历史、传统技艺、风俗习惯等的学习，让村民熟悉历史，继承和发扬带有地方特色的民俗文化和传统工艺等。

5. 坚持原则与保持本性

传统村落保护应遵循原真性与延续性相结合的原则，既要保持其真实而原生态的性质，也要改善村落条件，延续其生命活力；应遵循保护与开发相结合原则，一味保护将失去活力，一味追求经济利益，就会导致原生态文化变质甚至消失；应遵循分级别保护原则，参照历史文化名城名镇（村）等级划分方法，可以进行三级保护：一级保护重在保护历史风貌和格局特色，二级保护重在修复文物和改善村居环境，三级保护即对局部文物保护单位的保护。

传统村落需要基础设施的现代化，但为了保存旧有风貌，这些设施应该是一种隐蔽的存在。道路改造应保持道路的历史格局和空间尺度，尽量采用传统的路面材料及铺砌方式进行整修；给排水管道建设应保证当地居民日常用水需求，尽量利用旧有系统，减少对自然水体的污染；电力电信线路架设应尽量采用隐蔽埋设，架设的路灯在材质和造型上也应与周边的环境相匹配；在消防设施建设中，应在便于使用的基础上，配置不破坏村落整体形象的消防栓、灭火器，建设消防水池。

传统村落文化遗产的开发，不能片面进行"商业开发"，也不能"推倒重来"，保护要重在"文化之根"和"生活之脉"上。应坚持以人为本，改善生产生活条件，保持传统村落的生机与活力；应坚持预防为主，消除隐患，保障传统村落的消防安全，确保群众生命财产和历史环境不受损害；应坚持可持续发展，使文化遗产与自然和谐共存，延续环境风貌，保持传统村落的自然和人文环境，遏制污染和破坏，通过环境整治改善传统村落居民的生活环境。

修复传统村落建筑要遵循"修旧如旧"和"有机更新"的原则。设计师和施工单位要本着保留原有体量形制、原有的结构骨架、原有的建筑材料、原有的工艺技术"四有"精神进行施工。"有机"是指在对传统建筑进行改造时要充分考虑建筑自身与周边环境的关系，追求新建筑和旧建筑之间浑然一体的视觉效果。"更新"是指在保护中运用新的技术手段增强传统村落建筑的内在质量，在不改变原有风貌的前提下，增加或减少一些建筑构筑物，体现出新的美学追求；尊重传统村落风貌，不改变传统建筑形式，对确定保护的濒危建筑物、构筑物及时抢救修缮，对于影响传统村落整体风貌的建筑应予以整治。尊重传统选址格局及与周边景观环境的依存关系，注重整体保护，禁止各类破坏活动和行为；已构成破坏的，应予以恢复。因重大原因确需迁并的传统村落，须经省级住房城乡建设、文化、财政部门同意，并报中央三部门备案。

6. 加强治理与建档分级

自然环境的整治是一项长期且艰难的工作。离开自然环境发展传统文化，很难长远。只有充分有效地结合自然和人文历史，才能将村落特色充分发挥体现出来，进而构建村落文化特色，创造独有的吸引力。

荆楚地区的气候地质条件适合植树，定期对周围的山丘进行绿化，以实现植被状况的改善，进而影响气候状况。自然环境治理中，首先要做好垃圾和污水的收集处理，处理设施外观、色彩要与历史建筑风貌相协调；设置相应的公共厕所，并建设化粪池，做到无害化处理；在对旧有绿化进行养护的同时，根据需要进行拓展性绿化。而人文景观是传统村落的重点，在修缮中更应当慎重。首先不要随意改变旧有建筑、碑刻、器具等物质的外观形态；保护原住居民的传统生活方式和习俗，这是传统村落人文环境的重要载体；保护村落周边环境，避免广告牌、音响和与传统村落不相和谐的商业行为的进入。

建立传统村落动态监测信息系统，收录村落基本情况、保护规划、建设项目等信息，对传统村落的保护状况和规划实施进行跟踪监测。对违反保护要求或因保护工作不力、造成传统文化遗产资源破坏的，提出警告并进行通报批评；对在开发活动过程中使传统建筑、选址和格局、历史风貌受到破坏性影响的，发出濒危警示，并取消名录认定和项目支持；情节严重的，会同有关部门依法查处。

二、荆楚传统村落保护中存在的问题

（一）建设性破坏

我国农村建设实践按照"生产发展、生活宽裕、乡风文明、村容整洁、管理民主"的目标大力推进，并取得了巨大成就。但在新农村建设的推进过程中，也存在一些不恰当的做法。比如有些地方把新农村的含义曲解成大拆大建，盲目地进行工程建设，盲目"拆古"，再疯狂"造古"，导致村落肌理遭到严重破坏。另外，随着新农村建设、城镇化建设发展得如火如荼，传统村落的黄泥土墙不受欢迎、不耐看，被大肆无序拆建，传统村落民居遭受毁灭性破坏；更令人愤怒的是，受经济利益驱使，窃贼时常盗窃传统村落民居、古村古镇、古宗祠中一些祖传的材料、雕刻、装饰，拿去卖钱。

（二）管理体制拒斥

村庄管理无序化。村民自治已经成为我国基层社会组织和管理的重要制度选择，但随着农村经济社会发展和各项改革的推进，村委会等村民自治组织承担的责任日益增多，农村社会自治能力难以充分发挥。在调研的村庄中，许多地方农村集体经济薄弱，村级债务沉重，村级组织难以为村民提供有效服务，村庄对农民吸引力下降，村民凝聚力较差，许多村委会形同虚设，开展活动频率很低，在村级管理中缺位现象频繁，对涉及村集体公共服务、村庄道路维护等活动缺乏动员组织能力，对村落传统文化的保护更难以纳入议事日程中，以基础设施建设为主导的发展思路难以为传统村落文化的保护与发展提供空间，村庄管理的无序化更让传统村落文化保护举步维艰。

保护部门缺位化。传统村落的保护与发展离不开政府部门的提倡和支持，而传统村落自身的特性决定了保护与发展工作见效缓慢，难以调动起各级政府保护与发展的积极性，对传统村落保护的意义和价值认识不足。在传统村落旅游开发过程中容易重开发而轻保护，关注经营、忽视管理，"土地财政"正是这种观念的产物。部分政府部门意识到传统村落的保护开发价值，但在具体保护规划工作中作为极少，没有形成有效的保护方案和实践措施。在调研过程中，政府部门对村落保护与发展的作为甚少，无法为村落保护与发展提供宏观指导和实践指引。此外，传统村落保护是一项艰巨的系统工程，单一主体的力量难以完成，需要在政府部门的引导下，发挥专家学者、社会组织等多方力量的积极作用，共同实现村落文化的保护与传承。

（三）改善生活与原真保护矛盾凸显

随着人们生活水平的日益提高，村民改善居住条件的愿望愈发强烈，而许多古民居由于建筑年代久远，基础设施、居室格局和居住环境比较落后，已无法满足居民的现代生活需求，亟须修缮。

然而，原地活态修缮也面临两难抉择。如果旧居不是文物保护单位，那么或修或建完全由村民个人决定。修缮旧居的成本通常高于拆旧建新，而留在村中的居民往往无经济能力修缮老屋，外出务工的年轻人挣了钱也大多会选择直接拆除旧居，改建为砖瓦甚至混凝土结构的房屋。即使村民有古建筑的保护意识，但在经济重压之下，也很难将保护放在首位。如果政府部门对此没有统一管理，没有足够的修缮资金和技术等方面的支持和投入，那么这种自发的、非专业性的修缮对古建筑来说仍然具有强烈的破坏性。

如果旧居属于文物保护单位，那么按照《中华人民共和国文物保护法》的规定，在房屋产权人无力维修的情况下，政府有责任对文物进行抢修，然后向责任人结算费用。但实际情况是，责任人通常不会承担也无力承担修缮费用，政府不但出了修缮的钱，还要再付给产权人租金。在这种模式下，政府承担财政重压，而对于大量古建筑、古村落来说，政府的投入也只是杯水车薪，因此即使是挂了牌的文物保护单位，也难逃白蚁、渗漏、腐烂、霉变、火灾的残酷现实。

村民保护意识淡漠。村民是村落保护与发展的主体，村落保护与发展离不开村民主体作用的发挥。然而在现行体制下，村落的保护与发展仍然处于自发状态，政府部门引导缺失，村民更是缺少村落保护与发展的自觉意识。在调研的村落中，90%以上的村民对村落文化认识不够、传统文化观念淡薄。在当下的村庄里，随着农民生活水平的提高，传统的文化习俗被现代化的元素替代，同时，村民之间的交流不断减少，村落传统的差序格局开始被打破，渐渐地由熟人社会变成陌生人社会，传统的文化习俗在新一代村民的记忆中意识淡化，保护与发展村落文化的意识生长困难。村庄主体保护与发展村落文化意识不足是村落保护与发展难以达到理想状态的关键因素。

长期以来我国传统村落的形成和发展是内生型的，内在要素是其存在和发展的主导因素。在封建社会，农村虽然都有郡、县、乡等政府的各级行政机构来管辖，但在很长时期和很多地方，宗族组织实际上是血缘村落的真正政权机构。宗族组织要管的事情很多，小到邻里纠纷，大到村落选址、规划、建设、管理等。大多数汉族古村是血缘村落，一村一个姓氏、一个宗族。有了强大的宗族力量与颇有能力的士绅乡贤，古村落才有可能实施有序的建设、管理和环境保护。由于时代的变化，农村的宗族力量与耕读文化早已退出历史舞台，而村民的价值观念已呈现出多元的状态，对古村落这一特殊文化遗产的保护表现出十分复杂的心态，不少村民新建住房后老屋便被废弃、闲置或挪用，以至于不少具有数百年历史的老屋成了牛棚羊圈。由于缺乏足够的教育、宣传，大多数村民对这种状况态度冷漠，他们认为已经住了几百年的破房子不值得花钱、费力去保护，只有少数村民意识到了老屋的价值，但是势单力薄而无力改变这种状况。

（四）旅游发展问题

古村落旅游业的发展往往都是以企业介入开发经营的方式进行的，这就造成古村落"所有权与经营权的分离"，如果在这一经营模式中不能妥善处理企业、村集体和村民之间旅游收益分配问题，就可能造成村民"守着金饭碗讨饭吃"的局面。考虑到古村落区别于城市的特殊性——村集体所有制（以及村民在一定程度上存在的根深蒂固的"私权"意识），如果在收益上把村民排斥在外，一些村民（尤其是未从中获取收益的那部分村民）可能会产生一些不同程度破坏古村落资源的行为。因此，有必要建立公平的收益机制，使作为主人翁的村民也享有收益分配的权利，调动村民参与保护的积极性，保证古村落原真乡村生活的呈现和传统文化的延续，也避免村民自发无序的低层次饭店、旅馆等建设的破坏性开发，使村民成为真正意义上的古村落强有力的保护者。

过度旅游开发也是导致传统村落文化消逝的重要原因。对乡土建筑价值的认识只讲旅游开发利用，而对传统村落民居、古村古镇、古宗祠所承载的丰富历史文化等价值了解不多或视而不见。旅游需求对传统村落民居文化的一些不当利用，以及大量缺少规划或规划不科学的旅游设施建设、仿古景点建设等，不仅对传统村落民居造成破坏，还对游人造成误导。再加上乡土文化不受重视和关注，一味追求商业化旅游开发利益最大化，传统村落即使保留，也被拆建得不伦不类、面目全非，空有外观，相关历史文化元素却荡然无存。

此外，古村落环境容量有限，但在媒体的宣传和企业的推介下，游人却不断增加，而在旅游活动的管理和组织方面又偏于松散，致使古村落在旅游业的强劲冲击中，出现拥挤、污染、嘈杂等直接影响古村落环境和居民日常生活的不良现象，最终的结果就是古村落失去特色。因此，有关部门应重视古村落旅游景区的管理工作，要坚持在对古村落资源保护的前提下进行合理的开发利用。

第三节
荆楚文化区重点保护村落概况

一、湖南省重点保护村落概况

（一）总体概况

湖南传统村落数量众多，文化内涵丰富，历史、文化、科学、艺术等价值高，特色突出。纳入《中国传统村落名录的村落名单》的传统村落共658处，其中第一批30处，第二批42处，第三批19处，第四批166处，第五批401处。在国家文物局实施全国重点文物保护单位和省级文物保护单位集中成片传统村落整体保护利用工作中，全国范围内的1561个传统村落已接受全面调查，并从中遴选出270个传统村落实施重点保护，浏阳市大围山镇楚东村等28个湖南古村落入选，约占全国的1/10，其中张家界市石堰坪村、怀化市高椅村、湘西土家族苗族自治州双凤村等3个传统村落，被列入国家文物局首批50个传统村落整体保护利用名单[①]。

  湖南省传统村落的空间分布类型为凝聚型；从市州尺度来看，湖南省传统村落的分布较为集中，主要集中在湘西土家族苗族自治州、郴州、永州、怀化、邵阳等地；传统村落在五大地理区域中集中分布均衡性较低，最集中的为湘西地区，其次是湘南地区；相对封闭的区域环境、险要的地形、不太便利的交通以及相对落后的社会经济等因素，都为传统村落的保护提供了重要条件，成为影响湖南传统村落分布的重要因素。湖南省古村落特色鲜明，存续分化。可划分为民族特色村寨、同姓宗族聚落、湖湘文化村落、历史遗产型古村落以及其他类型村落共5种类型。

  湖南省传统村落成因呈多样化，区域差距明显且各有特色，其中湘西地区地形多为山地，世居土家族、苗族等少数民族，民族风俗传承丰富，传统村落格局保存较为完整；湘南多丘陵谷地，古居民多为客家族群迁移而来，宗族观念深厚，建筑和遗迹保存较好但村落整体格局破坏严重；湘东北多为平原台地，湘楚文化厚重，多

---

① 郭丹. 关于湖南双凤村的认识与保护现状的思考[J]. 南方文物，2018（4）：280-284.

名人故居和革命历史遗迹，具有较高的保护价值。既有风貌形态保存完整、功能格局基本未变的村落，如古丈岩排溪村；也有历经沧桑、功能不断演变的村落，如祁阳竹山村；既有原住居民较多，传统活力延续的村落，如祁阳龙溪村；也有空心化、老龄化严重的村落，如衡东高田村；既有已编制相关规划，保护工作开展较好的村落，如岳阳张谷英村；也有不重视文化遗产价值，损坏严重的村落，如吉首中黄村。

（二）古村落选介

1. 通道侗族自治县坪坦村

坪坦村位于通道侗族自治县坪坦乡，距县城南部21千米。村内古迹众多，吊脚楼鳞次栉比，为典型的百越遗风，有236栋吊脚楼，古水井4处，鼓楼3座，古萨坛1处，古树11株，古石板道1条，古飞山宫2处，古孔庙1座，古南岳庙1座，古城隍庙1座，李王庙遗址1处，雷祖庙遗址1处，风雨桥1座。

坪坦村始建于宋代，主要文物保护单位有：

普济桥，位于坪坦村村口，为伸臂悬梁式木构架廊桥，全长31.4米，宽3.8米，始建于清乾隆二十五年（1760）；清光绪二十一年（1895）复修；民国三年（1914）维修。桥为单孔拱券，净跨19.8米。桥东西两端桥基，就河岸自然形成的土堆，并在外表砌石墙，上面横排7根圆杉木作枕，以其2/5悬空挑出，根部压大石头，使出挑悬空圆木与台基平面呈45°斜面，迭木作垫层，依此制式连作三跳，东西两端对称，形成桥拱两肩。在东、西拱肩举架合口部迭置8根圆杉木，采用侗族木作传统的"抱柱夹枋固结法"固牢，然后横架短木，上面铺木板为桥面。在桥拱肩背部砌筑15级青石踏步，直达桥面。桥上建四柱三间排架木结构遮雨长廊，共11间。其中桥东因傍坪坦侗寨沿河老街道，故用青砖清砌山墙围合，北面开门，设11级台阶下。桥廊屋面施小青瓦，一条主脊贯穿东西。挂廊檐装白色封檐板。桥廊北面用"开槽密槛板壁"的传统工艺封实以御寒风。南面装齐腰板壁，上部开通长直棂窗。凡显露悬梁木构件处，均开槽密槛刷白封板。2006年5月，普济桥被国务院公布为第六批全国重点文物保护单位。

坪坦村古建筑群，位于通道侗族自治县坪坦乡坪坦村，由坪坦鼓楼、孔庙、高坪鼓楼、飞山宫及坪坦鼓楼的附属文物南岳庙、戏台等4处共6栋建筑物构成。2010年由县人民政府公布为第四批县级文物保护单位。

坪坦鼓楼，始建于清同治年间，为纯木穿斗构架。五层檐，均施小青瓦，其中第一层和第五层为双坡屋面，第二至四层为四角四面倒水，四角分别有翼角弯月起翘。鼓楼后方建有一座南岳庙，内供奉神像。鼓楼西南面有一座戏台，始建于清道光年间，为纯木构架。

孔庙，位于坪坦鼓楼南面，始建于民国二十三年（1934），为纯木结构建筑，双坡屋面，原为供奉孔子之处，后辟为学校，现作为仓库使用。后因民国中晚期的战乱和"文化大革命"期间的动乱，孔庙惨遭破坏，并改为他用。2010年由县民宗局依照原貌进行修缮。

高坪鼓楼，位于村北面，始建于清光绪年间，为纯木穿斗抬梁构架。鼓楼分三层，第一、二层为四坡屋面，顶层为双坡屋面，四角均塑有弯月起翘，覆小青瓦。整个建筑呈正方形，占地面积约70平方米。

飞山宫，有杨氏和吴氏二座飞山宫。吴氏飞山宫始建年代不

荆楚传统村落

图 6-6　湘西风情——美丽的坪坦古侗寨

详，原为木质结构，清末，族人集资，在原木质基础上加封砖混结构外墙；杨氏飞山宫，始建年代不详，为木质结构，"文化大革命"时期被拆迁他处作粮仓，20世纪80年代迁回现址，又于2011年重建，宫内牌位为历史文物。

2. 江永县上甘棠村

上甘棠村位于江永县城西南25千米处，与阳朔相距120千米，与桂林相距160千米，省道325线从上甘棠村外1千米处经过，穿龙虎关与阳朔、桂林相接。从汉武帝元鼎六年（前111）至隋文帝开皇九年（589）是古苍梧郡谢沐县治，历经700年；自唐太和二年（828）周氏族人在此定居立宅，迄今已有1190多年历史。村中名胜古迹繁多，文化底蕴厚重，有北宋靖康年间的步瀛桥及摩崖石刻，明万历四十八年（1620）的文昌阁、前芳寺，明弘治六年（1493）的门楼，有昭示为人处世经典名言"他字歌"的寿萱亭，有湖南发现最早的宋代石桥——寿隆桥，还有300多栋保存较完好的体现明清时期建筑风格的古民居。其古建筑群2006年被国务院公

图6-7　千年古村——江永上甘棠村

布为全国重点文物保护单位，该村 2007 年被建设部、国家文物局公布为中国历史文化名村，2012 年被公布为中国传统村落。

上甘棠村山水优美，旅游资源丰富。村内风景如画，曾有"甘棠八景"之说，富有韵味。该村落除人文景观别具一格、交通便利外，自然景观更是天下一奇。

该村拥有全国重点文物保护单位、中国历史文化名村、中国传统村落三项国家级文化品牌，并已成功创建国家 AAAA 级景区。县内另有女书园、瑶族千家峒、兰溪等几个 AAA 级景区。县内物产丰富，当地盛产香芋、香姜、香柚、香米等香型食品，驰名国内外，产业优势得天独厚，旅游开发潜力巨大。

3. 岳阳县张谷英村

张谷英村坐落于岳阳县张谷英镇东侧。明嘉靖四十一年（1562）始建，形成于清代嘉庆时期，至今仍保存明清传统建筑风貌。张谷英村由当大门、王家塅、上新屋三大建筑群组成，有大小房屋 1732 间，总面积约为 51000 平方米。古屋环山而建，长达 1 千米，雕梁画栋、气势恢宏，其布局依地形采取"干枝式"结构，主堂与横堂皆由数个单位组成，各单元之间有屏风檐廊和巷道沟通分隔，分则自成体系，互不干扰，合则贯穿于一体之空间。穿行其间，晴不曝日，雨不湿鞋。

古屋四面环山。这种闭合式地形，正是人与自然的和谐统一，亦是人们耕种、生息的天然处所。古村内聚居着张谷英的后裔。张谷英古建筑群极具特色，其严谨、神秘的排水系统，巧妙的建筑选址，清晰的家庭脉络体现了明清古民居文化丰富蕴涵，是中华民族民俗风情及古老建筑的珍贵史料和佐证，是研究湘楚文化的"活化石",是人与自然和谐统一的典范,有"天下第一村""民间故宫"的美誉。2001年张谷英古建筑群被国务院公布为全国第五批重点文物保护单位,2003年张谷英村被建设部、国家文物局公布为第一批中国历史文化名村,2008年被评为全国文明村,2009年被全国生态协会评为"全国生态文化村",2012年被评为中国传统村落,2013年被评为全国AAAA级旅游景区,2014年被评为省级风景名胜区。

图6-8　岳阳张谷英村全貌

二、湖北省重点保护村落概况

（一）总体概况

湖北省纳入《中国传统村落名录的村落名单》的传统村落共206处，其中第一批28处，第二批15处，第三批46处，第四批29处，第五批88处。根据湖北传统村落调查的资料和数据，全省传统村落大致有吊脚楼建筑群、家族式建筑群、连体式建筑群等几种组群形式[①]。

吊脚楼建筑群主要集中在鄂西南地区。它们多数临水而立、依山而建、鳞次栉比、叠层而上，其村落空间格局与大自然浑然一体。如宣恩县椒园镇庆阳坝村彭家寨古吊脚楼群有上百年历史，寨内房屋共23栋。每栋自成体系，面积百余到几百平方米不等。建筑以木结构的吊脚楼形制为主，有单吊式、双吊式、二层吊式、三层吊式、平地起吊式和"一"字吊式等多种吊脚楼样式，具有形体美、空间美、层次美、轮廓美等特点。

家族式建筑群是一个姓氏家族共居一村，一般规模较大，人口较多。红安县华家河镇的祝家楼就有600年历史。这个民居村落总面积约30000平方米，建筑格局分别由5条并列巷道构成，每条巷道入住9至11户居民。村落有大小院落30多座，房屋300多间。

连体式建筑群外观看似一个规模宏大的单体建筑，实际上内部格局分为多个组群，内藏小巷，户户相通，又各为一体；房间数量少则数十间，多则数百间，住户通常属于同一家族。竹溪县中峰镇

---

① 姜爱. 湖北少数民族特色村寨保护与发展经验解析[J]. 湖北社会科学，2012（9）：196-198.

甘家岭村建筑群已入选第一批中国传统村落，现居住人口约有2700人。村中的甘氏宗祠是一处宏伟壮观的清代官厅民祠连体古建筑，始建于乾隆十九年（1754），乾隆五十年（1785）扩建，整体为砖木结构四合院式布局，规模宏大，雕饰精美。

店铺街式建筑群多以街道为轴线，建筑有两层，一楼作店面，二楼居住。赤壁市赵李桥镇羊楼洞村被授予"中国历史文化名村"，历史极盛时茶庄200余家，如今羊楼洞还保存着一条湖北省内最长、最为完好的明清石板街。这条以明清建筑为主的古街，随松峰港曲折逶迤，宽4米，长千余米，伴有数条"丁"字小巷。两边排列着80余处古店铺和深宅大院。

防御式建筑群是为抵御外族侵入而建的村落，为山寨形式。寨内有寨墙、寨门、栈道、瞭望塔等，建筑多为石材砌筑。利川市谋道镇鱼木村是全国保存最为完好的土家族古寨，2006年公布为全国重点文物保护单位[①]。始建于明初，清代前，鱼木村人几乎全为穴居，现存居住、织布、榨油、铸币用崖穴多处。另外，村内还有古墓群、古碑林、古栈道、古寨门等。村上石碑数以百计，造型有塔式、牌坊式、牌楼多层式、圈顶式、平卧式等多种。村内有100余户居民，村上土家吊脚楼式建筑与山水田园自然融合，古朴淡雅[②]。

---

① 张斌，吴苗. 基于村落发展类型的鄂西南土家族地区村落景观保护与空间发展研究[J]. 中国园林，2012（8）：122-124.
② 赵逵，唐典郁，刘兴华. 湖北利川凉雾纳水溪古村落：国家历史文化名城研究中心历史街区调研[J]. 城市规划，2013（11）：97-98.

（二）古村落选介

1. 武汉市黄陂区木兰乡大余湾村

大余湾村位于武汉市黄陂区王家河街道，依山傍水，宁静如画，占地面积300亩。该村的古建筑群属明末清初的民俗建筑，20余条巷子纵横分隔。现存50多户石砌屋，大部分至今仍保存较完好。这些石屋雕梁画栋，是典型的明清徽派建筑风格。该村先祖曾有过"一门三太守，五代四尚书"的辉煌历史。当地民间雕匠、画匠、石匠、木匠远近闻名，尤以窑匠居多，曾有"十汉四窑匠"之说。

大余湾村地处鄂东，其建筑形制、风格与石作、木作技术近于赣北民居。村中目前尚存民居50余幢，建筑大部分保留明清时期的局面。当地有一民谣形象概括了古民居建筑独有的特色："前面墙围水，后面山围墙，大院套小院，小院围各房，全村百来户，穿插二十巷，家家皆相通，户户隔门房，方块石板路，滴水线石墙，室内多雕刻，门前画檐廊。"大余湾村民居建筑群整体布局及建筑风格均体现出儒家厚德载物精神及安居乐业构想，是湖北民居的一个重要组成部分，在华中地区也是实为罕见的历史文化遗产。《黄帝宅经》云："夫宅者，乃阴阳之枢纽，人伦之轨模。"建筑是介于天地间阴阳之气交汇聚集之处，是人类社会家庭生活准则的空间存在模式。《明史·舆服志》里记载明代民居"不过三间，五架，不许用斗栱，饰彩色"。大余湾民居就是采用三合院形制，由三间正房、两间厢房和天井组成。

正房中间前为堂屋，后为灶房，左右两间为卧室，有的隔为四间。按左大右小、前大后小分长幼而居。厢房一至二间，加上五间

图 6-9　武汉市黄陂区木兰乡大余湾村

正房共七间，当地叫"联五转七"。天井很浅。四面外墙一般不开窗，而通过天井和屋面明瓦来采光。主房屋较高，为双坡硬山式，厢房屋顶为不对称的双坡顶，分长短坡。短坡坡向外墙，长坡坡向内院。正房与厢房屋面相交，均采用小青瓦。"天井函"用石头铺砌，可调节室内空气、阳光和排水排污。大门内侧建走廊，一般称廊沿，与正房和厢房的廊沿相接，利于雨天通行。

早期修建的宅子，尺度一般都比较大，颇有情趣。村里房屋有的呈三合院并联式，这并联的两家，住的是兄弟手足或亲戚，两家有着共同的墙和相连的屋架，相邻的两间正房前端则被打通作为两家联系的过道。还有一个有趣的细节就是房子正门一般向内退一步，取"退一步海阔天空"之意，这大概也是村民的处世哲学。墙体叫"滴水线石墙"，厚度约 60 厘米。正面刻有纹路细密均匀的斜线。从正面看去，整面墙好像檐口的滴水线，又似雨丝斜织；大门、门洞装砌石门夹，其上均有砖木制的出檐式门楣。其他细部也别具匠心，如外墙角有的呈弧形，有的呈多边形，有的呈锯齿交错状。

2. 宣恩县沙道沟镇两河口村

湖北省宣恩县沙道沟镇两河口村，地处土家族母亲河酉水源头，位于国家级自然保护区——七姊妹山的缓冲地带。该村风光秀丽，两条山脉自东向西南绵延，龙潭河贯流其中。全村 1300 余人，土家族占 80%。两河口村元朝时属湖南镇边宣慰司，明朝时属施州卫忠峒安抚司，改土归流后属宣恩县忠峒里。境内有悬棺葬、崖庙等古文化遗址，曾出土一套汉代编钟。沿龙潭河而下的红石苏家沟是宣恩摆手舞发源地，建有摆手堂。两河口村拥有三项国家级桂冠——第四批中国历史文化名村、中国民间文化艺术之乡、国家级非物质文化遗产薅草锣鼓的发源地。

村内还有彭家寨和老街两处省级文物保护单位，宣恩耍耍、宣恩土家八宝铜铃舞两项省级非物质文化遗产。这里古代称为"蛮苗"之疆。老街古时是"盐花古道"出入湘鄂的重要关隘，两河口村当年属湘鄂西革命根据地辖区，1935 年，宣恩县苏维埃政府驻地设在老街。该村集中分布着数个吊脚楼群。在龙潭河流域，以彭家寨为中心，曾家寨、汪家寨、唐家坪呈"三星拱月"之势，白果坝、老街首尾相衔，符家寨、板栗坪等大小不一的村寨沿龙潭河一线呈串

图 6-10　宣恩县沙道沟镇两河口村

珠状分布。这里的吊脚楼被中国古建筑学家、华中科技大学教授张良皋誉为"可与其他各地最好的吊脚楼相比",尤其是彭家寨,"在我所经过的土家寨子中,是全面领先的冠军"。彭家寨建于山脚坡地上,寨内吊脚楼层层铺开,错落有致,相互烘托,包括单吊式、双吊式、二层吊式、三层吊式、平地起吊式和"一"字吊式等吊脚楼全部样式。

3. 利川市谋道镇鱼木村

鱼木村,土家族山寨,位于鄂渝交界处,东距利川市 61 千米,四周皆绝壁,鱼木村占地6平方千米，居住着500多户土家山民。这里有土家古堡、雄关、古墓、栈道和民宅，是国内保存最为完好的土家山寨，村内城堡寨墙、古栈道保存完好，数十座古墓石雕精湛，隘关险道惊心动魄，村民生产生活用具古朴传统，民族风俗别有风味，素有"世外桃源"之美称。

鱼木村位于恩施利川西部，地处318国道线利（川）万（县）公路途中，明属龙阳峒土司地，历为土司盘踞和少数民族起义军征战的据点。相传古代马、谭两大土司连年征战，马土司困守山寨，谭土司久攻不下，一日马土司

图6-11 利川市谋道镇鱼木村

从内寨抛出活鱼无数，落于谭土司帐前树上，谭土司见鱼兴叹："吾克以寨，如缘木求鱼也。"鱼木村故而得名。此四面悬崖如削，铁壁三层，螺峰四座，仅有一条 2 米宽的石板古道直通寨门。寨楼突兀于崇山峻岭中，两面悬崖万丈，中间门仅容一人通过。山之东、西和北三面的悬崖绝壁上，凿有古栈道 3 段。寨上现存古人居住、织布、榨油、铸币用崖穴近 100 处，还有清代碑墓 10 座，碑高一般都在 5 米以上，墓石雕刻工艺精湛，技艺高超。寨内鸡头沟瀑布高达 100 余米，飞珠溅玉，气势磅礴。

村中居民土家族、苗族人数占 60%，婚丧、饭食、建筑具有独特古老的民俗风情。男女能歌善舞，热情好客。男子善饮酒，姑娘爱绣花被底，做布凉鞋。这里的地方风味"醪糟糯米丸""阴米子""土腊肉"等较为有名。村中的"三阳关"卡门、"亮梯子"石栈道凿于绝壁之上，十分险要，"古城墙""六吉堂"等遗迹则古朴典雅。

三、江西省重点保护村落概况

（一）总体概况

江西省历史文化底蕴深厚，物质和非物质文化遗产丰富，纳入《中国传统村落名录的村落名单》的传统村落共 344 处，其中第一批 33 处，第二批 56 处，第三批 36 处，第四批 51 处，第五批 168 处。江西传统村落主要分布在赣东北、赣中、赣南三片区域，分别主要位于上饶、景德镇、南昌、抚州、吉安、赣州六个地市，且密度相对集中。而对比江西的地方文化可以发现，赣东北、赣中、赣南分别是吴文化和临川文化、庐陵文化及客家文化的集中地。因此，传统村落的空间分布是与地方文化息息相关的，也从侧面反映了在历史上这三片地区的社会发展程度[①]。需要指出的是，本书所研究范畴不包含赣南客家地区以及婺源，故以下重点介绍不涉及这些区域。

除此以外，江西省还有一大批古村落虽未列入各级保护名录，但基本形态未改，历史风貌保护完好。它们不仅是宝贵的自然文化遗产，也是不可再生的、潜在的旅游资源，对于继承和弘扬江西省优秀传统文化、推进江西省生态文明先行示范区和旅游强省建设，以及改善农村人居环境都具有重要意义。但由于传统村落保护体系不完善，法律法规不健全等原因，一些传统村落在工业化、城镇化的进程中逐渐破败没落，经济发展落后，人居环境较差，空心化趋势严重。有的传统村落甚至被随意拆并，以惊人的速度消失。

（二）古村落选介

1. 景德镇市瑶里镇高岭村、绕南村

瑶里的古名是"窑里"，因是景德镇陶瓷的发祥地而得名。高岭村是古代景德镇制瓷业最重要的原料产地。主要历史遗迹有明清两代采矿遗址、淘洗坑、水口亭、古街、古道等。尤其是高岭土淘洗后留下的白色尾砂堆积蔚为壮观，有"青山浮白雪"之誉，是景德镇最重要的陶瓷文化和自然生态相结合的景区。现为全国重点文物保护单位。位于市区东部40千米处，是古代景德镇制瓷业最重要

---

① 李枝秀. 古村落保护模式研究：以江西为例[J]. 江西社会科学，2012（1）：238-240.

图6-12 景德镇市浮梁县瑶里镇高岭村

的原料产地,国际通用黏土矿物学专用名词高岭土(Kaolin)的命名地,现为全国重点文物保护单位。

绕南村,四面环山,一条清澈的小河绕村流过。这里植被茂盛,矿产丰富。从宋代以来,这里就以烧瓷为生,明末后,这里更是景德镇制瓷原料釉的重要出产地。所以村中大部分人是靠做釉为生。该村民风淳朴,韵味悠长。瑶里绕南村的古窑遗址,现在还有古法水碓制作釉果等工序展示,可以让大家感受到古代制陶瓷的过程。绕南陶瓷集中反映了景德镇东河流域悠久灿烂的陶瓷文化,这里保存了多

图 6-13　景德镇市浮梁县瑶里镇绕南村一角

处宋、元、明等时期的古窑遗址，以及大量的古矿洞、古水碓等瓷业遗迹，对研究景德镇古代瓷业生产状况具有重要价值。其中，绕南堆积物是世界上已发现的最具代表性的陶瓷生产断面特征遗址。此外，丰富的陶瓷文化体验活动还可以使游客亲身感受到瓷文化悠久而迷人的魅力。

2. 南昌市安义县千年古村群

江西安义是千年古村群游览区，位于南昌市所辖安义县南面约 1 万米的西山梅岭之麓。江西安义游览区，由京台、罗田和水南三

图 6-14　南昌市安义县石鼻镇安义千年古村群——京台村

大古村落组成，面积约 3 平方千米。三座古村落呈鼎足之势，村间有长寿大道、祈福古道和丰禄大道相连通，各自相距仅 500 米之遥。三大村落既是独立的，又是一个有机整体。安义古村群为安义县龙头旅游景区，曾荣获中国历史文化名村、国家农业旅游示范点、江西省乡村旅游示范点、南昌城市名片等多项荣誉，2010 年被批准为国家 AAA 级旅游景区。

京台村，至今已有 1400 年历史。该村有刘、李两大姓。刘姓村民，为汉代学者刘向后裔，初唐武德元年（618）迁居此地。明初洪武年间，李氏之祖则由朝廷授封而落户于此。

千年古村,远离嚣尘,许多古建民居至今保存完好,如石牌坊、古井石槽、古戏台、砖石大门、四十八天井古屋等。游人至此,定能感受农耕生活之情,油然而生归园田居之趣。

罗田村,至今已有1100多年历史。该村均为黄姓,传为祝融帝后裔,为避战乱,于晚唐广明年间由湖北蕲州迁徙至此。民谣有云:"小小安义县,大大罗田黄。"足见罗田黄家名声之大。该村乃当年香客赴西山万寿宫朝拜许真君的必经之地,商贾云集,称一时之盛。该村古街、麻石板道、古车辙清晰可见,整个村庄至今保留着完整的地下排水系统。民居古建、砖雕、石刻、木雕构件古朴而精美。该村有"长寿村"之誉。唐代黄樟生机盎然,"寿康"方井泉水甘洌,驻足古村,令人不禁发思古之幽情。

图 6-15　南昌市安义县石鼻镇安义千年古村群——罗田村

图 6-16　南昌市安义县石鼻镇安义千年古村群——水南村

水南村，该村村民为古罗田村黄氏分支后裔。明初洪武七年（1374）族祖一能公在此开新基拓新村。该村现存古屋规模宏大，装修考究，雕饰精美，栩栩如生，令人叹服，驻足于当年"辫帅"张勋打工时所出入的古屋，流连于丹桂飘香的黄氏宗祠，游人们仿佛还能听到那渐渐消逝的历史的回音。这里的"水南民俗馆"陈列有许多不可多见的展品，看见这些丰富的物件，不难想象先民们的生活和生产的情和景。

3. 井冈山市鹅岭乡塘南村

从井冈山市鹅岭乡向东南行2千米，有一处绵延起伏的山峦，灌木荫翳、植被纷披的屏围中，一座苍朴古雅、气势恢宏的村落如盆景般洇染而出。这就是被誉为"传统民居瑰宝"的塘南古村。据《龙氏族谱》记载，明代成化己丑年（1469），鹅岭乡上坊村塘头房光裕堂第六世祖龙伯江，率叔宪、叔广、叔文和叔确四个儿子来到塘南辟地立业，村名始为南安湖，后将"塘头房"与"南安湖"两名各取一字，更名为"塘南"。全村现有110户，420人，系东汉零陵（今湖南省永州市）太守龙伯高之后裔，在井冈山繁衍至今已有27代。历经550多年风雨，古村仍较好地保存了明清古建筑和以中国传统文化为根基的丰厚内蕴。

塘南龙氏子孙繁衍兴旺，名人辈出。自明代以来，塘南村共出了朝廷五品以上官员11人，科举考试中进士1人，举人2人。其第八世龙倖、第九世龙廷谧两人，均由明代朝廷诰封为通议大夫（正三品）。塘南的府第宅屋极有名气。全村有封火墙高翘的青砖瓦舍几十幢，景观壮阔，尤其在村庄中央矗立着始建于明代万历四年（1576）的宗祠"敬爱堂"。1620年由朝廷颁旨敕建纪念龙遇奇的"进士殿"，设计精巧，规模宏大，蔚为壮观。

"进士殿"为砖木结构，进深38.35米，面阔10.6米，建筑面积为406.5平方米。方位为坐北朝南，一进三厅直联，内设天井两个，分隔中厅和后厅。四周用火砖砌就。前厅的两侧开山墙为一侧两平的用砖，壁厚1.2尺。自中厅起墙面为单砖，即8寸墙壁。三个殿堂均用圆形木柱搭梁成屋架，呈两坡形。每个厅都有风格基本相同的八角形藻井，四周饰以各种木刻花板。这些花板雕刻技术精湛，有的是浮雕，有的是穿雕。除了古代人文典故，还有动物、花

图 6-17
江西省井冈山市
鹅岭乡塘南村

卉图案，工艺细致，栩栩如生。进门处的牌楼为重檐歇山顶、五层斗拱的木楼，高达 15.8 米。正中为五层，两侧为三层，由节、点、榫、卯连接，制作水平极高的大斗拱木楼，体现了明代中期高超的"斜拱"建筑技术。牌楼的建筑水平体现在三个方面：一是梁柱构件断面大但连接技术高明，对外力有很强的经受程度；二是斗拱的"大木"制作采用"偷心"的方法，即向外挑出的各层翘头有序"出踩"或"出昂"；三是牌楼的整体结构形成了"三踩单昂斗拱"风格，这是后来的清代越来越成熟的建筑技术。牌楼的正中设大门和两边侧门，为"实榻大门"，即槛框边抹的穿带做法与"棋盘门"相仿。不同之处是门心板与大边同厚，这是一般用在王府和宫殿的。门簪为六角形轮廓，并辅有木雕装饰。对这座拔地而起、高旷雄伟的牌楼，起到画龙点睛作用的，是顶层屋面两边的鱼身挑檐，以及中间的宝葫芦龙珠。

村中最奇妙的景观，是巷道和天井独具特色的建筑艺术结构。曲径通幽的巷道既是村人往来的交通要道，又是精心设计的防火带。通风透气、让光线一泻厅堂的天井，排水的管道藏而不露，几百年间，历经无数次大雨洪灾，却从未出现过渍水堵塞。独特的建筑艺术遗韵，折射出古代村庄的智慧、文化的积淀。中外学者游客纷纷前往，访古探幽。有学者认为这在国内是罕见的，在世界上也极具研究价值。塘南村不仅有着厚重的古代历史，也具有遐迩闻名的红色史迹。特别是在井冈山革命斗争时期，写下了值得浓墨重彩的一笔。井冈山革命斗争时期，毛泽东、朱德等同志都来过塘南村，留下了许多流传至今的红色故事。

第七章

荆楚传统村落的活化利用

中国传统村落文化抢救与研究
文化区系列

Chinese Traditional Villages

传统村落作为一项特殊的公共资源，自身的脆弱性、不可再生性以及承载的多元价值决定了保护的重要性。立足保护是当代荆楚传统村落空间形态适应性发展的前提。传统村落的保护具有双重性，一是要保护好珍贵的文化遗产资源，二是要促进村落的持续发展。近些年来，我国在古村落保护理论、规划编制、旅游开发与管理上做了系统的探索，特别是在提高保护意识和规划设计水平、完善保护措施和保护法规等方面做了大量工作，创造了一批成功的例子。但是，保护工作是一项艰巨的任务，特别是对于刚刚起步的荆楚传统村落的保护工作而言还存在许多现实困境，如何应对它们，是摆在我们面前的一道难题。传统村落保护与发展是一项社会事业，需要动员社会各方面力量理性参与，而且要形成制度，尽量精细化、系统化，使之成为一项可以量化决策、透明管理、社会整体受益的公共事业。

第一节
荆楚传统村落的传承与发展

一、荆楚传统村落特色景观的传承与发展

　　乡村景观要素由物质要素与非物质要素构成，物质要素包括自然要素与人文要素两类，划分依据为是否人工建设。其中自然要素包括地形、地貌、土壤、水文，人工要素包括各类建筑物、道路、

农业生产用地和公共设施等。建筑是村域主体，乡村道路形成了乡村景观的骨架，水利是农业生产的命脉。

（一）荆楚传统村落景观保护的内容

传统村落文物古迹众多，传统文化内容形式多样，地域人文风格迥异，其景观保护的内容大致分为以下几方面：

1. 传统村落直观的整体格局与建筑遗存

传统村落分布于不同地理环境之中，居民对地形的利用方式和对环境改造的手段、改造的程度存在差异，这些造就了千姿百态的地域性景观特征。云雾缭绕的山村，水网交织的水乡、渔村和一马平川的牧区，都反映着各自的景观特色。保护村落风貌就是要保护村落的整体格局，保护它存在的地形地貌、山水田野，使它为宜居的聚落环境服务。

（1）保护特色自然景观：传统村落多处在环境秀丽、山水资源丰富之地，周边自然地貌形式多样。诸如诗词雕刻、古道驿站等古迹也是村落景观资源之一，也是旅游开发的重要吸引点。保护背景环境的原真性和生态性是村落可持续发展的环境基础，应该好好珍惜。

（2）保护乡村聚落的街巷脉络和形态：重点保护村落内历史街巷的整体格局、道路骨架、平面布局、方位轴线关系、水系河道等。

（3）保护具有文物价值的建筑景观、古文化遗址：古建筑包括古民居、祠堂、牌坊、古商铺、寺庙、学堂以及依附其上的雕刻艺术（石雕、木雕、砖雕等）、绘画艺术等。建筑景观反映了本地文化与特色，是区别于其他地区风貌的标志，因此是村落景观保护的重点。建筑保护注意本土建筑风格的连续性，保持基本的建筑格局、体量、颜色、材料、空间布局，使之与原有环境格调一致。对新增建筑，控制其建造的尺度规模，风貌色彩、样式风格、高度体量与周围建筑融合，切忌追求大尺度、大体量建筑，破坏群体和谐美。

2. 田园生产景观

农业生产活动是农业生产景观的表现形式，农业景观受农业发展时期、地域差异和生产内容差异的影响而呈现出不同的景观特征。传统村落大多受地形地貌与交通限制，大规模机械应用不能完全实现，部分延续原始手工劳动的生产方式，产品以自我消费为主，因此目前仍属于粗放的土地利用模式。造成农业景观差异性的根本原因是地域差异，居民依据不同的自然地理条件因地制宜地进行农业生产，形成不同的景观类型，如平原上的水田和山地的梯田。此外，农产品种类不同，形成的农田景观也不相同，如菜地、茶园、稻田、鱼塘、果园等。

3. 地方特色民俗文化

传统村落的乡村，地域特征和历史文化内涵高于一般乡村，经过历史的沉淀、不同民族的影响，形成了富有地方特色的民俗文化，其中包括地方语言、民族服饰、宗教信仰、传统节日、地方戏曲、传统工艺等多个方面。这些民俗、技艺与大地、聚落、山水、植物一样，也是构成传统村落乡土景观的要素。这些富有文化内涵的景观要素有机结合，成就了乡土人文环境与村落氛围，丰富了村落非物质的景观风貌。

（二）荆楚传统村落景观保护的措施

依据国家相关规定，对于传统村落景观风貌的保护应当遵循以下原则：首先，吸引原住居民继续生活、居住在此地，维持村落原本的使用功能，保持内部活态发展；其次，改善配套服务设施，提高与居民切实相关的生活质量；再次，保护真实景观遗存，不能把建仿古建筑作为保护的主要手段。这些原则明确了景观风貌的保护宗旨，以人为本，不移民，不盲建，在原真性的风貌基础上强调整体保护，依托聚落建筑群，适度维修，慎重利用，促进景观风貌的自我生长和良性发展。

1. 建立核心景观风貌保护区

传统村落多是姓氏家族依山水地形、自然环境发展而来，反映村落发展进程和文化传承的景观要素组成了聚落核心，如集中分布的乡土建筑、古街巷道、戏台水井。聚落空间进行分层次保护分区，划定核心景观风貌保护区、风貌控制区和缓冲区，编制保护规划、管理权限、监督机制，确保核心区域景观风貌得到传承性保护与延续，防止文化景观被破坏。适当放宽风貌缓冲区的保护政策，依据人口增长情况在老村周边建立新区，协调新旧片区整体风貌。

2. 保护传统村落社会功能

依然保持活力的传统村落才能长久发展，为村民提供社会服务是判断传统村落依然具有活力的重要依据。原住居民是村落延续的主动力，鼓励引导原住居民留在村中，提高生活水平，改善生活设施。缓解困扰居民生活的现实问题，如排水、电信网络、处理生活垃圾等。原住居民是景观的创造者，聚落基本的社会功能得以保持，才是保护景观风貌最基本的动力。

3. 为传统村落景观建档

对现存传统村落或历史文化名村进行深入调研，记录古建遗存、山水格局、民风民俗、农田生产景观、历史风貌和空间尺度，发掘传统村落文化景观，建立中国传统村落电子档案库。针对旅游市场需求，开发与传统村落相关的旅游软件应用，详细介绍景观资源、旅游景点和旅游活动项目等，既推动乡村旅游向电子商务转型，也为景观保护、修缮提供基础资料。

4. 提高村民的文化自爱与自信

景观应该首先得到自身拥有者的热爱才能持久传承，提高民族文化自觉需要长期努力，可以投入社会各界和公益力量，鼓励村民自主美化环境，保护景观遗存、传统格局、历史风貌和历史建筑。不能单纯为追求经济发展而做出破坏环境的行为，禁止任意开山、采石、挖沙、开矿，保留已有园林绿地、河流水系、古道街巷。

5. 政府政策支持与科学引导

国家制定相关的保护政策、保护规划，防止形式主义的仿古建筑出现，组织对本地传统村落进行全面调研，分析景观构成，对历史建筑按照房屋质量、建造年代、文化价值等要素分等级进行保护：对有较高文化价值、主体结构完好的建筑进行修复，改造不能满足现代居住要求的一般住宅，拆除破坏景观协调性的违章建筑。政府制定有效的风貌保护计划，同时与景观利用、村庄产业发展计划联合，鼓励村民参与保护建设。

二、荆楚传统村落乡土文化的传承与发展

在漫长的农耕社会发展过程中，形成了具有丰富文化的传统村落。传统村落作为一种文化形态和文化意象，内部交织的是制度、礼俗、农业生产以及乡土社会中人才不脱离草根、精英力量始终参与乡土建设等内在机制。在转型过程中，其实很难孤立地保留建筑遗迹等物质外壳，必须深入文化的血脉肌理，考虑其根本性的生存和发展。

（一）荆楚传统村落乡土文化传承的内容

参考日本 20 世纪 80 年代开始的"再造魅力故乡"实践，以及中国台湾地区 20 世纪 90 年代中期开始的"社区总体营造"实践，可以看到，初衷都在于拯救社会转型冲击过程中凋敝的乡村，出发点是独具特色的地方文化，开展的是具有主动性的"营造""再造"，主体是地方居民。如台湾"社区总体营造"运动提出，其目的不是只在于营造一些实质环境，最重要的还是在于建立社区共同体成员对于社区工作的参与意识，提升社区居民在生活情境的美学层次。社区总体营造工作的本质，其实就是在重塑人，也只有通过文化的手段，重新营造一个社区社会和一批社会人，以实质环境的改善作为短期目标的社区总体营造才有可能成功。

从根本上说，传统村落的保护与发展必须回归文化，着眼于社

会发展，即更加重视文化生态和文化资源保护，变静态保护为动态营造，并进一步发挥村民的主体作用。从根本上说，传统村落要延续和发展下去，必然要与当代社会对接发展经济和生产，从而发挥其文化资源禀赋和特色优势。发展具有文化创意内涵的产业，具有契合度和可行性，关键在于，是充分认识文化的独特价值、尊重文化的生态和内涵，以独具特色的历史文化来增加产业附加值，还是以短期的市场收益、逐利需求，来开发、肢解、改造原本具有唯一性的历史文化遗存。其中涉及深层次的认同、发展的监督机制，以及主动营造和发展的共识。

就目前积累的传统村落保护经验看，在全面梳理、深度认识和尊重认同文化的基础上，形成了整体性、风貌性和原真性的保护原则，解决了修旧如旧与舒适生活的矛盾，从民居建筑到作坊工艺，全面复原传统风貌，从而使文化价值全面凸显，并在传统村落发展中发挥了重要作用。

（二）荆楚传统村落乡土文化传承的措施

具体结合目前传统村落保护与发展中存在的问题以及发展趋势，可从文化生态、主动营造、主体作用发挥等几个方面予以加强。

1. 深化传统村落文化资源转化研究

研究者是传统村落保护与发展事业的理论建构者，应该发挥先导作用，不仅要全面梳理和科学认定传统村落历史文化的脉络和价值，建立保护规范和策略机制的理论依据，也要加强实践转化和应用研究，找到历史文化资源传承发展、活化利用的可行途径，并就此建立研究转化"雅俗共赏"的信息交流平台，为村落基层发展提供智力支持，促进学界研究成果转化为社会价值。

2. 制定传统村落活化营造策略

政府公共管理部门除了担负起有效的保护职责外，必须深刻认识传统村落现代化转型的现实意义，进一步研究制定发展措施，从传统村落活化的意义上推动再生发展。如台湾地区在社区营造中提出，"贫困的乡镇社区想要在经济上继续维持生机和活力，只有依赖独特性、在地性、稀有性的'文化产业'方向来开发，一方面将原有的各种产业和地方特色赋予文化性的意义和价值，另一方面将具有魅力、独特的地方文化，透过行销概念予以商品化，赋予其实体与心理价值，即将文化经由企业化经营的方式创造市场的新气象，提升市场的价值"。在产业转型升级的整体趋势下，我们应通过制定传统村落活化营造策略，重振地方文化，实现地区机能重塑，提高生活品质，以期解决衰退问题。

3. 健全村民自主保护与发展机制

村民是传统村落保护与发展的主体，正所谓"地方的魅力事实上是由于居住在这片土地上的人的魅力而产生出来的"。具体应建立健全传统村落保护的专业咨询机构"传统村落保护咨询委员会"，成员由政府机构成员、专业技术人员、乡土社区代表、社区外部公众代表组成，就传统村落价值专业分析与认定、保护资金落实、文化价值实现等进行监督和管理，目的在于有效引导、监管基层自治组织对传统村落的保护管理实践，保证传统村落组织保护在实践中的社会综合效益。

总之，传统村落是历史形成的，有其形成过程和内容内涵的丰富性，它在当代的转型发展也不可避免，我们既要从文化传承发展的意义上加以认识，为中华民族伟大复兴存续血脉和见证，也要精细化地剖检解决转型发展中面临的现实问题和矛盾，以文化的认同和创造为根基，重视整合资源，重塑环境，建立共识，发挥基层主体作用，实现传统村落的活化与发展。

第二节
旅游开发在荆楚传统村落活化中的作用

对传统村落的活化复兴，不应该仅仅只是停留在建筑和空间格局的"本体"保护的物质性层面，更重要的是对村落社会网络关系、社会生活等以"人"为本的精神性层面复兴。活化就是要构建新的经济生产关系，活化的根本是把传统村落作为一种生产空间保留下来，这个生产空间不必固定为农产品生产，可以是其他任何形式，这样就能将乡村经济空间保留下来，形成一种新的经济功能。经济功能的背后隐含着文化功能，文化功能就是我们一开始讲的中国传统文化景观的基因。活化的另一个本质就是把传统的要素、形式保留下来，但是功能上可以现代化。传统村落要活化，要保留传统文化，但不是一味地、被动地保存或者是原封不动地保存，要实现传统要素和现代功能的有机结合①。旅游业在传统村落保护的领域中具有巨大的作用空间，通过乡村旅游保护传统村落是最好的一种活化方法，现实当中也有不少成功的实例。

一、荆楚传统村落旅游活化的基本程式

旅游活化在尊重和存续传统村落肌理的基础上，将之转变为具有吸引力的乡土体验产品，使村落内生的场所空间以居民—游客互动为媒介与外在的现代空间形成有序的、互惠的交易，继而重建村落空间生产机制，引导、培育村民社会成为村落空间自我存续的自主和自治力量。传统村落旅游活化的主要流程可归结为"存续村落传统肌理、激活村落传统特质、构建持续自治机制、营造精致利用方式"四个方面，使当地村民有能力、有动力参与旅游活化过程和村落持续发展，是旅游活化的核心目标②。

（一）存续村落传统肌理

由物质、社会和行为基因等构成的乡土肌理是涵养传统性的核心载体。传统村落衰败是在现代化过程中空间重组和机制变迁使然，并非村落机体固有之弊。借助现代性机制，城市过度攫取乡村资源，破坏乡村肌理，致其衰败。然而从传统性来讲，城依赖于乡。现代

---

① 吴必虎.基于乡村旅游的传统村落保护与活化[J].社会科学家，2016（2）：7-9.
② 吴必虎，徐小波.传统村落与旅游活化：学理与法理分析[J].扬州大学学报（人文社会科学版），2017，21（1）：5-21.

性与传统性的异质互补使城乡相互吸引、相互依附，形成"城乡磁铁"。传统性作为"反现代性"的力量，成为乡村制衡城市的袭夺和压制效应、实现自我存续的根本依托。

建筑物、街巷和公共活动区域作为传统村落肌理中的点、线、面要素，按照一定关系排列组合形成一个复杂而完整的人文系统，人文肌理与自然肌理有机结合形成了具有独特空间形态特征的村落肌理。在村落肌理的更新和改造过程中，将原始肌理有选择地保留，不仅是对村落的原始风貌和传统文化的保留，也是对人们朴素生活方式和集体记忆的保存，保留的对象主要针对作为集体记忆载体的建筑要素、空间要素和环境要素等，熟悉的空间和熟悉的场景使人们更有归属感和亲密感[①]。

（二）激活村落传统特质

城市已成为我国乡村旅游的最主要客源地，城乡异质性及其衍生的空间梯度力是乡村旅游的原动力。村落以其传统肌理对于城市、游客而言，乡土性、吸引性在很大程度上是合一、同源的。激活、展演传统特质是村落遗产的话语表述和实践方式，催生村落的旅游吸引力。对乡土资源的成功利用是很多著名的遗产型旅游村落的基本经验，如俞源八卦村之于传统村落形态、元阳梯田之于传统坡作景观、德朗苗寨之于传统民俗风情、京郊乡村之于传统"火盆"美食。旅游搭建一种主客交流平台，使很多优秀的乡土遗产形成更大的现实影响，促进文化、社会交流，增强地方自豪感和集体记忆。旅游功能让

---

① 魏佳佳. 基于集体记忆的传统村落肌理保护与更新研究[D]. 武汉：湖北工业大学，2016.

乡土村落进入更开阔的社会生活，村落遗产的功能和价值也就得到拓展，从而超越地方主义守旧话语而回归于民族的共同财富[①]。

(三) 构建持续自洽机制

传统村落复兴之基是有序重建本土化发展机制，人是发展机制的能动主体。乡民和市民都并非现代性所预期的"功利主义的单面人"，而是具体的、现实的人，都需要镶嵌于现代性、传统性互动与交易之中的抽象价值、使用价值、情感价值。城市与村落、现代性与传统性相互凝视、相互建构，在市民与乡民的需求异同之间寻求啮合。正如乡民期待"现代"生活，市民对"乡土"生活同样怀有皈依之心，现代性、乡土性是现实生活兼容并蓄的两个侧面。旅游提供了现代性、传统性相互反转的社会机制，市民、乡民在村落空间的共享与互动中各取所需、共同获益，蕴含"各美其美、美人之美、美美与共、天下大同"的自洽逻辑。总之，以旅游发展统筹现代性的动力和传统性的张力，将功利性动机有效制约在乡土体系的适当位置，可以推动传统村落实现自我存续和复兴。

(四) 营造精致利用方式

"精致"源自"精致增长"或"精明增长"，是一种内涵型、存量型、创新型利用导向，针对旅游之中的现代性可能引诱相关利益方

---

① 吴必虎, 徐小波. 传统村落与旅游活化: 学理与法理分析[J]. 扬州大学学报(人文社会科学版), 2017, 21 (1): 5-21.

对传统村落的旅游利用方式形成肤浅理解、低级甚至庸俗对待。为遏制旅游对传统村落的消极影响，提升村落发展的公共福祉，应当采取有所差异、目标综合的利用方式。其中，尤其要处理好高、低经济效益要素的利用关系，而利益分配和统筹开发是关键抓手。要充分意识到，传统村落提供的是一种整体性的场所体验，有赖于多种要素的整合开发和共同塑造，不能以经济效益单方面"指挥"要素开发的"轻重贵贱"。事实上，很多非物质遗产和静态遗产开发难度大、直接效益低，但却是传统村落最具价值和影响的旅游资源[①]。

二、传统村落文化旅游活化的主要途径

传统村落文化主要是以民间文学、传统音乐、传统舞蹈、传统戏剧、曲艺、杂技与竞技、传统体育、传统美术、传统技艺、传统医药、民俗活动等为主要内容和文化表现形式的客体，在旅游开发过程中实施保护性开发，通过旅游产品使其得以传承和发扬，即文化活化。文化活化的主要途径包括文化空间活化、文化建筑活化、文化景观活化、文化节事活化、文化演艺活化和文化商品活化。

（一）文化空间活化

文化空间活化主要是指确定文化主题元素，从空间上营造文化

---

① 吴必虎，徐小波. 传统村落与旅游活化：学理与法理分析[J]. 扬州大学学报（人文社会科学版），2017, 21（1）：5-21.

氛围，为游客提供主题鲜明的旅游文化环境，如建设民俗古城古镇，打造民俗文化村，设立民俗风情园，等等，通过打造特色空间形成旅游区的品牌形象，如丽江的纳西文化、楚雄的彝族文化、内蒙古的草原文化等，都是通过将区域内最核心、最强烈的文化空间活化，从而实现景区的建设。总之，文化空间活化的目的是让人们在逛街、休闲的过程中，陶冶情操，获得精神上的享受。如黄山市的古村落还保存着传统礼仪、民俗文化、语言传统、传统手工艺、生活风俗习惯等古风徽韵，通过将文化遗产原状保存在所属区域环境中，使物质文化遗产"凝固住"，非物质文化遗产"活起来"，这都属于文化活化。文化空间活化是进行民俗文化旅游开发的基础和保障，通过风貌、商品、服务等多方面进行全息化演绎，实现文化聚焦。

（二）文化建筑活化

文化功能需要通过一系列文化设施的集聚进行强化，如"村寨""民俗古居"等，从量变引起质变，这就是文化建筑活化。用民俗文化理念构筑建筑物的创意和规模，通过将文化符号化来实现细节，把文化融入建筑的空间结构、表皮肌理、建筑造型、互动结构的空间安排等各方面，从而形成建筑的文化特色。例如丽江独具特色的客栈、商业街、古城古镇等，都是民俗文化建筑活化的表现。

（三）文化景观活化

文化景观是旅游文化展示的一个重要方式，通过壁画、雕塑、服饰、音乐、美术等小品艺术展现当地的民俗艺术文化，使其成为文化符号的艺术展示形式。景观小品是景观中的点睛之笔，一般来说，其体量较小，色彩单纯，能对空间起点缀作用，如丽江民俗旅游中的民族壁画、雕塑等。

（四）文化节事活化

节事活动模式是以大型节庆活动为形式而进行的一种民俗旅游开发。节事是一个地区民俗文化的最佳载体，游客观赏或参与当地的节事活动，可以最直接地了解、感受当地的民俗文化，获得丰富的旅游享受。节日包括传统节日、现代节日、西方节日、各类庆典等，如丽江开发的彝族火把节、纳西族的棒棒节等就属于文化节事活化。节事活动应体现欢快、幸福、风趣之感，尽量让游客参与进来。节事旅游开发一定要以传统的民俗活动为主题举办专门的文化旅游活动，这种活动本身并不是固定或约定俗成的节日活动，而是在旅游发展过程中专门开发而成的。如潍坊的国际风筝会、海南的国际椰子节、新疆的葡萄节等。

（五）文化演艺活化

文化演艺是民俗文化集中展示的主要方式之一，也是现在旅游发展中比较受欢迎的一种旅游产品，具有文化磁极的作用，如丽江推出的《印象·丽江》已经成为丽江旅游的新名片。从发展现代民俗旅游的视角看，要实现历史与现代的结合，充分利用民俗活动的空间平台，建立以大型晚会式、巡游式、歌舞史诗式旅游表演为主体，融合多种艺术门类的表演体系；构筑与艺术圈、设计产业、演出设备采购、高新技术产业等多种产业紧密关联的演艺文化产业链条。

（六）文化商品活化

通过文化空间、景观、建筑、节事、演艺等形式可以为游客营造良好的民俗旅游环境，文化商品则是街区的风貌、商户的功能、经营的商品、参与的商家全息化聚焦的实体。文化商品开发将民俗工艺与旅游有机地结合，有利于带动经济发展。文化商品不仅是旅游产业链的重要一环，更重要的是承载了对民俗文化保护和传承的责任。如丽江开发的木雕、玉器、刺绣等工艺品，既满足了游客"购"的需求，又保护了木雕、玉器和刺绣等工艺品的制作手艺。

第三节 荆楚传统村落旅游活化案例

一、江西省抚州市流坑村

（一）抚州市流坑村简介

流坑村隶属于江西省抚州市乐安县牛田镇。该村位于赣江支流——乌江的上游位置，距离乐安县城约38千米，由于当地居民习惯将小盆地称为"坑"，所以得名"流坑"。流坑村四周青山

图 7-1　乐安县流坑村全貌

环抱，三面乌江水绕流，山川形胜，钟灵毓秀，建村时间可以追溯至五代南唐升元年间（937—942），至今已有一千多年历史，被誉为"千古第一村"。

1. 自然环境

流坑村位于赣中腹地，处于华南气候区与华中气候区过渡地带，属于典型的亚热带湿润季风气候，四季变化分明，年均气温在16.8℃—17.7℃之间。气候温和，日照充足，雨量丰沛，年均降雨量约1650毫米，春初夏末雨水较多，无霜期长，植物种类非常丰富。

据调查，该村周边山林资源覆盖面积高达 38.67 平方千米，以香樟、天竺桂、毛竹、云杉、垂柳、枫杨、马尾松、油松、油茶、桂花等为主。丰富的自然植被资源为流坑村的选址、发展及演变提供了不可或缺的条件。顺乌江而下，离古村西北方向约 4 千米有号称"江南第一古樟林"的千年古樟树林，占地面积约 1100 亩，合 0.73 平方千米，为流坑村的风水林。

2. 社会文化环境

流坑村为董氏单姓聚族而居的血缘村落，全村以董姓为多，家族尊西汉儒学家董仲舒为始祖，但宗谱可考的开基祖则为南唐时的董合。宋时，流坑村以董氏科第而兴旺，成为江南大家族聚居之地，时有"一门五进士，两朝四尚书，文武两状元，秀才若繁星"和"欧（欧阳修）董（流坑董氏）名乡"之美称。元代遇兵燹，村子遭毁。明清时，村中有识之士接续祖业，兴教办学，修谱建祠，并发展竹木贸易，使流坑村又一次繁荣兴盛。从宋初到清末，村中书塾、学馆，历朝不断，明万历时有 26 所，清道光时达 28 所。全村曾出文、武状元各 1 人，进士 34 人，举人 78 人，进入仕途者，上至参知政事、尚书，下至主簿、教谕，超过百人。江西省有 30 名以上进士的村子仅有 4 个，流坑村是其中唯一一个文物遗址保存如此完好的传统村落。明代旅行家徐霞客曾到流坑村游历，赞："其处阛阓纵横，是为万家之市，而董氏为巨姓，有五桂坊焉。"流坑村以规模宏大的传统建筑、风格独特的村落布局而闻名遐迩。明代中叶，从南京辞官回乡的刑部郎中董燧带领族人，用将近二十年时间对流坑村进行了彻底改造，逐渐形成"七横（东西向）一竖（南北向）"八条较宽街巷，使整个村子形成

图 7-2　流坑村建筑群

"七横一纵"的梳子形状。

在流坑村中现存的 500 余幢建筑中,有明清古建筑及遗址计 240 余处,其中明代建筑、遗址 19 处。这些传统建筑中,有古典风范的民居建筑,有宏伟壮观的宗祠建筑,有幽雅别致的庙宇建筑,有功能各异的文化建筑,如纪念性楼堂、书院、戏台、牌坊等,还有店铺、水井、桥梁、古墓、古塔遗址等。可以说,我国古代建筑中的基本类型在该村都能够看到。据统计,计有戏台、书屋等文化建筑 14 处、牌坊 5 座、宗祠 48 处,庙宇 8 处。另有古水井、风雨亭、码头、古桥、古墓葬、古塔、古村门等遗址 32 处。流坑村的民居建筑均为砖木结构楼房,高一层半,

第七章 | 荆楚传统村落的活化利用

图 7-3
流坑村巷道

格局多为二进一天井，布局简洁，朴实素雅。从外面看，多呈长方形平面状，用空斗砖墙围合，清一色的青砖灰瓦，半掩半露的双坡屋顶隐在重重叠叠的高峻的马头墙后面。民居内部格局多为二进三开间，一堂一厅，明代时多前堂后厅，清代时多前厅后堂，面阔三间，明间厅堂，次间卧堂，左右对称。木构穿斗式梁架，并依使用目的之不同，用木质装修的"宝壁"、屏门、隔扇将厅堂内部自由分隔，下堂前檐部常做成各式的轩，形制秀美且富于变化。室内地面以长条青砖横向错缝铺砌。堂前均有较为狭小的天井，既供采光通风之用，又取四水归堂之意，无形中把人与天衔接起来，体现出"天人合一"的意境。居宅一般有前门和后门，前门通正厅，后门连便厅或厨房。明代和清代前期正门多为侧入式，清中期以后大门一般开在中轴线上。门的形式各异，以"一"字门、"八"字门、牌坊式门、凸入式门和门罩式门为主。明代民居堂前多置照壁，照壁上的砖雕壁画十分精美；清代民居堂前多带庭院，庭院前有砖木结构的门楼。

流坑村是中国封建宗法社会的一个缩影。在一千多年岁月里，流坑董氏依靠严密的封建宗族制度来凝聚族众、维系秩序、稳定发展。村中封建宗族活动的遗存随处可见，特别是那版本众多的谱牒和遍布村巷的祠堂，更是难得的人文景观。现在仍存有明万历十年（1582）族谱3本，清代各房谱牒20多个版本，各种宗庙祠堂58座。1997年8月江西省政府特批流坑村为江西省历史文化保护区，公布21处古建筑为省文物保护单位。2001年6月，流坑村被列为第五批全国重点文物保护单位。2003年10月，流坑村被评为首批中国历史文化名村。

（二）流坑村旅游活化措施及成效

清澈的乌江河、古朴的明清建筑群、幽静的鹅卵石巷道……这个被称作"浓缩华夏耕读文明最后孤本"的千年古村，在城镇化进程中实现保护与开发的有机结合，需要当地政府部门、文物保护部门和当地村民的共同努力。1998年，乐安县成立了流坑古文化保护利用工作委员会，主要具体负责流坑文物保护、修缮工作，指导流坑旅游开发经营，培训旅游从业人员，规划、开发旅游景点，做好各项申报、宣传工作；流坑村委员会负责组织旅游接待工作、开发旅游商品、管理导游、出售门票等项工作。这样一个开发模式显然是由于流坑村不仅是一个旅游目的地，还是国家文物保护单位。因此，在流坑村的旅游开发过程中，始终贯彻的是旅游与文物保护齐头并进的方式。在各级政府的重视与扶持下，流坑村的旅游接待走上了正轨。

1. 理顺管理体制，成立专门管理机构

在流坑村旅游开发的初始阶段，一定程度上带动了流坑村的发展。但旅游开发的直接经济效果，对流坑村的积极影响却十分有限。如2001年接待了3万人次，门票30元/张，门票收入应该是90万元，但实际门票收入却只有36万元；2002年游客数量大幅上升，门票收入反而下降到35万元。旅游收入分红，平均每人不到30元/年，每户每年140元左右。

2004年，为理顺流坑村的管理体制，根据抚州市政府第43次常务会议及乐办发〔2004〕12号文件精神，同意成立乐安县流坑管理局，撤销原流坑文物管理局。流坑管理局为县人民政府正科级事业单位，是流坑村古建筑群的主管单位，授权管理流坑村的基层党组织建设、村民自治、农村经济、乡村规划、社会发展、综合治理和文化、教育、科学、旅游、卫生、计划生育、青年、妇女、民兵预备役等方面的工作。流坑村从牛田镇划出，由流坑管理局管辖，但流坑村仍属于牛田镇的行政区域范围，其选举、审判、婚姻登记等权限，依照有关法律规定，仍由牛田镇人民政府负责。2008年1月，县委、县政府为进一步理顺流坑管理体制，把流坑村的村务、党务、社会工作回归牛田镇政府管理，流坑管理局专事文物保护和旅游开发工作，并且由牛田镇相关领导兼任流坑管理局领导。

2. 修缮古建筑，保护好古村

首先是对重点濒危古建筑进行维修保护。从 2012 年开始，乐安县向国家文物局申请了"流坑村保护专项基金"，对存仁堂、状元楼、怀德堂、藏恕堂、大宾第建筑组群进行了维修，并开展白蚁清剿灭治；2013 年和 2014 年，又分别争取国家文物局专项资金 2000 多万元，对董其校宅、宝贻公祠、拱奎门等 39 处国家文物保护单位古建筑进行维修。一幢幢危旧的古建筑修葺一新。为了从维修古建筑向保护古村落过渡，近年来，乐安县还特别请清华大学建筑学院编制了《江西乐安流坑村保护规划》，先后出台了《乐安县流坑村文物保护管理条例》和《流坑村管理保护办法》，明确规定，任何人不得私自买卖、损毁和拆除古建筑，并提出一系列措施保留住和保护好古建筑和古村落。

其次是加强旅游设施建设。早些年，"青石板上尽是牛粪""篱笆乱搭乱建，菜地尘土飞扬"等对这个古村的负面评价时常出现于各类旅游贴吧。一分改变意味着一分努力。在近几年的旅游开发中，在村口兴建或改造了 29 个包括小游园、绿化带、游步道等景观点，新建了景区游客服务中心，添置了 4 辆旅游观光车，把菜地和空地进行立体改造。在基础设施趋于完善的背景下，古村旅游收入节节攀升。往年古村门票收入仅二三十万元，2013 年达到 49 万元，2014 年门票收入和导游收入则突破了 110 万元。

3. 迁移古村人口，保护古村核心区域

为了缓解古村人口膨胀、无地建房、违章建房等问题，流坑村一方面加大古村保护，一方面加快新村建设，当地政府积极引导村民有序搬迁。流坑村村民住在核心区的只有 200 多户，大部分住在

附近的两个新村,还有400多户居民通过租房居住。县政府在外围统一规划600多亩土地建设流坑新村,分期分批将400余户1000多位村民从古村内迁往新村居住。每套房子占地面积117平方米,一共3层,目前,第一批新村村民已经进行安置。据乐安县流坑管理局书记余剑介绍,这些房子优先提供给无房居住的村民;在古村核心区,如果有违规建房且自愿拆除的,也可以在后期安排住房。

4. 吸引村民留乡创业,延续古村文化之根

村民是传统村落保护与发展的主体,正所谓"地方的魅力事实上是由于居住在这片土地上的人的魅力而产生出来的";村民对村落的认同感、依恋感、乡土情结都是吸引城市人的因素,具有生命力的"活态"的古村,更能吸引游客的到来。从1997年开始,流坑村出现大规模的外出打工者;2003年,流坑村村民在外打工的已经有1428人,打工者的收入已经成为流坑村大多数家庭主要的收入。面对村民大量外出、传统民俗后继无人所形成的文化保护的尴尬局面,流坑管理局一方面加大投入,争取一批中年人加入传承队伍,一方面继续发展经济,吸引村民回乡。

2014年,流坑村全年游客量超过5万人次,创历史新高。由于外来旅游者的增加,人们的就业观念正在发生变化。流坑村村民董金祥常年在宁波打工,2013年5月偶然回到流坑村,便决定不再出去了。当年10月,他投资的古玩工艺品店在村头开张。"每个月的纯收入有上万元,比在外面打工强多了!"董金祥说。在村里经营"状元山庄"的董桂华更是受益者。从20世纪90年代末流坑村对外揭开面纱时起,他就看到了家乡的潜力,在村里开起了农家乐。2012年,董桂华在村外盖起了一栋5层高的"状元山庄",投资200多万元经营

餐饮和住宿，成为当地最大的一家宾馆，最多的一次接待了600人吃饭。"等古村旅游搞起来了，我还要扩大规模，再装修一层！"董桂华说。流坑村的保护模式，不仅留住了原生态，也为村民带来了可观的经济效益[①]。可喜的是，2018年，流坑村游客接待量突破40万人次，2019年达到45万人次。这对流坑村本地村民参与村落的发展，在生活场景和文化习俗上让古村的"根"延续下去十分有利。

二、湖南省张家界市石堰坪村

（一）张家界市石堰坪村简介

在张家界市永定区王家坪镇东南，群山叠翠，小溪流碧，山环水抱之中，有一个历史文化悠久、自然景观秀丽的自然村落石堰坪。石堰坪村正中央有一口两亩见方的古堰塘，外形似"砚"，"砚"的周围全部是石头，"砚"内常年流水不干，好像有"墨"。因"堰""砚"谐音，故村子取名为石堰坪，全村总面积17平方千米[②]。

1. 村落的自然环境

石堰坪传统村落形成于元代，地处云贵高原隆起区与洞庭湖沉降区之间，武陵山脉余端。此处喀斯特地貌分布广泛，海拔一般在200—800米之间，地形复杂多样，山地、丘陵、盆地相间分布；属

---

① 曾文才，万芸芸. 流坑村：负重致远的求索[EB/OL].（2014-03-11）. http://tour.jxcn.cn/system/2015/04/10/013757635.shtml.
② 张爱众. 古寨石堰坪[J]. 新湘评论，2015（11）：50-52.

亚热带季风气候，四季分明。村落北有上伏溪河流，属沅水流域，整体水资源丰富，村落内无工业，保持着原始的农耕生活，因此水质较好。山上建有水库，蓄积了山间溪流水，为村落提供了足够的水源。背山面水的吊脚楼群十分注重水文和植被，石堰坪森林覆盖率达90%以上，拥有大面积的古老树林，村中还有树龄超过500岁的银杏树和300岁的梨树。这里有盆地式坪塔，大寨式梯田；有万亩原始次生林，万株古柳群；有"穿心岩""箱子眼"奇景，有南朝庙、明朝窑遗址。特别是保留完好的土家族吊脚楼古建筑群覆盖全村，形成了独特的地域风貌，更蕴含着浓郁的民俗风情。

图 7-4　石堰坪村全景图

2. 村落的社会文化环境

石堰坪村村民95%是土家族，全村居住的182户村民，户户都住土家族吊脚楼。石堰坪村的吊脚楼布局形态呈现组团式、线状和点状3种形式。在村落地势相对较平坦、开阔之处，形成了规模较大的两处组团，而沿着等高线、道路或河流，形成了两条狭长分布的线状吊脚楼建筑群，建筑无固定朝向，是结合地形布局的典型。点状形式的吊脚楼则相对分散，零星点缀在郁郁葱葱的树林中。石堰坪村的吊脚楼修建选址不强求平整土地，不侵占农田和菜地，不堵塞道路，大都因地就势，最大限度利用山地空间。若是平面空间不够用，就在上面一层平伸出去，楼上悬柱，楼下落柱，悬空而建，形成"吊脚"。

吊脚楼上层房子四壁用杉木板开槽密镶，在木墙壁里里外外都涂上桐油，供人居住。下层堆放杂物或喂养牲畜。这种"人不争地"和"占天不占地"的观念是吊脚楼选址的首要原则。石堰坪人在设计自家的吊脚楼时，不仅要考虑到自己的材料准备情况、家人居住实际需求、所选地势特征等，还要考虑是否与自己邻近居民的楼房相和谐。独栋堂屋不对着别人的正堂，偏房吊脚不挡住别人的出路，样式与周围楼房能够做到互为协调、互为补充、互为衬托，但忌讳雷同攀比。如"凹"字形要与"山"字形配对，倒锤头要与钥匙头连体，四合井可与"一"字屋并排等，形成左右对称或错落不一的协调一致、美观大方的建筑群。这里从明清时期到20世纪90年代初修建的182栋土家吊脚楼，特别是核心区石堰坪、团龙岗、楼屋、上伏溪4个村民小组的85栋吊脚楼，以小青瓦穿斗，中堂设主梁，两边雕瓜柱、画看梁、挑出檐、刻齐筒。挑梁封檐、垛脊、扳爪，样式整齐，风格一致，建筑布局紧凑，集中成片，建筑群总占地面积达8万多平方米。石堰坪村吊脚楼是土家族传统村落历史遗存的缩影，被称为巴楚文化的"活化石"，是全国重点文物保护单位，具有相当高的历史、艺术和文化价值[①]。

石堰坪村由于地处山区，比较偏远，交通不便利，基本上保持着原生态的生活模式。历经千百年，在千锤百炼的锻造中，许多丰富的民俗民间文化传承至今，有薅草锣鼓、山歌对唱、扬叉舞、草龙灯、太平歌、哭嫁、求雨、土地戏、摆手舞、铜铃舞、花灯、糊仓等民族歌舞和农耕文化活动。石堰坪人勤劳善良，崇文重学，敬祖传业，忠厚质朴，他们的与自然和谐共存、自强不息、乐观向上等精神内质几千年来盛传不衰。

（二）石堰坪村旅游活化措施

随着 2009 年武陵山经济协作区建设的启动，大湘西地区开发的不断深入及旅游综合改革试点城市的实践，张家界市在建设世界旅游精品市上面临着极佳的发展机遇。在张家界旅游业大发展的背景下，作为民族特色村寨的石堰坪村的保护和开发显得日益重要。石堰坪村初步确立了以展示生态休闲传统农耕文化为主，兼顾旅游产品、农副产品和民族工艺品的开发为辅的产业发展思路，农村休闲观光旅游、文化演出、农家乐及农副产品和民族工艺品的生产加工逐步得到发展。

1. 制定村规民约，维护古村风貌

石堰坪人诚实、质朴、尚善的至情至性，在这一次深度对接现

---

① 罗钏雯. 土家族传统村落生态性研究：以石堰坪村为例[J]. 建筑节能，2015（8）：60-63.

代文明的进程中，再次表现出高度的自觉、自信、自强。为了让石堰坪保持传统村落生活的原生态、原真性和地方特色，转型发展文化旅游，全村人自发订立六条村规民约：不准私自改扩建房屋，保持村寨原貌；支持上级部门的建设，不提条件；保持村内干净整洁；树立文明新风，远离封建陋习；讲诚信，要声誉，不欺诈游客；维护石堰坪国家重点文物保护单位的牌子不掉色。各职能部门按规划整修石堰坪古建筑群过程中，没有遇到任何因土地权属、参工参运导致的纠纷，施工进度一再提前。

2. 修缮吊脚楼，加强古建筑保护

石堰坪人自二十世纪八九十年代开始，就已经对古建筑有了很强的保护意识。那时候，村里就有专门的村规民约，杜绝拆吊脚楼修砖房，并对保护得完好的给予奖励。对保存完好的吊脚楼，重在维护；对基本保存原有风貌，但建筑雕刻、门窗、墙体等有轻度破坏的古建筑，按"修旧如旧"的原则，重在修缮。在维护吊脚楼建筑的风格和面貌的同时，采用现代建造技术对其不合理部分进行改造。在新建筑的色彩、用材、风格风貌、建筑样式、空间布局上最大限度地维护吊脚楼的风格面貌。适当对吊脚楼内部进行现代化改造，如对传统吊脚楼的厨卫等生活设施进行现代化改造更新，以适应健康、卫生、舒适的现代居住理念。另外，要注重古建筑、新建筑与村落整体风貌的协调统一。

3. 挖掘原生态民俗文化，展现原汁原味土家风情

在旅游开发中，依托石堰坪村特有的文化遗产，实现旅游资源开发、文化遗产传承、民俗风情体验的合理保护与利用。水碾、旱

碾、榨房、水车、筒车等大量生产生活工具在石堰坪村随处可见；薅草锣鼓、山歌对唱、扬叉舞、层篓舞、摆手舞、铜铃舞、哭嫁、傩戏、土地戏、渔鼓、三棒鼓、花灯、糊仓等民族歌舞和农耕文化活动代代传袭。走进石堰坪村，就走进了一个"民俗文化生态博物馆"。在石堰坪村，村民忙完了四季农活儿，就拾起了传统的铁匠、木匠、瓦匠、篾匠、弹匠等手工艺，他们不图快，不图多，不图巧，全部用手工完成，做的东西结实、耐用。游客到了，石堰坪村文艺表演队迅速从田间地头聚拢来，洗了手脸，换上统一的服装，认真地在农家乐外面彩排三五个节目，天一落黑，就在二胡、锣鼓、唢呐的陪伴下精彩亮相。在民俗体验的基础上，逐渐开发了薅草锣鼓表演、糊仓表演、插秧比赛等项目。

薅草锣鼓源起劳动协作需要，充分展现了石堰坪人乐观、向上，从不向困难低头、不向挫折弯腰的本性。明代《三才图会》记载："薅田有锣鼓，其声促烈清壮，有缓急抑扬。"土家族地区山大人稀，野兽出没，单家独户劳力不足，声势不够。土家人在薅草时结伴成群、团结互助，敲击锣鼓惊吓野兽，鼓足干劲。石堰坪的薅草锣鼓至今盛传不衰。烈日炎炎下，庄稼地里野草丛生，热浪袭人。一群挥汗如雨的土家人踏着锣鼓韵律，伴着高亢号子，错落有致地劳动、歌唱。热烈的氛围覆盖了疲惫和艰辛，扬起了笑声和吼声。在薅草锣鼓声中，可以略微窥见一个苦中作乐、自强不息的民族生存的根源。

糊仓是当地村民每年都进行的农耕文化活动。糊仓不仅蕴含了劳动技能的比试、褒奖，也寄予了善良、真诚的祝福。一年一度的春耕插秧临近结束时，在最后一天、最后一丘田里将有一场特别的仪式。收工时分，经过一番不动声色的你追我赶的插秧比赛，手脚慢的人被周围插好的秧苗关在田中央，身上冷不防地还要被手脚快的人糊上一大块泥，主人家和插秧手脚慢的人身上糊得最多。身上糊泥象征着即将进行的整修谷仓、防鼠、防虫等农事活动，预示着全年风调雨顺，秋天好收成。插秧慢的人和主人家对大家的祝福也越感到高兴。因别具一格的仪式和丰富的象征意义，糊仓已经成功申报为湖南省非物质文化遗产。

（三）石堰坪村旅游活化成效

通过当地政府部门和村民的共同努力，近年来，国务院批准国家第九个土家族生态博物馆项目落户石堰坪村。石堰坪村被住房城乡建设部、文化部、财政部评为"中国传统村落"，被国家民委评为"全国少数民族特色村寨"，农业部决定在石堰坪村开展"全国美丽乡村"创建试点，国家文物局授予石堰坪村"全国传统村落整体保护利用示范村"荣誉，世界自然遗产基金会总裁安迪誉之为"中国少数民族民居建筑的经典"。石堰坪村被湖南省人民政府评为"湖南省历史文化名村""湖南省特色旅游名村""湖南省生态村"。

三、江西省井冈山市菖蒲古村

（一）井冈山市菖蒲古村概况

菖蒲村位于井冈山市东南面的高速公路连接线出口处，是进入井冈山风景名胜区的"必经之村"。菖蒲村地处丘陵平原地带，平均海拔 260 米左右，素有"管北垅里，菖蒲古城"之称。该村始建于明朝末期，迄今 500 余年历史，菖蒲古村面积 1 平方千米，现有 112 户农户、460 人。菖蒲古村原名"山田垅"，由山田垅和南城陂组成。以瑞草"菖蒲"命名古村，见出村民之古雅。菖蒲村背倚青山叠嶂，生态环境极佳，潺潺流水绕村而过，村道两侧都是碧绿的树木，古樟参天，郁郁葱葱。菖蒲村民居以庐陵风格马头墙建筑为主，青砖黛瓦，造型简洁大方，风格统一，整洁宽敞的鹅卵石巷道交错相通。村子共有保存完好的民居建筑 60 多幢。村民主要是尹姓，尹氏祠堂历经多年风雨，一直保存至今。

图 7-5　井冈山市菖蒲古村

菖蒲古村民风淳朴，和谐氛围甚浓，尊崇礼义仁信，书画之风盛行。2009年1月25日，农历大年三十，胡锦涛同志视察古村，与村民一起磨豆腐、炒板栗，和乡亲们共度佳节。胡锦涛高度称赞古村的人居环境，鼓励农民要充分利用古村资源努力提高老区人民的生活水平。菖蒲古村依托自身的旅游资源以及邻近井冈山风景名胜区的区位优势，大力发展乡村生态休闲旅游。2013年，古村已有农家乐经营户20余户，每年接待游客20余万人次，超过井冈山市农村人均年收入。

（二）菖蒲古村旅游活化措施

2007年，趁着社会主义新农村建设和井冈山旅游发展的契机，菖蒲古村迈开了旅游开发的步伐。通过改造全村的民房、道路、水电、通信等基础设施，并成立农家乐旅游发展专业合作社，积极引进返乡创业能人带领村民发展葡萄种植业，逐渐构建了"企业＋农户"的农业观光旅游发展格局，打造了以农家餐饮为主、农事体验为辅的农家乐旅游产业。通过积极探索，菖蒲古村在发展农家乐旅游产业的道路中，寻觅到一条开展新农村建设、提升农户生活水平的致富路。

1. 以新农村建设为引领，发挥农民积极性

在新农村建设中，菖蒲人探索出"党支部＋新农村建设"的新模式。以自然村落为单位，在美丽乡村建设示范点上设立了党支部，使农村基层党组织领导核心作用得到进一步加强。同时，将党小组建在产业基地上，使党组织延伸到产业发展的每个环节，进一步促

进了产业的蓬勃发展。他们还以党建促和谐，探索出一条"村落社区＋文明创建"的新途径。由村落"五老"人员牵头，组建了村落社区，下设村落社区志愿者协会和社会互助救助站、文体活动联络站、民间纠纷调解站、公益事业服务站、农业科技推广站、环境监督站等。村民还自发组建了一支具有浓厚当地乡土文化特色的"好日子"文艺宣传队，自编、自导、自演10余个民俗文艺节目，宣传党和政府的支农、惠农好政策。

2. 以井冈山为依托，发展农业观光旅游

菖蒲古村凭借区位优势，以井冈山风景名胜区为依托，打造以农家餐饮为主、农事体验为辅的农家乐旅游产业，构建了"公司＋农户"的发展格局，精心打造出特色餐饮、农事体验、民俗文化和田园风光四道"佳肴"供广大游客品尝。巧借村庄耕地的连片优势，菖蒲古村采取"公司＋基地＋农户"的订单农业模式，引进资金创办了井冈山市金葡萄园开发有限公司。首期开发葡萄园基地100亩，修建葡萄长廊800余米，逐步形成农业特色产业带。公司在古村产业协会和葡萄基地的带动下，组织农户参与葡萄种植，参加业务培训和实地学习种植技术。同时，结合井冈山"红""绿"旅游资源，大力开展"百里金花长廊"项目建设，在泰井高速公路沿线连片种植优质"双低"油菜1460亩，仅此一项，农户年增收800余元。

3. 挖掘古村历史文物价值，打造旅游吸引物

菖蒲古村将一大批独具特色的古物，进行改造包装。筹资20万元将旧宗祠改造成群众精神文明活动中心，配备彩电、VCD、报刊、书籍等软件设施，以此作为培育文明新风的一个平台，使菖蒲

古村建设如沐春风，唱响了构建和谐新农村的主旋律；将原南城陂生产队仓库改造成融农家餐饮、休闲场所、文艺表演于一体的菖蒲大食堂。并引进旅游服务公司入主经营，以其先进的企业管理模式，最大限度地拓宽了旅游来源渠道，使得菖蒲古村知名度不断提升；整合闲置的旧鱼塘60余亩，投放价值7万余元的各类鱼苗，并在家家户户的小鱼塘上增添钓鱼台、遮阳树，修建鱼塘挡土墙、垂钓小路等休闲设施，打造优质水产品示范塘，给游客创建了一个休闲垂钓的好去处。

4. 加强基础设施建设，营造优美村落环境

菖蒲古村投入60余万元打造一个亲水广场，新建一处"好客亭"，为人们提供了一处休闲纳凉好场所，840米长游步道让更多人在菖蒲流连驻足。四季田园景观点处的文化墙，彰显了古韵新村的菖蒲色彩，行走在农家院前屋后的游客，可以在这体验亲近自然的感觉。菖蒲古村投入64万元打造了沿河景观带，修建河道游步道380米、景观花廊70米、配套绿化1400平方米。新建沼气池96座，新修水泥村道1700余米、村内步行道800米，铺设鹅卵石巷道4710平方米，栽植各种花木4000余株，铺设绿化草坪1000多平方米。村内有购物点一个，供游客购买特色产品；有金葡萄庄园1300亩，园内设葡萄长廊一条供游客参观采摘；有丽洲山庄1座，可为游客提供食宿、垂钓、漂流等服务；在古村大食堂内还搭设了大戏台，可为游客表演本土节目。

（三）菖蒲古村旅游活化成效

如今的菖蒲古村，宛如一幅江南水墨画，呈现在人们面前。村前小桥流水，清澈见底，村后青山翠绿，花木扶疏；村中幢幢民宅，青砖黛瓦，飞檐翘角，尽显井冈山民居风情。村容村貌焕然一新。该村先后被列为江西省的省级新农村建设示范点和江西省吉安市农村综合创建示范点，并先后获得"全国巾帼示范村""全国计生协会先进单位""全国民主法治示范村""江西省优美村庄""江西省文明村镇"等荣誉称号。2010年被农业部评为"中国最有魅力休闲乡村"。

四、湖南省岳阳市张谷英村

（一）岳阳市张谷英村简介

张谷英古村位于湖南岳阳以东的渭洞笔架山下，地处岳阳、平江、汨罗三县市交会处，距离长沙、岳阳分别约150千米和70千米，为中国保存最为完整的江南民居古建筑群落。整个建筑群由当大门、王家塅、上新屋3个群体组合而成，至今已存在500多年，古村保留了1700多座明清建筑。2001年6月25日被公布为全国重点文物保护单位，2003年被评为中国历史文化名村。张谷英村是国务院公布的全国文物保护单位，是全国首批"中国历史文化名村"、首批"中国传统村落"，获得了"国家AAAA级旅游景区""中国特色景观旅游名村""全国文明村""中国最美村镇"等众多荣誉称号。

相传明代洪武年间，江西人张谷英沿幕阜山脉西行至渭洞，见

图 7-6 张谷英村全貌

这里群山环绕，形成一块盆地，自然环境优美，顿生在此定居的念头。张谷英是位风水先生，他经过细致勘测后，选择了这块宅地，便始建房屋，繁衍生息，张谷英村由此得名。张谷英村古建筑群始建于明嘉靖四十一年（1562），清代两次续建。几经沧桑，基本上保留了原状，现有巷道62条，天井206个，门头12个，石桥58座，厅堂237个，房屋1732间，总建筑面积达4万多平方米。比较完整的门庭有"上新屋""当大门""潘家冲"三栋，规格不等而又相连的每栋门庭都由过厅、会面堂屋、祖宗堂屋、后厅等"四进"及其与厢房、耳房等形成的三个天井组成。顺着屋脊望去，张谷英村整个建筑就变成了无数个"井"字。张谷英村现住有 658 户，2169 人（2000 年数据），全部是张谷英的第二十几代子孙。

1. 自然环境

张谷英村位于亚热带湿润季风气候区，年平均气温 17℃，平均年日照 1680 小时，年降雪日平均 5—6 天，无霜期可达 277 天以上，年平均降雨量 987 毫米，雨季明显，雨量集中。从张谷英村的周边环境来看，张谷英大屋选址四面环山，北高南低。张谷英村坐落在一个四面环山的盆地，外围有幕阜山余脉的三座小山峰——大峰尖、旭峰尖和笔架尖，像三片大花瓣围合成的一朵莲花，张谷英大屋就被簇拥在这朵莲花之中；村落的东西南北各有四个山坳：梓木坳、桐木坳、佛坳、大当坳，犹如村内四个大门，大有"一夫当关，万夫莫开"之势。张谷英大屋建筑群落次第分布在内圈的低山、丘陵、盆地之间。中部有龙形山，头东尾西，逶迤而去；东南有狮形山、象形山镇门守关。龙形山两侧有渭溪河水在山前交汇，张氏先人巧妙地将两溪沟通，构成"玉带环抱"的风水景观。

从高处眺望张谷英村，四面青山围绕着一片屋宇，渭溪河迂回曲折穿村而过，河上大小石桥 47 座。屋宇墙檐相接，参差在溪流之上，形成"溪自阶下淌，门朝水中开"的格局。傍溪而铺的是一条长廊，廊里铺有一条青石板路，沿途通达各门各户，连接每一条巷口，巷道纵横交错，通达每个厅堂，共有 60 条，最长的巷道有 153 米，所有的巷道加在一起，总长度达 1459 米。居民们在此起居可以"天晴不曝晒，雨雪不湿鞋"。巷道两旁由青砖垒墙，高 10 余米。墙高且厚，宜于防火，称为封火墙。檐内，浑圆的梁柱上刻有太极图，屋下镂雕的是精巧的小鹿。窗棂、间壁以及隔屏大多以雕花板相嵌，图案有喜鹊、梅花、猛兽之类，栩栩如生。

2. 社会文化环境

张谷英村的建筑群平面布局最独特之处在于其根据地形所形成的"干枝式"结构；中轴线上一般有三到四进堂屋，最多可达五进；而两侧根据地势，基本对称地伸出三到四个横堂。主堂以及横堂皆由数个单元组成；每个单元由中间天井、半开敞的堂屋以及两侧封闭的厢房三个部分构成。单元之间的组合成为"丰"字结构群体布局形式的基础。整个建筑群的布局形式就是一个完整而形象的宗法家族社会——第一轴线的堂屋中，地坪标高沿地势逐渐升高，并以最后一进堂屋为上堂，供奉祖宗牌位，代表家族的最高权威，逢祭祖、议事等重大活动，均在此举行。进头门，门上方有一太极图，以"S"形分划出的阴阳虚实，象征着富贵绵长，生生不息，反映出张氏家族先人的风水观念。坪内左右各有一个塘，是为集聚雨水备作消防之用。二道门内为三井四进，有大小厅堂、天井各21个，房屋468间，是典型的"深宅天井"建筑的平面布局形式。左右有两条巷道，巷道的作用不仅是为了分隔两侧横堂，同时也作为建筑群的内部通道，如遇火灾，只需掀开屋顶上盖瓦，即可迅速阻止火势蔓延。且巷道幽深，在南方湿热地区也有避暑纳凉的用途。

张谷英村家训族戒是维系张氏家族延绵至今的精神支柱，它融合了孝、和、勤、廉等传统儒家理念。始祖张谷英公深受儒家文化影响，深知勤耕苦读乃家庭、家族兴旺必经之道，常常谆谆教诲后人。后世子孙据其理念总结出了"耕读继世，孝友传家"的治家格言。随着张氏一族的兴旺，后世子孙迫切感受到必须建立一套众人皆尊崇的行为规范。1768年，张炳、张默斋、张祖武、张煌等人合族众议，主持编订了《张氏家训》16条、《族戒》5条，并列入族谱，以期著书立言、教育后人。张谷英村家训、族戒三个字为一句，涉及家庭家族、子女教育、道德修养、个人言行等诸多方面，家国情怀跃然纸上，体现了孝字当先的儒家思想。张氏族谱历经6次修订，1990年又新增《家训》9条，以期与时俱进、历久弥新。张谷英村家训族戒精神内核可以概括为以下几点：一是孝当先，即孝顺父母、友爱兄弟、爱国爱家；二是和为贵，即严于律己、宽以待人、处事方圆；三是勤耕读，即自强不息、爱岗敬业、知书明理；四是崇廉洁，即尊崇廉洁、修身养德。

张谷英村人世世代代一直尊奉孔孟之教，重礼仪、教育。村人以读书为荣，以不识字为耻，喜好读书的风气代代相传。科举时代曾有进士1人、举人7人、贡生6人、贡员1人、佾生1人、庠生45人、太学生33人，当代大学生层出不穷，还有博士生和留学生。张谷英村人不但爱读书，也精武术，不少人还练就了一身好武艺。

（二）张谷英村旅游活化措施

张谷英村作为一个旅游景区进行开发是在1999年，当时的张谷英镇政府筹资1000多万元修建了通往107国道的柏油路面，大力挖掘张谷英村的民俗文化资源，提出旅游兴村战略，鼓励农民办旅游，开发土特产品，发展旅游经济。

1. 以族规、家规规范经营，注重家风内蕴的弘扬

"耕读继世、孝友传家"的对联，高悬在张谷英村的当大门前，这也是支撑"张氏家族"的精神支柱。孝父母、友兄弟、端闺

化、择婚姻；睦族姓、正蒙养、存心地、修行检……它融合了儒家"孝、和、勤、廉"等理念，并转换成操作性极强的行为规范。历经几代人创制、修订、增删，最终定格为25条家训、5条族戒，涉及家政管理、为人处世、子孙教育、工作生活、冠婚丧祭等方方面面。正是这些家训和族戒，潜移默化地影响着一代又一代人的思想，形成了一种以"孝当先、和为贵、勤耕读、崇廉洁"的淳朴风情，形成了古村数百年不动摇的家族凝聚力。在年终分红时，村委会把代表们召集到议事厅，先学习"孝友传家"的祖训，再公平分配，照顾贫寡，大家都没有异议。

2. 修缮古建筑，保护古村落风貌

1989年张谷英村列入县级文物保护单位后，便开始着手保护和开发。2003年，张谷英村开通旅游专线，现在长沙的旅行社每到周末都发团前往张谷英村。2008年，已经在安徽宏村、北京门头沟积累了古村落开发成功经验的中坤集团，进驻张谷英村。为了让古村落尽量保持原貌，核心景区里私人不能从事任何建筑活动。从2009年开始，政府一共编制了五期修缮方案，修复损害比较严重的建筑。在古建筑群内，旅游线路所经之处，干干净净，整齐有序。中坤集团的保洁员全天打扫，并与旅游线路上的住户签订协议，通过给予补贴，推动他们积极参与环境卫生保护。旅游渐渐兴起，群众建房需求强烈。对此，管理处采取疏、堵、拆相结合的方法，在核心保护区内禁止新建和改扩建，在控建范围内禁止新建房屋。同时，投入资金500余万元，开辟了两个安置点，集中安置居民110户，有效保护了古村整体风貌。

3. 恢复传统习俗，开展民俗旅游活动

在保护古村落风貌的同时，村里积极"修缮"渐行渐远的传统习俗。据景区负责人介绍，"十一"黄金周，游客走进张谷英村景区，除了可以看到金秋时节乡村的田园风光和观赏百年古屋独特的建筑艺术和源远流长的家族文化外，还可以在迷宫般的明清古建筑群中参与和体验八大民俗活动。张谷英第22代孙、72岁的张崭新，是村里不多的几个会唱岳阳花鼓戏的人。他十几岁拜师学戏，后来和族人成立了一个小戏班，农闲唱戏走江湖。如今小戏班已解散，张崭新兴致来了时会唱上两句，只是"没有人学，很难找到人继承了"。为此，每到传统节日或旅游旺季，管理区都组织老人在大屋、厅堂或天井旁进行皮影戏、纺纱织布、打铁等表演，让族人们记住传统和乡愁。在王家塅纺绩堂里，大娘大婶们以娴熟的动作生动地演示着纺纱织布的全过程，游客可以参与其中，拍照留念。在绣楼，游客还可以欣赏到农家绣花工艺，琳琅满目的纯手工制品让人应接不暇。芭蕉扇凝聚着诗、书、画的神韵与寄托，散发着传统手工艺的精明与独特匠心，其制作过程在展览馆旧址向游客全面展示，游客也可以参与其中，亲手制作画扇。推谷车、碾米机、风车、吊筛、舂米桶静静地躺在碾米坊，生动地演示着张谷英村民过去把稻米加工成大米的全过程。

（三）张谷英村旅游活化成效

有关专家在分析了张谷英村遗存的非物质文化遗产和传统礼俗的基础上，总结了张谷英村传统礼俗的特征，提出了基于非物质文化遗产的张谷英村传统礼俗的保护与传承：以"村"养俗，注重建

筑原貌的保护；以"境"护俗，注重人居环境的利用；以"风"扬俗，注重家风内蕴的弘扬；以"情"怡俗，注重礼仪习俗的承继。近年来，村民60%的收入、村委会80%以上的收入来源于旅游产业。仅2019年国庆假期，景区就接待游客6.8万人次，带动本地旅游经济收入增长1400万元。

参考文献
REFERENCES

[1] 湖北省住房和城乡建设厅. 湖北传统民居研究[M]. 北京：中国建筑工业出版社，2016.
[2] 黄浩. 江西民居[M]. 北京：中国建筑工业出版社，2008.
[3] 张伟然. 湖南历史文化地理研究[M]. 上海：复旦大学出版社，1995.
[4] 李晓峰，谭刚毅. 两湖民居[M]. 北京：中国建筑工业出版社，2009.
[5] 张家驹. 两宋经济重心的南移[M]. 武汉：湖北人民出版社. 1957.
[6] 郑文翰. 军事大辞典[M]. 上海：上海辞书出版社，1992.
[7] 龙海清. 湖南民俗[M]. 兰州：甘肃人民出版社，2003.
[8] 赵玉燕，吴曙光. 湖南民俗文化[M]. 长沙：湖南师范大学出版社，2010.
[9] 柯小杰. 湖北民俗：荆楚民间文化大观[M]. 北京：中国电影出版社，2007.
[10] 梅联华. 江西民俗[M]. 兰州：甘肃人民出版社，2008.
[11] 喻长华. 湖南民俗[M]. 兰州：甘肃人民出版社，2006.
[12] 柯小杰. 湖北民俗[M]. 兰州：甘肃人民出版社，2008.
[13] 李惠芳. 湖北民俗[M]. 兰州：甘肃人民出版社，2003.
[14] 余悦. 江西民俗[M]. 兰州：甘肃人民出版社，2004.
[15] 李德复，陈金安. 湖北民俗志[M]. 武汉：湖北人民出版社，2002.
[16] 龚国光. 赣地艺术民俗建筑[M]. 南昌：江西教育出版社，2008.
[17] 余悦，吴丽跃. 江西民俗文化叙论[M]. 北京：光明日报出版社，1995.
[18] 江凌. 试论荆楚文化的流变、分期与近代转型[J]. 史学集刊，2011（5）：73-79.
[19] 侯林春，彭红霞，温彦平，等. 荆楚文化区域系统探析[J]. 石家庄经济学院学报，2009，32（2）：126-130.
[20] 罗运环. 论荆楚文化的基本精神及其特点[J]. 武汉大学学报（人文科学版），2003，56（2）：194-197.
[21] 吴必虎. 中国文化区的形成与划分[J]. 学术月刊，1996（3）：10-15.
[22] 户华为. 湖湘文化及其特征与历史定位[J]. 湘潭大学学报（哲学社会科学版），2005，29（2）：84-88.
[23] 李国香. 江西民居群体的区系划分[J]. 南方文物，2001（2）：100-105.
[24] 胡燕，陈晟，曹玮，等. 传统村落的概念和文化内涵[J]. 城市发展研究，2014，21（1）：10-13.
[25] 申秀英，刘沛林，邓运员，等. 中国南方传统聚落景观区划及其利用价值[J]. 地理研究，2006，25（3）：485-494.
[26] 刘沛林，刘春腊，邓运员，等. 中国传统聚落景观区划及景观基因识别要素研究[J]. 地理学报，2010，65（12）：1496-1506.
[27] 胡最，刘沛林，曹帅强. 湖南省传统聚落景观基因的空间特征[J]. 地理学报，2013，68（2）：219-231.

[28] 陈万睿, 陈婧. 吉安龙灯保护与传承对策研究 [J]. 大舞台, 2012 (12): 248-249.
[29] 龚胜生, 林月辉, 戈大专. 三峡地区城市与河流关系的时空演化研究 [J]. 地理学报, 2013 (12): 1619-1631.
[30] 吕梁. 国家历史文化名城研究中心历史街区调研: 湖南湘西永顺王村 [J]. 城市规划, 2005 (12): 彩页.
[31] 陈志云. 科举制度与两宋赣文化 [J]. 上饶师范学院学报, 2001 (1): 56-62.
[32] 张国雄, 梅莉. 明清时期两湖移民的地理特征 [J]. 中国历史地理论丛, 1991 (4): 77-109.
[33] 吴雪梅. 适应性选择: 明清两湖乡村社会秩序的形成机制: 乡村社会秩序建构的另外一种解释 [J]. 华中师范大学学报 (人文社会科学版), 2017, 56 (6): 124-131.
[34] 漆侠. 宋代社会生产力的发展及其在中国古代经济发展过程中的地位 [J]. 中国经济史研究, 1986 (1): 29-52.
[35] 罗云, 陈庆辉, 常贵蒋, 等. 乡村振兴战略背景下广西恭城传统村落发展新思路 [J]. 安徽农学通报, 2018, 24 (11): 5-8.
[36] 毛森. 麻阳传统村落保护与旅游开发对策研究 [J]. 凯里学院学报, 2018, 36 (1): 45-48.
[37] 朱霞, 罗迪. 民俗文化保护视角下传统村落旅游规划策略研究 [J]. 华中建筑, 2018, 36 (7): 112-115.
[38] 阮一家, 孙家腾, 葛亮. 国家历史文化名城研究中心历史街区调研: 湖北大冶市水南湾村 [J]. 城市规划, 2012, 36 (4): 97-98.
[39] 林嵩. 节日与贤人: 从《荆楚岁时记》注文看节日的神圣化 [J]. 中国典籍与文化, 2018 (2): 122-128.
[40] 胡晓东. 仪式音乐表演民族志视域中的梅山文化研究: 以湖南梅山文化区仪式音乐为例 [J]. 中国音乐, 2019 (4): 13-20.
[41] 颜春英. 浅谈湖湘民俗文化对湖南花鼓戏的影响: 评《非遗保护与湖南花鼓戏研究》[J]. 中国教育学刊, 2018 (9): 144.
[42] 杨童舒. 汉剧表演民俗的文化分析 [J]. 戏曲艺术, 2014, 35 (4): 111-116.
[43] 杨胜兴. 荆楚文化圈薅草锣鼓音乐文化层的成因分析 [J]. 贵州民族研究, 2018, 39 (9): 73-76.
[44] 周虹, 汪晓万. 弋阳腔与宗教民俗 [J]. 四川戏剧, 2010 (6): 81-83.
[45] 康霁宇. 鄂西南土家族传统村落环境的文化特征 [J]. 艺术评论, 2018 (9): 163-166.
[46] 莫正刚, 田丹. 对土家族"跳丧"的艺术及民俗解读 [J]. 文化学刊, 2008 (5): 115-119.
[47] 李伯华, 郑始年, 窦银娣, 等. "双修" 视角下传统村落人居环境转型发展模式研究: 以湖南省2个典型村为例 [J]. 地理科学进展, 2019, 38 (9): 1412-1423.
[48] 蒲茂林. 新型城镇化进程中传统村落保护规划的反思与优化 [J]. 建材与装饰, 2019 (27): 117-118.
[49] 袁祺. 湘西传统村落生活配套设施的现代适应性改造研究 [J]. 智能城市, 2019, 5 (14): 69-70.
[50] 林继富, 谭萌. 新型城镇化与民俗文化的传续与创造 [J]. 华南师范大学学报 (社会科学版), 2019 (1): 12-16.
[51] 杨贵庆, 戴庭曦, 王祯, 等. 社会变迁视角下历史文化村落再生的若干思考 [J]. 城市规划学刊, 2016 (3): 45-54.
[52] 仇保兴. 中国古村落的价值、保护与发展对策 [J]. 住宅产业, 2017 (12): 8-14.
[53] 杨贵庆, 关中美. 基于生产力生产关系理论的乡村空间布局优化 [J]. 西部人居环境学刊, 2018, 33 (1): 1-6.
[54] 高翔, 李建军. 传统村落保护: 实践困境与制度缺陷 [J]. 华南农业大学学报 (社会科学版), 2019, 18 (5): 130-140.
[55] 张浩龙, 陈静, 周春山. 中国传统村落研究评述与展望 [J]. 城市规划, 2017, 41 (4): 74-80.
[56] 张晓燕, 周军, 王华兴, 等. 特色保护类村落旅游业助推文化振兴的困局与实现路径: 基于兴山昭君村的观察 [J]. 三峡大学学报 (人文社会科学版), 2019, 41 (5): 35-39.

[57] 刘东峰. 乡村振兴战略视域下传统村落内生动力的激活：基于记忆空间设计的视角[J]. 山东大学学报（哲学社会科学版），2019（5）：127-134.
[58] 施瑛，潘莹. 江西传统聚落的保护与利用研究[J]. 农业考古，2010（3）：213-215.
[59] 祁双，石磊. 全面助力传统村落的保护与振兴[J]. 人民论坛，2019（23）：76-77.
[60] 傅安平，张杰. 江西省非物质文化遗产资源现状分析与保护利用[J]. 南方文物，2017（3）：273-277.
[61] 郭丹. 关于湖南双凤村的认识与保护现状的思考[J]. 南方文物，2018（4）：280-284.
[62] 姜爱. 湖北少数民族特色村寨保护与发展经验解析[J]. 湖北社会科学，2012（9）：196-198.
[63] 张斌，吴苗. 基于村落发展类型的鄂西南土家族地区村落景观保护与空间发展研究[J]. 中国园林，2012（8）：122-124.
[64] 赵逵，唐典郁，刘兴华. 湖北利川凉雾纳水溪古村落：国家历史文化名城研究中心历史街区调研[J]. 城市规划，2013（11）：97-98.
[65] 李枝秀. 古村落保护模式研究：以江西为例[J]. 江西社会科学，2012（1）：238-240.
[66] 吴必虎. 基于乡村旅游的传统村落保护与活化[J]. 社会科学家，2016（2）：7-9.
[67] 吴必虎，徐小波. 传统村落与旅游活化：学理与法理分析[J]. 扬州大学学报（人文社会科学版），2017，21（1）：5-21.
[68] 张爱众. 古寨石堰坪[J]. 新湘评论，2015（11）：50-52.
[69] 罗钏雯. 土家族传统村落生态性研究：以石堰坪村为例[J]. 建筑节能，2015（8）：60-63.
[70] 毛元仁. 鄂东南地区传统民居研究[D]. 杭州：中国美术学院，2014.
[71] 侯军俊. 赣文化时空演替和区划研究[D]. 南昌：江西师范大学，2009.
[72] 林莉. 浙江传统村落空间分布及类型特征分析[D]. 杭州：浙江大学，2015.
[73] 潘莹. 江西传统聚落建筑文化研究[D]. 广州：华南理工大学，2004.
[74] 唐健云. 明清江南耕读村落的公共景观与空间研究[D]. 长沙：湖南师范大学，2009.
[75] 郭亚成. 鄂东南地区村落变迁与发展：以阳新、通山、崇阳县域村落为例[D]. 武汉：华中科技大学，2007.
[76] 何峰. 湘南汉族传统村落空间形态演变机制与适应性研究[D]. 长沙：湖南大学，2012.
[77] 孙一帆. 明清"江西填湖广"移民影响下的两湖民居比较研究：以鄂东南、湘东北地区为例[D]. 武汉：华中科技大学，2008.
[78] 许诺. 湖南滨水传统村落空间组合研究[D]. 长沙：湖南大学，2018.
[79] 万艳华. 长江中游传统村镇建筑文化研究[D]. 武汉：武汉理工大学，2010.
[80] 魏佳佳. 基于集体记忆的传统村落肌理保护与更新研究[D]. 武汉：湖北工业大学，2016.
[81] 方天宇. 湖北传统村落保护与发展[N]. 中国文物报，2014-2-7.

附录：荆楚传统村落名单

表8-1 荆楚传统村落湖北部分

序号	批次	名称
1		武汉市黄陂区木兰乡双泉村大余湾
2		武汉市黄陂区李家集街道泥人王村
3		黄石市阳新县浮屠镇玉堍村
4		黄石市阳新县排市镇下容村阚家塘
5		十堰市竹溪县中峰镇甘家岭村
6		宜昌市长阳土家族自治县高家堰镇向日岭村六组
7		襄阳市枣阳市新市镇前湾村
8		荆门市钟祥市客店镇赵泉河村
9		孝感市大悟县芳畈镇白果树湾村
10		孝感市大悟县宣化镇铁店村八字沟
11		黄冈市红安县华家河镇祝楼村祝家楼坑
12		黄冈市麻城市歧亭镇丫头山村
13		黄冈市武穴市梅川镇同心村李垅坑
14	第一批（2012-12-17）	咸宁市赤壁市赵李桥镇羊楼洞村
15		恩施土家族苗族自治州恩施市崔家坝镇滚龙坝村
16		恩施土家族苗族自治州恩施市白果乡金龙坝村
17		恩施土家族苗族自治州鹤峰县铁炉白族乡铁炉村
18		恩施土家族苗族自治州鹤峰县铁炉白族乡细杉村
19		恩施土家族苗族自治州鹤峰县五里乡五里村
20		恩施土家族苗族自治州鹤峰县中营乡三家台蒙古族村
21		恩施土家族苗族自治州来凤县百福司镇新安村
22		恩施土家族苗族自治州来凤县大河镇冷水溪村
23		恩施土家族苗族自治州利川市凉雾乡海洋村
24		恩施土家族苗族自治州咸丰县大路坝区蛇盘溪村
25		恩施土家族苗族自治州咸丰县甲马池镇马家沟村王母洞
26		恩施土家族苗族自治州咸丰县清坪镇中寨坝村郑家坝
27		恩施土家族苗族自治州宣恩县椒园镇庆阳坝村

续表

序号	批次	名称
28		黄石市大冶市金湖街道办上冯村
29		孝感市孝昌县小河镇小河村
30		孝感市孝昌县小悟乡项庙村
31		黄冈市罗田县九资河镇官基坪村罗家大坳
32		黄冈市罗田县河铺镇肖家坳乌石岩村
33		黄冈市罗田县白庙河乡潘家坳村
34		恩施土家族苗族自治州利川市谋道镇鱼木村
35	第二批 (2013-08-26)	恩施土家族苗族自治州利川市忠路镇老屋基村老屋基老街
36		恩施土家族苗族自治州利川市沙溪乡张高寨村
37		恩施土家族苗族自治州建始县花坪镇田家坝村
38		恩施土家族苗族自治州咸丰县尖山乡唐崖寺村
39		恩施土家族苗族自治州来凤县百福司镇舍米湖村
40		恩施土家族苗族自治州来凤县大河镇五道水村徐家寨
41		恩施土家族苗族自治州来凤县革勒车乡鼓架山村铁匠沟
42		恩施土家族苗族自治州来凤县三胡乡黄柏村下黄柏园
43		黄石市大冶市保安镇沼山村刘通湾
44		黄石市阳新县三溪镇木林村枫杨庄
45		黄石市阳新县王英镇大田村清潭湾
46		十堰市房县军店镇下店子村
47		十堰市丹江口市官山镇吕家河村
48		襄阳市南漳县巡检镇漫云村
49		孝感市孝昌县小悟乡向阳村
50	第三批 (2014-11-17)	孝感市大悟县丰店镇桃岭村九房沟
51		孝感市安陆市王义贞镇钱冲村
52		黄冈市团风县贾庙乡百丈崖村
53		黄冈市红安县华家河镇涂湾村
54		黄冈市红安县太平桥镇回龙寨村石头湾
55		黄冈市红安县永佳河镇欧桥村刘云四湾
56		黄冈市罗田县胜利镇瓦房基村老闫家坳
57		黄冈市英山县国营英山县吴家山林场大河冲村

续表

序号	批次	名称
58		黄冈市蕲春县向桥乡狮子堰村
59		黄冈市麻城市歧亭镇杏花村
60		黄冈市麻城市夫子河镇付兴湾
61		黄冈市麻城市木子店镇王家畈村
62		黄冈市麻城市黄土岗镇小漆园村
63		黄冈市武穴市龙坪镇花园居委会
64		咸宁市咸安区马桥镇垅口村垅口冯
65		咸宁市咸安区桂花镇刘家桥村
66		咸宁市崇阳县白霓镇回头岭村
67		咸宁市通山县闯王镇宝石村
68		咸宁市通山县九宫山风景区中港村
69		咸宁市通山县大畈镇西泉村
70		咸宁市通山县大路乡吴田村畈上王
71		随州市曾都区洛阳镇九口堰村
72	第三批（2014-11-17）	随州市随县桐柏山太白顶风景名胜区解河村戴家仓屋
73		随州市广水市武胜关镇桃源村
74		恩施土家族苗族自治州恩施市盛家坝乡二官寨村
75		恩施土家族苗族自治州利川市柏杨坝镇水井村
76		恩施土家族苗族自治州利川市忠路镇长干村张爷庙
77		恩施土家族苗族自治州利川市毛坝镇山青村
78		恩施土家族苗族自治州利川市毛坝镇石板村
79		恩施土家族苗族自治州利川市毛坝镇向阳村
80		恩施土家族苗族自治州宣恩县长潭河乡两溪河村
81		恩施土家族苗族自治州宣恩县晓关乡野椒园村
82		恩施土家族苗族自治州咸丰县坪坝营镇新场村蒋家花园
83		恩施土家族苗族自治州来凤县大河镇独石塘村
84		恩施土家族苗族自治州来凤县漫水乡兴隆坳村落衣湾
85		恩施土家族苗族自治州来凤县漫水乡渔塘村上渔塘
86		恩施土家族苗族自治州来凤县三胡乡石桥村
87		恩施土家族苗族自治州鹤峰县走马镇白果村
88		仙桃市郑场镇渔泛村

续表

序号	批次	名称
89		武汉市黄陂区王家河街罗家岗村罗家岗湾
90		武汉市黄陂区蔡家榨街蔡官田村蔡官田湾
91		黄石市阳新县浮屠镇李山下村
92		十堰市张湾区黄龙镇黄龙滩村
93		十堰市郧阳区胡家营镇冻青沟村
94		十堰市丹江口市浪河镇黄龙村
95		宜昌市点军区土城乡高岩村
96		宜昌市兴山县昭君镇滩坪村
97		宜昌市五峰县湾潭镇茶园村
98		宜昌市五峰县采花乡栗子坪村
99		襄阳市南漳县板桥镇冯家湾村
100		孝感市大悟县城关镇双桥村
101		黄冈市红安县八里镇陡山村
102		黄冈市红安县永佳河镇喻畈村
103	第四批 （2016-12-09）	黄冈市红安县永佳河镇椿树店村
104		黄冈市麻城市宋埠镇谢店古村
105		黄冈市麻城市木子店镇刘家塆村
106		黄冈市麻城市木子店镇龙门河村
107		黄冈市麻城市黄土岗镇大屋坑村
108		黄冈市麻城市黄土岗镇桐枧冲村茯苓窝
109		咸宁市通城县塘湖镇大埚村
110		咸宁市通城县大坪乡内冲瑶族村
111		咸宁市通山县闯王镇高湖村朱家湾
112		恩施州恩施市红土乡天落水村马弓坝组
113		恩施州恩施市盛家坝乡大集场村
114		恩施州利川市毛坝镇人头山村
115		恩施州宣恩县长潭河乡白果村黄家寨
116		恩施州宣恩县高罗镇大茅坡营村
117		恩施州来凤县旧司镇板沙界村
118		黄石市大冶市金湖街道姜桥村

续表

序号	批次	名称
119		黄石市大冶市金湖街道焦和村
120		黄石市大冶市金湖街道门楼村
121		黄石市大冶市大箕铺镇柯大兴村
122		黄石市大冶市大箕铺镇水南湾村
123		黄石市阳新县大王镇金寨村
124		十堰市郧阳区安阳镇冷水庙村
125		十堰市郧西县上津镇津城村
126		十堰市竹山县秦古镇独山村
127		十堰市丹江口市六里坪镇伍家沟村
128		十堰市丹江口市盐池河镇盐池湾村
129		十堰市丹江口市蒿坪镇蒿坪村
130		十堰市丹江口市石鼓镇贾家寨村
131		宜昌市远安县花林寺镇龙凤村庞家湾
132		宜昌市远安县茅坪场镇九龙村
133	第五批	宜昌市兴山县昭君镇青华村
134	（2019-06-06）	宜昌市秭归县归州镇香溪村
135		宜昌市长阳土家族自治县渔峡口镇龙池村
136		宜昌市五峰土家族自治县采花乡楠木桥村
137		宜昌市当阳市坝陵街道慈化村
138		襄阳市南漳县东巩镇麻城河村
139		襄阳市南漳县东巩镇昌集村
140		襄阳市南漳县肖堰镇观音岩村
141		荆门市钟祥市石牌镇荆台村
142		荆门市钟祥市张集镇张家集村
143		孝感市大悟县阳平镇中秋村
144		孝感市大悟县黄站镇熊畈村
145		孝感市大悟县宣化店镇姚畈村
146		荆州市洪湖市老湾回族乡珂里村
147		黄冈市团风县回龙山镇林家大湾村
148		黄冈市红安县七里坪镇柏林寺村

续表

序号	批次	名称
149		黄冈市黄梅县柳林乡商子垮村
150		黄冈市麻城市阎家河镇石桥垸村
151		黄冈市麻城市宋埠镇龙井村
152		黄冈市麻城市龟山镇东垸村
153		黄冈市麻城市龟山镇熊家铺村梨树山村
154		黄冈市麻城市木子店镇牌楼村
155		黄冈市麻城市黄土岗镇东冲村
156		黄冈市武穴市石佛寺镇武山寨村廖宗泰村
157		咸宁市咸安区汀泗桥镇彭碑村
158		咸宁市崇阳县天城镇郭家岭村
159		咸宁市崇阳县白霓镇纸棚村
160		咸宁市通山县通羊镇郑家坪村
161		咸宁市通山县南林桥镇石门村
162		咸宁市通山县黄沙铺镇西庄村
163	第五批 （2019-06-06）	咸宁市通山县黄沙铺镇上坳村
164		咸宁市通山县厦铺镇厦铺村
165		咸宁市通山县大畈镇白泥村
166		咸宁市赤壁市官塘驿镇张司边村
167		随州市随县草店镇三道河村柯家寨村
168		恩施土家族苗族自治州恩施市板桥镇新田村鹿院坪组
169		恩施土家族苗族自治州恩施市沙地乡落都村
170		恩施土家族苗族自治州恩施市屯堡乡双龙村雾树吼组
171		恩施土家族苗族自治州恩施市白果乡见天坝村水田坝组
172		恩施土家族苗族自治州恩施市芭蕉侗族乡庤口村彩虹山组
173		恩施土家族苗族自治州恩施市盛家坝乡车蓼坝村
174		恩施土家族苗族自治州恩施市盛家坝乡麻茶沟村
175		恩施土家族苗族自治州利川市谋道镇太平村
176		恩施土家族苗族自治州利川市柏杨坝镇高仰台村
177		恩施土家族苗族自治州利川市建南镇黎明村
178		恩施土家族苗族自治州利川市忠路镇合心村

续表

序号	批次	名称
179		恩施土家族苗族自治州利川市忠路镇双庙村
180		恩施土家族苗族自治州利川市忠路镇钟灵村
181		恩施土家族苗族自治州利川市凉雾乡纳水村
182		恩施土家族苗族自治州利川市文斗乡金龙村
183		恩施土家族苗族自治州建始县官店镇陈子山村
184		恩施土家族苗族自治州巴东县野三关镇穿心岩村
185		恩施土家族苗族自治州宣恩县椒园镇水田坝村
186		恩施土家族苗族自治州宣恩县沙道沟镇大白溪村
187		恩施土家族苗族自治州宣恩县沙道沟镇药铺村
188		恩施土家族苗族自治州宣恩县李家河镇中大湾村
189		恩施土家族苗族自治州宣恩县高罗镇腊树园村
190		恩施土家族苗族自治州宣恩县高罗镇清水塘村
191	第五批 （2019-06-06）	恩施土家族苗族自治州宣恩县万寨乡金龙坪村
192		恩施土家族苗族自治州宣恩县晓关侗族乡中村坝村
193		恩施土家族苗族自治州宣恩县晓关侗族乡骡马洞村
194		恩施土家族苗族自治州咸丰县高乐山镇官坝村
195		恩施土家族苗族自治州咸丰县高乐山镇龙家界村
196		恩施土家族苗族自治州咸丰县高乐山镇牛栏界村
197		恩施土家族苗族自治州来凤县百福司镇冉家村
198		恩施土家族苗族自治州来凤县百福司镇观音坪村
199		恩施土家族苗族自治州来凤县大河镇车洞湖村
200		恩施土家族苗族自治州来凤县绿水镇田家寨村
201		恩施土家族苗族自治州来凤县旧司镇梅子垭村
202		恩施土家族苗族自治州鹤峰县容美镇屏山村
203		恩施土家族苗族自治州鹤峰县容美镇大溪村
204		恩施土家族苗族自治州鹤峰县五里乡湄坪村
205		恩施土家族苗族自治州鹤峰县邬阳乡邬阳村

表 8-2　荆楚传统村落湖南部分

序号	批次	名称
1		衡阳市常宁市庙前镇中田村
2		邵阳市隆回县虎形山瑶族乡崇木凼村
3		岳阳市岳阳县张谷英镇张谷英村
4		张家界市永定区王家坪乡石堰坪村
5		益阳市安化县东坪镇黄沙坪老街
6		益阳市安化县马路镇马路溪村
7		郴州市永兴县高亭乡板梁村
8		永州市零陵区富家桥镇干岩头村
9		永州市江永县夏层铺镇上甘棠村
10		永州市祁阳县潘市镇龙溪村
11		永州市双牌县理家坪乡坦田村
12		怀化市辰溪县上蒲溪瑶族乡五宝田村
13		怀化市会同县高椅乡高椅村
14		湘西土家族苗族自治州保靖县夯沙乡夯沙村
15	第一批 （2012-12-17）	湘西土家族苗族自治州保靖县碗米坡镇首八峒村
16		湘西土家族苗族自治州凤凰县阿拉营镇舒家塘村
17		湘西土家族苗族自治州凤凰县都里乡拉毫村
18		湘西土家族苗族自治州凤凰县麻冲乡老洞村
19		湘西土家族苗族自治州古丈县高峰乡岩排溪村
20		湘西土家族苗族自治州古丈县红石林镇老司岩村
21		湘西土家族苗族自治州古丈县默戎镇龙鼻村
22		湘西土家族苗族自治州花垣县边城镇磨老村
23		湘西土家族苗族自治州花垣县排碧乡板栗村
24		湘西土家族苗族自治州吉首市矮寨镇德夯村
25		湘西土家族苗族自治州吉首市矮寨镇中黄村
26		湘西土家族苗族自治州龙山县苗儿滩镇六合村
27		湘西土家族苗族自治州龙山县苗儿滩镇惹巴拉村
28		湘西土家族苗族自治州永顺县大坝乡双凤村
29		湘西土家族苗族自治州永顺县灵溪镇老司城村
30		湘西土家族苗族自治州永顺县小溪乡小溪村

续表

序号	批次	名称
31		长沙市浏阳市大围山镇楚东村
32		衡阳市衡东县甘溪镇夏浦村
33		衡阳市衡东县杨林镇杨林村
34		衡阳市衡东县高塘乡高田村新大屋
35		衡阳市祁东县风石堰镇沙井老屋村
36		邵阳市绥宁县李熙桥镇李熙村
37		邵阳市绥宁县东山侗族乡东山村
38		邵阳市绥宁县在市苗族乡正板村
39		邵阳市绥宁县乐安铺苗族侗族乡天堂村
40		邵阳市绥宁县黄桑坪苗族乡上堡村
41		邵阳市新宁县一渡水镇西村坊村
42		邵阳市城步苗族自治县丹口镇桃林村
43		邵阳市城步苗族自治县长安营乡大寨村
44		邵阳市武冈市双牌乡浪石村
45	第二批 (2013-08-26)	益阳市安化县东坪镇唐家观村
46		益阳市安化县江南镇洞市社区
47		益阳市安化县江南镇梅山村
48		益阳市安化县古楼乡新潭村樟水凼
49		益阳市安化县南金乡将军村滑石寨
50		郴州市桂阳县龙潭街道办事处溪里魏家村
51		郴州市桂阳县太和镇地界村
52		郴州市桂阳县洋市镇庙下村
53		郴州市桂阳县莲塘镇大湾村
54		郴州市桂阳县荷叶镇鑑塘村上王家村
55		郴州市汝城县马桥镇外沙村
56		永州市宁远县禾亭镇小桃源村
57		永州市新田县金盆圩乡河山岩村
58		怀化市通道侗族自治县坪坦乡坪坦村
59		怀化市麻阳苗族自治县锦和镇岩口山村
60		怀化市麻阳苗族自治县郭公坪乡溪口村湾里
61		怀化市麻阳苗族自治县尧市乡小江村

续表

序号	批次	名称
62		怀化市麻阳苗族自治县大桥江乡豪侠坪村
63		怀化市鹤城区芦坪乡尽远村
64		娄底市新化县奉家镇上团村
65		湘西土家族苗族自治州吉首市峒河街道小溪村
66	第二批 （2013-08-26）	湘西土家族苗族自治州吉首市社塘坡乡齐心村
67		湘西土家族苗族自治州吉首市排绸乡河坪村
68		湘西土家族苗族自治州凤凰县山江镇老家寨村
69		湘西土家族苗族自治州凤凰县山江镇凉灯村
70		湘西土家族苗族自治州泸溪县达岚镇岩门村
71		湘西土家族苗族自治州龙山县靛房镇万龙村
72		湘西土家族苗族自治州龙山县里耶镇长春村
73		邵阳市绥宁县关峡苗族乡大园村
74		郴州市宜章县白沙圩乡腊元村
75		永州市双牌县五里牌镇塘基上村
76		永州市江永县兰溪瑶族乡兰溪村
77		怀化市溆浦县葛竹坪镇山背村
78		怀化市会同县长寨乡小市村
79		怀化市会同县连山乡大坪村
80		怀化市会同县岩头乡墓脚村
81		怀化市新晃侗族自治县方家屯乡何家田村
82	第三批 （2014-11-17）	怀化市新晃侗族自治县天堂乡地习村
83		怀化市新晃侗族自治县茶坪乡美岩村
84		怀化市通道侗族自治县双江镇芋头村
85		怀化市通道侗族自治县黄土乡皇都侗族文化村
86		娄底市新化县水车镇正龙村
87		娄底市新化县奉家镇下团村
88		湘西土家族苗族自治州凤凰县山江镇黄毛坪村
89		湘西土家族苗族自治州凤凰县山江镇早岗村
90		湘西土家族苗族自治州凤凰县麻冲乡竹山村
91		湘西土家族苗族自治州龙山县苗儿滩镇捞车村

续表

序号	批次	名称
92		湘潭市湘潭县石鼓镇顶峰村
93		湘潭市湘乡市壶天镇壶天村
94		衡阳市衡南县宝盖镇宝盖村
95		衡阳市衡南县栗江镇大渔村
96		衡阳市衡东县草市镇草市村
97		衡阳市衡东县荣桓镇南湾村
98		衡阳市耒阳市小水镇小墟村
99		衡阳市耒阳市太平圩乡寿州村
100		衡阳市耒阳市上架乡珊钿村
101		衡阳市常宁市白沙镇上游村
102		衡阳市常宁市西岭镇六图村
103		衡阳市常宁市罗桥镇下冲村
104		邵阳市新邵县潭溪镇爽溪村
105		邵阳市新邵县坪上镇仓场村
106	第四批	邵阳市新邵县潭府乡小白水村
107	（2016-12-09）	邵阳市隆回县山界回族乡老屋村
108		邵阳市绥宁县东山侗族乡横坡村
109		邵阳市绥宁县鹅公岭侗族苗族乡上白村
110		邵阳市城步苗族自治县儒林镇清溪村
111		邵阳市城步苗族自治县蒋坊乡杉坊村
112		岳阳市平江县上塔市镇黄桥村
113		岳阳市汨罗市新市镇新市村
114		岳阳市汨罗市长乐镇长新村
115		张家界市永定区王家坪镇伞家湾村
116		张家界市永定区四都坪乡庙岗村
117		张家界市桑植县洪家关白族乡洪家关村
118		益阳市桃江县桃花江镇花园洞村
119		益阳市安化县南金乡九龙池村
120		郴州市北湖区鲁塘镇陂副村
121		郴州市北湖区鲁塘镇村头村

续表

序号	批次	名称
122		郴州市苏仙区坳上镇坳上村
123		郴州市苏仙区望仙镇长冲村
124		郴州市桂阳县和平镇筱塘村
125		郴州市桂阳县正和镇阳山村
126		郴州市宜章县迎春镇碛石村
127		郴州市宜章县长村乡千家岸村
128		郴州市永兴县油市镇坪洞村
129		郴州市嘉禾县石桥镇仙江村
130		郴州市嘉禾县石桥镇石桥铺村
131		郴州市嘉禾县珠泉镇雷公井村
132		郴州市临武县汾市镇南福村
133		郴州市临武县麦市镇上乔村
134		郴州市临武县大冲乡乐岭村
135		郴州市汝城县土桥镇金山村
136	第四批	郴州市汝城县卢阳镇东溪村
137	（2016-12-09）	郴州市汝城县卢阳镇津江村
138		郴州市汝城县文明镇沙洲村
139		郴州市汝城县马桥镇石泉村
140		郴州市汝城县永丰乡先锋村
141		郴州市资兴市三都镇辰冈岭村
142		郴州市资兴市三都镇流华湾村
143		郴州市资兴市三都镇中田村
144		郴州市资兴市程水镇星塘村
145		郴州市资兴市程水镇石鼓村
146		郴州市资兴市东坪乡新坳村
147		永州市零陵区大庆坪乡芬香村
148		永州市祁阳县大忠桥镇蔗塘村
149		永州市祁阳县肖家村镇九泥村
150		永州市祁阳县进宝塘镇陈朝村
151		永州市祁阳县下马渡镇元家庙村

续表

序号	批次	名称
152		永州市东安县横塘镇横塘村
153		永州市双牌县江村镇访尧村
154		永州市道县清塘镇楼田村
155		永州市道县清塘镇小坪村
156		永州市道县祥霖铺镇田广洞村
157		永州市宁远县湾井镇下灌村
158		永州市蓝山县祠堂圩乡虎溪村
159		永州市新田县三井乡谈文溪村
160		永州市江华瑶族自治县东田镇水东村
161		永州市江华瑶族自治县大圩镇宝镜村
162		永州市江华瑶族自治县大石桥乡井头湾村
163		怀化市中方县中方镇荆坪村
164		怀化市中方县铜湾镇黄溪村
165		怀化市中方县铁坡镇江坪村
166	第四批	怀化市中方县接龙镇桥头村
167	（2016-12-09）	怀化市沅陵县明溪口镇浪潮村烧火岩
168		怀化市沅陵县明溪口镇胡家溪村
169		怀化市沅陵县二酉苗族乡莲花池村
170		怀化市沅陵县荔溪乡明中村
171		怀化市溆浦县黄茅园镇金中村
172		怀化市溆浦县小江口乡蓑衣溪村
173		怀化市溆浦县九溪江乡光明村
174		怀化市溆浦县横板桥乡株木村阳雀坡
175		怀化市溆浦县横板桥乡乌峰村
176		怀化市会同县广坪镇吉朗村
177		怀化市会同县高椅乡翁高村
178		怀化市新晃侗族自治县天堂乡道丁村
179		怀化市新晃侗族自治县贡溪乡天井寨村
180		怀化市靖州苗族侗族自治县甘棠镇燎原村
181		怀化市靖州苗族侗族自治县甘棠镇寨姓村

续表

序号	批次	名称
182		怀化市靖州苗族侗族自治县坳上镇九龙村
183		怀化市靖州苗族侗族自治县坳上镇木洞村
184		怀化市靖州苗族侗族自治县平茶镇江边村
185		怀化市靖州苗族侗族自治县寨牙乡岩脚村
186		怀化市靖州苗族侗族自治县寨牙乡大林村
187		怀化市靖州苗族侗族自治县三锹乡地笋村
188		怀化市靖州苗族侗族自治县铺口乡林源村
189		怀化市靖州苗族侗族自治县藕团乡老里村
190		怀化市通道侗族自治县播阳镇上湘村
191		怀化市通道侗族自治县播阳镇陈团村
192		怀化市通道侗族自治县锅冲乡占字村
193		怀化市通道侗族自治县黄土乡半坡村
194		怀化市通道侗族自治县坪坦乡高步片
195		怀化市通道侗族自治县坪坦乡高团村
196	第四批	怀化市通道侗族自治县甘溪乡洞雷村
197	（2016-12-09）	怀化市洪江市沅河镇沅城村
198		怀化市洪江市茅渡乡洒溪村
199		怀化市洪江市湾溪乡堙上古村
200		怀化市洪江市湾溪乡山下陇古村
201		怀化市洪江市洗马乡古楼坪村
202		娄底市双峰县荷叶镇硖石村
203		娄底市涟源市三甲乡铜盆村
204		娄底市新化县水车镇楼下村
205		湘西土家族苗族自治州吉首市矮寨镇坪年村
206		湘西土家族苗族自治州吉首市寨阳乡坪朗村
207		湘西土家族苗族自治州吉首市寨阳乡补点村
208		湘西土家族苗族自治州泸溪县梁家潭乡芭蕉坪村
209		湘西土家族苗族自治州泸溪县梁家潭乡椰木溪村
210		湘西土家族苗族自治州泸溪县八什坪乡欧溪村
211		湘西土家族苗族自治州凤凰县茶田镇塘坳村

续表

序号	批次	名称
212		湘西土家族苗族自治州凤凰县吉信镇大塘村
213		湘西土家族苗族自治州凤凰县吉信镇火炉坪村
214		湘西土家族苗族自治州凤凰县山江镇东就村
215		湘西土家族苗族自治州凤凰县都里乡塘头村芭蕉冲
216		湘西土家族苗族自治州凤凰县三拱桥乡泡水村
217		湘西土家族苗族自治州凤凰县麻冲乡扭光村
218		湘西土家族苗族自治州凤凰县千工坪乡香炉山村
219		湘西土家族苗族自治州凤凰县木里乡关田山村
220		湘西土家族苗族自治州凤凰县木里乡黄沙坪村
221		湘西土家族苗族自治州凤凰县米良乡米良村
222		湘西土家族苗族自治州花垣县雅酉镇高务村
223		湘西土家族苗族自治州花垣县雅酉镇五斗村
224		湘西土家族苗族自治州花垣县排碧乡十八洞村
225		湘西土家族苗族自治州花垣县排碧乡张刀村
226	第四批（2016-12-09）	湘西土家族苗族自治州花垣县排料乡芷耳村
227		湘西土家族苗族自治州花垣县排料乡金龙村
228		湘西土家族苗族自治州花垣县雅桥乡油麻村
229		湘西土家族苗族自治州保靖县水田河镇金落河村
230		湘西土家族苗族自治州保靖县葫芦镇新民村
231		湘西土家族苗族自治州保靖县葫芦镇木芽村
232		湘西土家族苗族自治州保靖县葫芦镇傍海村
233		湘西土家族苗族自治州保靖县葫芦镇黄金村
234		湘西土家族苗族自治州保靖县清水坪镇魏家寨村
235		湘西土家族苗族自治州保靖县夯沙乡吕洞村
236		湘西土家族苗族自治州保靖县夯沙乡夯吉村
237		湘西土家族苗族自治州保靖县夯沙乡梯子村
238		湘西土家族苗族自治州古丈县默戎镇李家村
239		湘西土家族苗族自治州古丈县默戎镇中寨村
240		湘西土家族苗族自治州古丈县默戎镇九龙村
241		湘西土家族苗族自治州古丈县默戎镇毛坪村

续表

序号	批次	名称
242	第四批 (2016-12-09)	湘西土家族苗族自治州古丈县默戎镇翁草村
243		湘西土家族苗族自治州古丈县红石林镇列溪村
244		湘西土家族苗族自治州古丈县岩头寨镇洞溪村
245		湘西土家族苗族自治州古丈县双溪乡宋家村
246		湘西土家族苗族自治州永顺县灵溪镇爬出科村
247		湘西土家族苗族自治州永顺县灵溪镇博射坪村
248		湘西土家族苗族自治州永顺县泽家镇砂土村
249		湘西土家族苗族自治州永顺县大坝乡大井村
250		湘西土家族苗族自治州永顺县列夕乡芷州村
251		湘西土家族苗族自治州永顺县列夕乡列夕村
252		湘西土家族苗族自治州永顺县万民乡伍伦村
253		湘西土家族苗族自治州永顺县泽家镇西那村
254		湘西土家族苗族自治州龙山县洗车镇老洞村
255		湘西土家族苗族自治州龙山县苗儿滩镇树比村
256		湘西土家族苗族自治州龙山县贾市乡街上村
257		湘西土家族苗族自治州龙山县贾市乡巴沙村
258	第五批 (2019-06-06)	长沙市长沙县开慧镇开慧村
259		长沙市浏阳市小河乡潭湾村
260		株洲市攸县莲塘坳镇泉坪村
261		株洲市茶陵县桃坑乡双元村
262		株洲市炎陵县鹿原镇西草坪村
263		株洲市醴陵市沩山镇沩山村
264		湘潭市韶山市韶山乡韶山村
265		衡阳市衡南县花桥镇高新村
266		衡阳市耒阳市仁义镇罗渡村
267		衡阳市耒阳市导子镇导子社区
268		衡阳市耒阳市余庆街道水口村
269		衡阳市耒阳市长坪乡石枧村
270		衡阳市常宁市白沙镇上洲村
271		衡阳市常宁市白沙镇光荣村

续表

序号	批次	名称
272		衡阳市常宁市西岭镇大洪村
273		衡阳市常宁市西岭镇五冲村
274		衡阳市常宁市三角塘镇双湾村
275		衡阳市常宁市三角塘镇玄塘村
276		衡阳市常宁市罗桥镇石盘村
277		衡阳市常宁市胜桥镇大茅坪村
278		邵阳市邵东县杨桥镇清水村
279		邵阳市新邵县严塘镇白水洞村
280		邵阳市新邵县坪上镇清水村
281		邵阳市新邵县巨口铺镇刘家村
282		邵阳市新邵县太芝庙镇龙山村
283		邵阳市邵阳县白仓镇三门村
284		邵阳市邵阳县金称市镇青石塘村
285		邵阳市邵阳县塘田市镇芙蓉社区
286	第五批	邵阳市邵阳县五峰铺镇六里村
287	（2019-06-06）	邵阳市邵阳县小溪市乡文昌村
288		邵阳市邵阳县河伯乡易仕村
289		邵阳市洞口县罗溪瑶族乡白椒村
290		邵阳市洞口县罗溪瑶族乡宝瑶村
291		邵阳市洞口县罗溪瑶族乡大麻溪村
292		邵阳市绥宁县东山侗族乡翁溪村
293		邵阳市绥宁县乐安铺苗族侗族乡大团村
294		邵阳市绥宁县关峡苗族乡插柳村
295		邵阳市绥宁县关峡苗族乡花园角村
296		邵阳市绥宁县长铺子苗族侗族乡道口村
297		邵阳市城步苗族自治县儒林镇杨家将村
298		邵阳市城步苗族自治县丹口镇下团村
299		邵阳市城步苗族自治县丹口镇羊石村
300		邵阳市城步苗族自治县长安营镇长安营村
301		邵阳市城步苗族自治县蒋坊乡铺头村

续表

序号	批次	名称
302		常德市汉寿县丰家铺镇铁甲村
303		常德市桃源县牛车河镇三红村
304		常德市桃源县牛车河镇毛坪村
305		张家界市永定区沅古坪镇栗山村
306		张家界市永定区沅古坪镇红星村
307		张家界市永定区沅古坪镇盘塘村
308		张家界市永定区沅古坪镇红土坪村
309		张家界市永定区沅古坪镇栗子坪村
310		张家界市永定区王家坪镇马头溪村
311		张家界市永定区王家坪镇紫荆塔村
312		张家界市永定区王家坪镇太阳山村
313		张家界市永定区王家坪镇宋家溪村
314		张家界市永定区王家坪镇桥边河村
315		张家界市永定区王家坪镇木山村
316	第五批 （2019-06-06）	张家界市永定区王家坪镇砂子垭村
317		张家界市永定区王家坪镇韭菜垭村
318		张家界市永定区谢家垭乡高坪村
319		张家界市永定区谢家垭乡龙阳村
320		张家界市永定区谢家垭乡孙阳坪村
321		张家界市永定区谢家垭乡筒车坝村
322		张家界市永定区罗水乡龙凤村
323		张家界市永定区四都坪乡黄家河村
324		张家界市永定区四都坪乡熊家塔村
325		张家界市永定区四都坪乡铜斗村
326		张家界市永定区四都坪乡和平村
327		张家界市慈利县广福桥镇老棚村
328		张家界市桑植县人潮溪镇廖城村
329		张家界市桑植县刘家坪白族乡双溪桥村
330		益阳市安化县烟溪镇双烟村
331		益阳市安化县渠江镇大安村

续表

序号	批次	名称
332		益阳市安化县平口镇金辉村
333		益阳市安化县江南镇高城村
334		益阳市安化县田庄乡天子山村
335		郴州市北湖区石盖塘街道小溪村
336		郴州市北湖区华塘镇吴山村
337		郴州市北湖区华塘镇土坑下村
338		郴州市北湖区华塘镇豪里村
339		郴州市北湖区鲁塘镇下鲁塘村
340		郴州市北湖区安和街道小埠村
341		郴州市北湖区安和街道新田岭村
342		郴州市北湖区仰天湖瑶族乡安源村
343		郴州市苏仙区良田镇两湾洞村
344		郴州市苏仙区良田镇堆上村
345		郴州市苏仙区良田镇高雅岭村
346	第五批（2019-06-06）	郴州市苏仙区栖凤渡镇岗脚村
347		郴州市苏仙区栖凤渡镇朱家湾村
348		郴州市苏仙区栖凤渡镇正源村
349		郴州市桂阳县太和镇长乐村
350		郴州市桂阳县莲塘镇锦湖村
351		郴州市宜章县杨梅山镇月梅村
352		郴州市宜章县黄沙镇沙坪村
353		郴州市宜章县天塘镇水尾村
354		郴州市宜章县天塘镇林家排村
355		郴州市宜章县莽山瑶族乡黄家塝村
356		郴州市宜章县关溪乡双溪村
357		郴州市永兴县马田镇井岗村
358		郴州市永兴县金龟镇牛头村
359		郴州市永兴县高亭司镇车田村
360		郴州市永兴县油麻镇柏树村
361		郴州市嘉禾县塘村镇英花村

序号	批次	名称
362		郴州市嘉禾县石桥镇中华山村
363		郴州市嘉禾县石桥镇周家村
364		郴州市嘉禾县广发镇忠良村
365		郴州市嘉禾县普满乡雷家村
366		郴州市嘉禾县普满乡茶坞村
367		郴州市临武县武水镇坦下村
368		郴州市临武县汾市镇龙归坪村
369		郴州市临武县水东镇油湾村
370		郴州市临武县花塘乡石门村
371		郴州市汝城县土桥镇土桥村
372		郴州市汝城县土桥镇永安村
373		郴州市汝城县土桥镇永丰村
374		郴州市汝城县泉水镇星村
375		郴州市汝城县暖水镇北水村
376	第五批 (2019-06-06)	郴州市汝城县卢阳镇云善村
377		郴州市汝城县马桥镇高村
378		郴州市汝城县井坡镇大村
379		郴州市汝城县文明瑶族乡文市村
380		郴州市汝城县文明瑶族乡韩田村
381		郴州市桂东县沙田镇龙头村
382		郴州市资兴市三都镇辰南村
383		郴州市资兴市蓼江镇蓼江村
384		郴州市资兴市蓼江镇秧田村
385		郴州市资兴市兴宁镇岭脚村
386		郴州市资兴市州门司镇鸭公垅村
387		郴州市资兴市清江镇羊场村
388		郴州市资兴市清江镇黄嘉村
389		郴州市资兴市回龙山瑶族乡回龙村
390		永州市零陵区水口山镇大皮口村
391		永州市零陵区邮亭圩镇杉木桥村

续表

序号	批次	名称
392		永州市零陵区石岩头镇杏木元村
393		永州市零陵区大庆坪乡田家湾村
394		永州市零陵区大庆坪乡大庆坪社区
395		永州市零陵区大庆坪乡夫江仔村
396		永州市祁阳县观音滩镇八尺村
397		永州市祁阳县大忠桥镇双凤村
398		永州市祁阳县进宝塘镇枫梓塘村
399		永州市祁阳县潘市镇董家埠村
400		永州市祁阳县潘市镇八角岭村
401		永州市祁阳县潘市镇侧树坪村
402		永州市祁阳县潘市镇柏家村
403		永州市祁阳县羊角塘镇泉口村
404		永州市祁阳县七里桥镇云腾村
405		永州市双牌县泷泊镇平福头村
406	第五批	永州市双牌县茶林镇大河江村
407	（2019-06-06）	永州市道县梅花镇修宜村
408		永州市道县清塘镇达村
409		永州市道县清塘镇土墙村
410		永州市道县祥霖铺镇老村
411		永州市道县祥霖铺镇郎龙村
412		永州市道县祥霖铺镇达头山村
413		永州市道县桥头镇庄村
414		永州市道县桥头镇坦口村
415		永州市道县桥头镇桥头村
416		永州市道县乐福堂乡龙村
417		永州市道县横岭乡菖路村
418		永州市道县横岭乡横岭村
419		永州市江永县潇浦镇何家湾村
420		永州市江永县潇浦镇向光村
421		永州市江永县上江圩镇河渊村

续表

序号	批次	名称
422		永州市江永县上江圩镇夏湾村
423		永州市江永县上江圩镇浦尾村
424		永州市江永县上江圩镇桐口村
425		永州市江永县夏层铺镇高家村
426		永州市江永县夏层铺镇东塘村
427		永州市江永县桃川镇大地坪村
428		永州市江永县粗石江镇城下村
429		永州市江永县松柏瑶族乡黄甲岭社区
430		永州市江永县松柏瑶族乡松柏社区
431		永州市江永县兰溪瑶族乡新桥村
432		永州市江永县兰溪瑶族乡棠下村
433		永州市江永县源口瑶族乡古调村
434		永州市江永县源口瑶族乡清溪村
435		永州市宁远县天堂镇大阳洞村
436	第五批（2019-06-06）	永州市宁远县湾井镇路亭村
437		永州市宁远县湾井镇久安背村
438		永州市宁远县冷水镇骆家村
439		永州市宁远县太平镇城盘岭村
440		永州市宁远县禾亭镇琵琶岗村
441		永州市宁远县中和镇岭头村
442		永州市宁远县柏家坪镇柏家村
443		永州市宁远县清水桥镇平田村
444		永州市宁远县九嶷山瑶族乡西湾村
445		永州市新田县枧头镇龙家大院村
446		永州市新田县枧头镇彭梓城村
447		永州市新田县石羊镇乐大晚村
448		永州市新田县石羊镇厦源村
449		永州市新田县金盆镇骆铭孙村
450		永州市江华瑶族自治县河路口镇牛路社区
451		怀化市沅陵县沅陵镇栗坡村板树坪村

续表

序号	批次	名称
452		怀化市沅陵县明溪口镇大岩头村楠木垭古寨
453		怀化市沅陵县明溪口镇梓木坪村上古古寨
454		怀化市沅陵县凉水井镇洞溪村
455		怀化市沅陵县凉水井镇金花殿村
456		怀化市沅陵县七甲坪镇金河村金河村
457		怀化市沅陵县七甲坪镇三星村
458		怀化市沅陵县七甲坪镇拖舟村
459		怀化市沅陵县七甲坪镇楠木村
460		怀化市沅陵县火场土家族乡中村
461		怀化市沅陵县借母溪乡借母溪村
462		怀化市沅陵县北溶乡洞上坪村
463		怀化市沅陵县北溶乡碣滩村
464		怀化市沅陵县二酉乡浪古村黄泥田村
465		怀化市沅陵县二酉乡四方溪村粟家古寨
466	第五批 （2019-06-06）	怀化市辰溪县辰阳镇张家溜村
467		怀化市辰溪县孝坪镇板桥村
468		怀化市辰溪县修溪镇龚家湾村
469		怀化市辰溪县修溪镇椒坪溪村
470		怀化市辰溪县船溪乡船溪驿村
471		怀化市辰溪县长田湾乡雷家坡村
472		怀化市辰溪县后塘瑶族乡纪岩村
473		怀化市辰溪县罗子山瑶族乡刘家垅村
474		怀化市辰溪县上蒲溪瑶族乡梯田村
475		怀化市辰溪县上蒲溪瑶族乡保树坪村
476		怀化市辰溪县上蒲溪瑶族乡茂兰冲村
477		怀化市辰溪县上蒲溪瑶族乡当峰村
478		怀化市辰溪县仙人湾瑶族乡光明堂村
479		怀化市辰溪县谭家场乡狮头坡村
480		怀化市溆浦县低庄镇金子湖村
481		怀化市溆浦县龙潭镇金牛村

续表

序号	批次	名称
482		怀化市溆浦县龙潭镇岩板村
483		怀化市溆浦县均坪镇白雾头村
484		怀化市溆浦县均坪镇金屋湾村
485		怀化市溆浦县黄茅园镇高桥村
486		怀化市溆浦县祖师殿镇青龙溪村
487		怀化市溆浦县思蒙镇仁里冲村
488		怀化市溆浦县统溪河镇穿岩山村
489		怀化市溆浦县统溪河镇牛溪村
490		怀化市溆浦县淘金坪乡令溪塘村
491		怀化市溆浦县中都乡高坪村
492		怀化市溆浦县中都乡上尚村
493		怀化市溆浦县北斗溪镇茅坡村
494		怀化市会同县林城镇金寨村
495		怀化市会同县林城镇东岳司村
496	第五批	怀化市会同县团河镇官舟村
497	（2019-06-06）	怀化市会同县团河镇盛储村
498		怀化市会同县若水镇望东村
499		怀化市会同县若水镇檀木村
500		怀化市会同县若水镇长田村
501		怀化市会同县广坪镇西楼村
502		怀化市会同县广坪镇羊角坪村
503		怀化市会同县马鞍镇相见村
504		怀化市会同县沙溪乡市田村
505		怀化市会同县金子岩侗族苗族乡白市村
506		怀化市会同县金子岩侗族苗族乡利溪村
507		怀化市会同县高椅乡邓家村
508		怀化市新晃侗族自治县凉伞镇桓胆村
509		怀化市新晃侗族自治县凉伞镇坪南村
510		怀化市新晃侗族自治县凉伞镇黄雷村
511		怀化市新晃侗族自治县步头降苗族乡天雷村

续表

序号	批次	名称
512		怀化市新晃侗族自治县林冲镇大堡村
513		怀化市新晃侗族自治县贡溪镇绍溪村
514		怀化市新晃侗族自治县米贝苗族乡烂泥村
515		怀化市靖州苗族侗族自治县大堡子镇前进村
516		怀化市靖州苗族侗族自治县大堡子镇铜锣村
517		怀化市靖州苗族侗族自治县大堡子镇岩寨村
518		怀化市靖州苗族侗族自治县坳上镇戈盈村
519		怀化市靖州苗族侗族自治县新厂镇姚家村
520		怀化市靖州苗族侗族自治县平茶镇小岔村新寨村
521		怀化市靖州苗族侗族自治县太阳坪乡地芒村
522		怀化市靖州苗族侗族自治县三锹乡三锹村金山寨村
523		怀化市靖州苗族侗族自治县三锹乡元贞凤冲村
524		怀化市靖州苗族侗族自治县寨牙乡地卢村
525		怀化市靖州苗族侗族自治县寨牙乡芳团村
526	第五批 （2019-06-06）	怀化市靖州苗族侗族自治县藕团乡高营村塘保寨
527		怀化市靖州苗族侗族自治县藕团乡康头村
528		怀化市靖州苗族侗族自治县藕团乡新街村
529		怀化市通道侗族自治县县溪镇西流村
530		怀化市通道侗族自治县县溪镇恭城村
531		怀化市通道侗族自治县县溪镇水涌村
532		怀化市通道侗族自治县播阳镇新团村贯团村
533		怀化市通道侗族自治县万佛山镇官团村
534		怀化市通道侗族自治县牙屯堡镇炉溪村
535		怀化市通道侗族自治县牙屯堡镇文坡村枫香村、元现村
536		怀化市通道侗族自治县溪口镇杉木桥村定溪村
537		怀化市通道侗族自治县溪口镇北麻村
538		怀化市通道侗族自治县溪口镇坪头村孟冲村
539		怀化市通道侗族自治县溪口镇画笔村
540		怀化市通道侗族自治县陇城镇张里村
541		怀化市通道侗族自治县陇城镇老寨村

续表

序号	批次	名称
542		怀化市通道侗族自治县大高坪苗族乡龙寨塘村
543		怀化市通道侗族自治县独坡镇地坪村
544		怀化市通道侗族自治县坪坦乡中步村
545		怀化市通道侗族自治县坪坦乡横岭村
546		怀化市通道侗族自治县坪坦乡岭南村
547		怀化市洪江市黔城镇长坡村
548		怀化市洪江市雪峰镇界脚村
549		怀化市洪江市岔头乡大沅村
550		怀化市洪江市岔头乡大年溪村
551		怀化市洪江市岔头乡双松村
552		怀化市洪江市岔头乡羊坡村
553		怀化市洪江市熟坪乡罗翁村
554		怀化市洪江市铁山乡铁山村
555		怀化市洪江市群峰乡芙蓉溪村
556	第五批	怀化市洪江市湾溪乡蒿莱坪村
557	（2019-06-06）	怀化市洪江市深渡苗族乡花洋溪村
558		怀化市洪江市龙船塘瑶族乡龙船塘社区小熟坪村
559		怀化市洪江市龙船塘瑶族乡黄家村
560		怀化市洪江市龙船塘瑶族乡白龙村
561		怀化市洪江市龙船塘瑶族乡翁朗溪村
562		怀化市洪江市岩垅乡竹坪垅村
563		怀化市洪江市岩垅乡青树村
564		娄底市双峰县甘棠镇香花村
565		娄底市新化县水车镇上溪村
566		娄底市新化县琅塘镇琅塘社区
567		娄底市涟源市杨市镇洄水村
568		娄底市涟源市三甲乡三甲村
569		湘西土家族苗族自治州吉首市矮寨镇家庭村
570		湘西土家族苗族自治州吉首市矮寨镇联团村
571		湘西土家族苗族自治州吉首市马颈坳镇隘口村林农寨

续表

序号	批次	名称
572		湘西土家族苗族自治州吉首市丹青镇锦坪村
573		湘西土家族苗族自治州吉首市己略乡红坪村古者寨
574		湘西土家族苗族自治州泸溪县潭溪镇新寨坪村
575		湘西土家族苗族自治州泸溪县洗溪镇塘食溪村
576		湘西土家族苗族自治州泸溪县洗溪镇三角潭村
577		湘西土家族苗族自治州泸溪县洗溪镇布条坪村
578		湘西土家族苗族自治州泸溪县洗溪镇李什坪村
579		湘西土家族苗族自治州泸溪县洗溪镇张家坪村
580		湘西土家族苗族自治州凤凰县腊尔山镇苏马河村
581		湘西土家族苗族自治州凤凰县禾库镇米坨村
582		湘西土家族苗族自治州凤凰县麻冲乡扭仁村
583		湘西土家族苗族自治州花垣县民乐镇土屯村
584		湘西土家族苗族自治州花垣县吉卫镇大夯来村
585		湘西土家族苗族自治州花垣县吉卫镇夜郎坪村
586	第五批 (2019-06-06)	湘西土家族苗族自治州花垣县雅酉镇扣岱村
587		湘西土家族苗族自治州花垣县雅酉镇东卫村
588		湘西土家族苗族自治州花垣县雅酉镇排腊村
589		湘西土家族苗族自治州花垣县雅酉镇坡脚村
590		湘西土家族苗族自治州花垣县花垣镇紫霞村
591		湘西土家族苗族自治州花垣县双龙镇鸡坡岭村
592		湘西土家族苗族自治州花垣县双龙镇龙孔村
593		湘西土家族苗族自治州花垣县双龙镇鼓戎湖村
594		湘西土家族苗族自治州花垣县双龙镇板栗村
595		湘西土家族苗族自治州花垣县石栏镇磨子村
596		湘西土家族苗族自治州花垣县石栏镇雅桥村
597		湘西土家族苗族自治州花垣县石栏镇子腊村
598		湘西土家族苗族自治州花垣县石栏镇懂马村
599		湘西土家族苗族自治州花垣县石栏镇大兴村
600		湘西土家族苗族自治州花垣县石栏镇石栏村
601		湘西土家族苗族自治州花垣县石栏镇岩科村

续表

序号	批次	名称
602		湘西土家族苗族自治州花垣县长乐乡谷坡村
603		湘西土家族苗族自治州花垣县补抽乡桃子村
604		湘西土家族苗族自治州花垣县补抽乡懂哨村
605		湘西土家族苗族自治州保靖县普戎镇波溪村
606		湘西土家族苗族自治州保靖县普戎镇亨章村
607		湘西土家族苗族自治州保靖县迁陵镇陇木村
608		湘西土家族苗族自治州保靖县迁陵镇阿扎河村
609		湘西土家族苗族自治州保靖县迁陵镇陡滩村
610		湘西土家族苗族自治州保靖县毛沟镇巴科村
611		湘西土家族苗族自治州保靖县水田河镇丰宏村
612		湘西土家族苗族自治州保靖县葫芦镇新印村
613		湘西土家族苗族自治州保靖县碗米坡镇白云山村
614		湘西土家族苗族自治州保靖县碗米坡镇磋比村
615		湘西土家族苗族自治州保靖县碗米坡镇沙湾村
616	第五批	湘西土家族苗族自治州保靖县阳朝乡米溪村
617	（2019-06-06）	湘西土家族苗族自治州古丈县古阳镇丫角村
618		湘西土家族苗族自治州古丈县古阳镇排茹村
619		湘西土家族苗族自治州古丈县岩头寨镇沽潭村
620		湘西土家族苗族自治州古丈县岩头寨镇梓木村
621		湘西土家族苗族自治州古丈县岩头寨镇磨刀岩村
622		湘西土家族苗族自治州古丈县默戎镇夯娄村
623		湘西土家族苗族自治州古丈县默戎镇新窝村
624		湘西土家族苗族自治州古丈县红石林镇白果树村
625		湘西土家族苗族自治州古丈县红石林镇坐龙峡村
626		湘西土家族苗族自治州古丈县高峰镇三坪村
627		湘西土家族苗族自治州古丈县高峰镇陈家村
628		湘西土家族苗族自治州古丈县坪坝镇曹家村
629		湘西土家族苗族自治州古丈县坪坝镇溪口村窝米寨
630		湘西土家族苗族自治州古丈县高峰镇葫芦坪村
631		湘西土家族苗族自治州永顺县首车镇龙珠村

续表

序号	批次	名称
632		湘西土家族苗族自治州永顺县芙蓉镇兰花洞村
633		湘西土家族苗族自治州永顺县石堤镇大明村
634		湘西土家族苗族自治州永顺县灵溪镇那必村
635		湘西土家族苗族自治州永顺县西歧乡西龙村
636		湘西土家族苗族自治州永顺县西歧乡流浪溪村
637		湘西土家族苗族自治州永顺县西歧乡西岐村
638		湘西土家族苗族自治州永顺县车坪乡咱河村
639		湘西土家族苗族自治州龙山县洗车河镇耳洞村
640		湘西土家族苗族自治州龙山县洗车河镇天井村
641		湘西土家族苗族自治州龙山县红岩溪镇头车村大字沟
642		湘西土家族苗族自治州龙山县靛房镇百型村
643		湘西土家族苗族自治州龙山县靛房镇信地村
644		湘西土家族苗族自治州龙山县靛房镇中心村
645	第五批 （2019-06-06）	湘西土家族苗族自治州龙山县苗儿滩镇东风村
646		湘西土家族苗族自治州龙山县里耶镇兔吐村
647		湘西土家族苗族自治州龙山县里耶镇双树村
648		湘西土家族苗族自治州龙山县里耶镇双坪村
649		湘西土家族苗族自治州龙山县桂塘镇前丰村
650		湘西土家族苗族自治州龙山县召市镇神州社区马洛沟
651		湘西土家族苗族自治州龙山县洛塔乡泽果村
652		湘西土家族苗族自治州龙山县洛塔乡猛西村
653		湘西土家族苗族自治州龙山县洛塔乡烈坝村
654		湘西土家族苗族自治州龙山县内溪乡五官村喇宗坡寨
655		湘西土家族苗族自治州龙山县农车乡天桥村
656		湘西土家族苗族自治州龙山县农车乡塔泥村
657		湘西土家族苗族自治州龙山县咱果乡脉龙村
658		湘西土家族苗族自治州龙山县茅坪乡长兴村

表 8-3　荆楚传统村落江西部分

序号	批次	名称
1		南昌市进贤县温圳镇杨溪村委李家村
2		南昌市进贤县文港镇晏家村
3		南昌市安义县石鼻镇罗田村
4		景德镇市浮梁县江村乡严台村
5		景德镇市浮梁县勒功乡沧溪村
6		景德镇市浮梁县浮梁镇旧城村
7		景德镇市浮梁县瑶里镇高岭村
8		景德镇市浮梁县瑶里镇绕南村
9		景德镇市浮梁县峙滩乡英溪村
10		赣州市赣县白鹭乡白鹭村
11		赣州市安远县镇岗乡老围村
12		赣州市龙南县杨村镇杨村燕翼围
13		赣州市龙南县关西镇关西村
14		吉安市井冈山市鹅岭乡塘南村
15	第一批 （2012-12-17）	吉安市青原区富田镇陂下村
16		吉安市青原区富田镇横坑村
17		吉安市青原区文陂乡渼陂村
18		吉安市吉州区兴桥镇钓源村
19		吉安市安福县金田乡柘溪村
20		吉安市安福县洋门乡上街村
21		吉安市安福县洲湖镇塘边村
22		吉安市吉水县金滩镇燕坊村
23		宜春市高安市新街镇贾家村
24		宜春市宜丰县天宝乡天宝村
25		抚州市广昌县驿前镇驿前村
26		抚州市乐安县湖坪乡湖坪村
27		抚州市乐安县牛田镇流坑村
28		抚州市金溪县双塘镇竹桥村
29		上饶市婺源县江湾镇江湾村

续表

序号	批次	名称
30	第一批 （2012-12-17）	上饶市婺源县江湾镇汪口村
31		上饶市婺源县思口镇延村
32		上饶市婺源县沱川乡理坑村
33		上饶市婺源县浙源乡虹关村
34	第二批 （2013-08-26）	南昌市南昌县三江镇前后万村
35		南昌市安义县石鼻镇安义千年古村群
36		南昌市进贤县架桥镇艾溪陈家村
37		南昌市进贤县文港镇曾湾村
38		南昌市进贤县罗溪镇旧厦村
39		景德镇市浮梁县西湖乡磻溪村
40		景德镇市乐平市洎阳街道北门村
41		景德镇市乐平市名口镇名口村
42		景德镇市乐平市双田镇横路村
43		景德镇市乐平市涌山镇涌山村
44		景德镇市乐平市塔前镇下徐村
45		景德镇市乐平市塔前镇上徐村
46		萍乡市莲花县路口镇湖塘村
47		新余市分宜县分宜镇介桥村
48		新余市分宜县铃山镇防里村
49		鹰潭市贵溪市耳口乡曾家村
50		赣州市赣县湖江乡夏府村
51		赣州市宁都县田埠乡东龙村
52		赣州市于都县段屋乡寒信村
53		赣州市兴国县梅窖镇三僚村
54		赣州市兴国县兴莲乡官田村
55		赣州市瑞金市九堡镇密溪村
56		吉安市吉州区樟山镇文石村
57		吉安市青原区富田镇匡家村
58		吉安市青原区富田镇查田村
59		吉安市吉安县敦厚镇圳头村

续表

序号	批次	名称
60		吉安市吉水县金滩镇仁和店村
61		吉安市吉水县金滩镇桑园村
62		吉安市吉水县白沙镇桥上村
63		吉安市吉水县水南镇店背村
64		吉安市峡江县水边镇何君村
65		吉安市峡江县水边镇湖洲村
66		吉安市峡江县水边镇沂溪村
67		吉安市遂川县堆子前镇鄢溪村
68		吉安市万安县百嘉镇下源村
69		吉安市安福县竹江乡沙溪村
70		吉安市安福县金田乡银圳村
71		吉安市井冈山市厦坪镇菖蒲古村
72		吉安市井冈山市拿山乡长路村长塘组
73		吉安市井冈山市茅坪乡茅坪村
74	第二批 （2013-08-26）	宜春市丰城市白土镇赵家村
75		宜春市丰城市张巷镇白马寨村
76		宜春市丰城市筱塘乡厚板塘村
77		宜春市樟树市刘公庙镇塔前彭家村
78		抚州市南城县天井源乡尧坊村
79		上饶市铅山县太源畲族乡西坑村查家岭
80		上饶市婺源县清华镇洪村
81		上饶市婺源县秋口镇李坑村
82		上饶市婺源县秋口镇长径村
83		上饶市婺源县江湾镇晓起村
84		上饶市婺源县思口镇西冲村
85		上饶市婺源县思口镇思溪村
86		上饶市婺源县镇头镇游山村
87		上饶市婺源县段莘乡庆源村
88		上饶市婺源县浙源乡岭脚村
89		上饶市婺源县浙源乡凤山村

续表

序号	批次	名称
90		南昌市进贤县文港镇周坊村
91		景德镇市浮梁县瑶里镇瑶里村
92		九江市修水县黄坳乡朱砂村
93		九江市湖口县流泗镇庄前潘村
94		新余市渝水区水北镇黄坑村
95		赣州市赣县大埠乡大坑村
96		赣州市大余县左拔镇云山村
97		赣州市龙南县里仁镇新园村
98		赣州市于都县岭背镇谢屋村
99		赣州市于都县葛坳乡澄江村
100		赣州市于都县马安乡上宝村
101		赣州市会昌县筠门岭镇羊角村
102		赣州市瑞金市叶坪乡洋溪村
103		吉安市吉州区曲濑镇卢家洲村
104	第三批	吉安市吉安县固江镇赛塘村
105	（2014-11-17）	吉安市吉安县固江镇社边村
106		吉安市吉安县梅塘镇旧居村
107		吉安市吉水县水南镇高中村委会义富村
108		吉安市新干县七琴镇燥石村
109		吉安市永丰县沙溪镇河下村
110		吉安市安福县甘洛乡三舍村
111		抚州市宜黄县棠阴镇建设村
112		抚州市宜黄县棠阴镇解放村
113		抚州市宜黄县棠阴镇民主村
114		抚州市金溪县合市镇东岗村
115		抚州市金溪县合市镇全坊村
116		抚州市金溪县琅琚镇疏口村
117		抚州市金溪县琉璃乡东源曾家村
118		抚州市金溪县琉璃乡印山村
119		抚州市东乡县黎圩镇浯溪村

续表

序号	批次	名称
120		上饶市玉山县双明镇漏底村
121		上饶市铅山县石塘镇石塘村
122	第三批	上饶市婺源县清华镇诗春村
123	（2014-11-17）	上饶市婺源县江湾镇篁岭村
124		上饶市婺源县中云镇豸峰村
125		上饶市婺源县沱川乡篁村
126		南昌市进贤县前坊镇西湖李家
127		南昌市新建区大塘坪乡汪山村
128		景德镇市浮梁县蛟潭镇礼芳村
129		景德镇市浮梁县蛟潭镇胡宅村
130		九江市修水县黄沙镇岭斜村箔竹自然村
131		九江市修水县黄沙镇下高丽村内石陂自然村
132		九江市都昌县苏山乡鹤舍村
133		九江市彭泽县浩山乡岚陵村
134		鹰潭市贵溪市文坊镇车家村
135		赣州市崇义县聂都乡竹洞村
136		赣州市龙南县杨村镇乌石村
137	第四批	赣州市全南县龙源坝镇雅溪村
138	（2016-12-09）	赣州市兴国县枫边乡山阳寨村
139		赣州市宁都县黄陂镇杨依村
140		赣州市于都县银坑镇平安村
141		赣州市于都县岭背镇禾溪埠村石溪圳自然村
142		赣州市石城县琴江镇沙塅河背自然村
143		赣州市石城县小松镇丹溪村
144		吉安市吉州区兴桥镇丁塘村
145		吉安市吉州区兴桥镇上藤桥村
146		吉安市青原区富田镇王家村
147		吉安市吉安县涅田镇田岸上村
148		吉安市泰和县马市镇蜀江村
149		吉安市泰和县螺溪镇爵誉村

续表

序号	批次	名称
150		宜春市宜丰县天宝乡平溪村
151		宜春市奉新县宋埠镇牌楼村
152		宜春市靖安县仁首镇雷家村
153		宜春市丰城市湖塘乡坑里村
154		抚州市南丰县洽湾镇洽湾村
155		抚州市黎川县华山镇洲湖村
156		抚州市金溪县浒湾镇浒湾村
157		抚州市金溪县浒湾镇黄坊村
158		抚州市金溪县合市镇龚家村
159		抚州市金溪县合市镇大耿村
160		抚州市金溪县合市镇游垫村
161		抚州市金溪县合市镇戍源村
162	第四批	抚州市金溪县合市镇乌墩塘村
163	（2016-12-09）	抚州市金溪县左坊镇后车村
164		抚州市金溪县对桥镇旸田村
165		抚州市金溪县陆坊乡下李村
166		抚州市金溪县陈坊积乡岐山村
167		抚州市金溪县琉璃乡蒲塘村
168		抚州市金溪县琉璃乡北坑村
169		抚州市金溪县琉璃乡谢坊村
170		抚州市金溪县石门乡石门村
171		上饶市婺源县赋春镇上严田村
172		上饶市婺源县赋春镇甲路村
173		上饶市婺源县段莘乡东山村
174		上饶市婺源县大鄣山乡黄村
175		上饶市广丰区东阳乡龙溪村
176		南昌市进贤县李渡镇桂桥村
177	第五批	南昌市进贤县文港镇前塘村
178	（2019-06-06）	九江市武宁县甫田乡太平山村合港村
179		九江市修水县布甲乡太阳村

续表

序号	批次	名称
180		景德镇市浮梁县鹅湖镇桃岭村楚岗村
181		景德镇市浮梁县经公桥镇鸦桥村
182		景德镇市浮梁县瑶里镇五华村
183		景德镇市浮梁县峙滩镇龙潭村
184		景德镇市浮梁县兴田乡城门村
185		景德镇市浮梁县兴田乡程家山村龙源村
186		景德镇市浮梁县江村乡诰峰村
187		景德镇市浮梁县江村乡江村
188		景德镇市乐平市镇桥镇浒崦村
189		景德镇市乐平市涌山镇东岗村石峡村
190		景德镇市乐平市涌山镇车溪村
191		景德镇市乐平市洪岩镇小坑村
192		景德镇市乐平市双田镇耆德村
193		新余市渝水区欧里镇白梅村
194	第五批（2019-06-06）	新余市渝水区南安乡新生村哲山村
195		新余市渝水区新溪乡西江村
196		新余市分宜县操场乡塘西村
197		鹰潭市贵溪市塘湾镇上祝村闵坑村
198		赣州市南康区唐江镇幸屋村
199		赣州市南康区唐江镇卢屋村
200		赣州市赣县区南塘镇清溪村
201		赣州市赣县区南塘镇大都村
202		赣州市信丰县万隆乡李庄村上龙村
203		赣州市大余县池江镇杨梅村
204		赣州市上犹县安和乡陶朱村
205		赣州市上犹县双溪乡大石门村
206		赣州市安远县长沙乡筼筜村
207		赣州市龙南县武当镇大坝村
208		赣州市龙南县里仁镇正桂村
209		赣州市龙南县里仁镇新里村

续表

序号	批次	名称
210		赣州市定南县老城镇老城村
211		赣州市宁都县大沽乡旸霁村
212		赣州市于都县车溪乡坝脑村
213		赣州市兴国县社富乡东韶村
214		赣州市兴国县城岗乡白石村
215		赣州市寻乌县澄江镇周田村
216		赣州市寻乌县项山乡桥头村
217		赣州市石城县琴江镇大畲村
218		赣州市瑞金市瑞林镇下坝村
219		赣州市瑞金市武阳镇粟田村黄田村
220		赣州市瑞金市武阳镇武阳村
221		赣州市瑞金市冈面乡上田村
222		吉安市吉州区兴桥镇湖田村鲍塘村
223		吉安市吉州区兴桥镇藤桥村菰塘村
224	第五批	吉安市吉州区长塘镇赵塘村上赵塘村
225	（2019-06-06）	吉安市吉州区曲濑镇彭家村胡家村
226		吉安市青原区值夏镇永乐村永乐村
227		吉安市青原区值夏镇毛家村源头村
228		吉安市青原区新圩镇江头村毛家村
229		吉安市吉安县登龙乡泗塘村第泗塘村
230		吉安市吉水县枫江镇坪洲村东塘村
231		吉安市吉水县枫江镇兰田村林桥村
232		吉安市吉水县枫江镇上陇洲村上陇洲村
233		吉安市吉水县黄桥镇涩塘村涩塘村
234		吉安市吉水县黄桥镇西岭村上栋村
235		吉安市吉水县黄桥镇云庄村云庄村
236		吉安市吉水县金滩镇荷塘村粟头村
237		吉安市吉水县醪桥镇固洲村固洲村
238		吉安市吉水县水南镇金城村大圳村
239		吉安市吉水县尚贤乡桥头村桥头村

续表

序号	批次	名称
240		吉安市吉水县尚贤乡王家村栗下村
241		吉安市新干县麦堐镇上寨村
242		吉安市新干县荷浦乡塘下村新居村
243		吉安市永丰县陶唐乡金溪村
244		吉安市泰和县苑前镇书院村书院村
245		吉安市泰和县苑前镇王山村王山村
246		吉安市泰和县万合镇钟埠村
247		吉安市泰和县万合镇店边村梅冈村
248		吉安市安福县平都镇平都镇浮山村下李家村
249		吉安市安福县洲湖镇毛田村龙田村
250		吉安市安福县枫田镇枫田村松田村
251		吉安市安福县洋门乡嘉溪村嘉溪村
252		吉安市永新县石桥镇樟枧村
253		宜春市奉新县干洲镇长青村
254	第五批 （2019-06-06）	宜春市宜丰县潭山镇店上村
255		宜春市宜丰县潭山镇龙岗村
256		宜春市宜丰县芳溪镇下屋村
257		宜春市靖安县仁首镇大团村水垅村
258		宜春市靖安县仁首镇象湖村占坊村
259		宜春市靖安县中源乡船湾村
260		宜春市丰城市段潭乡湖茫村
261		宜春市丰城市湖塘乡湖塘村
262		宜春市丰城市湖塘乡红湖村赤坑村
263		宜春市丰城市湖塘乡六坊村富塘村
264		宜春市丰城市湖塘乡洛溪村
265		宜春市丰城市同田乡长塘村
266		抚州市临川区荣山镇新街村
267		抚州市临川区龙溪镇梅溪村张家村
268		抚州市临川区太阳镇娄溪村门楼黎家村
269		抚州市临川区东馆镇玉湖村李家村

续表

序号	批次	名称
270		抚州市临川区腾桥镇腾桥村
271		抚州市临川区腾桥镇石池村
272		抚州市临川区湖南乡洪塘村游家村
273		抚州市临川区湖南乡竹溪村喻家村
274		抚州市临川区嵩湖乡陈油村田南傅家村
275		抚州市临川区嵩湖乡江下村下丁村
276		抚州市临川区鹏田乡陈坊村
277		抚州市临川区河埠乡河埠村周家村
278		抚州市南城县株良镇红米丘村磁圭村
279		抚州市南城县株良镇云市村
280		抚州市南城县上唐镇上唐村
281		抚州市南城县上唐镇上舍村
282		抚州市南城县上唐镇源头村
283		抚州市南城县上唐镇下崔村
284	第五批 (2019-06-06)	抚州市南城县沙洲镇临坊村
285		抚州市南城县新丰街镇新丰村
286		抚州市南城县新丰街镇汾水村
287		抚州市黎川县樟溪乡中洲村
288		抚州市黎川县中田乡中田村
289		抚州市南丰县琴城镇瑶浦村
290		抚州市南丰县白舍镇上甘村
291		抚州市南丰县白舍镇古竹村
292		抚州市南丰县洽湾镇长岭村梅坑村
293		抚州市南丰县三溪乡石邮村
294		抚州市南丰县傅坊乡港下村
295		抚州市崇仁县相山镇浯漳村
296		抚州市崇仁县河上镇陈村段家车村
297		抚州市崇仁县白露乡吴坊村华家村
298		抚州市崇仁县许坊乡谙源村
299		抚州市乐安县牛田镇水南村

续表

序号	批次	名称
300		抚州市乐安县万崇镇丰林村万坊村
301		抚州市乐安县罗陂乡右源村峡源村
302		抚州市乐安县罗陂乡水溪村
303		抚州市乐安县罗陂乡罗陂村古村
304		抚州市乐安县南村乡炉桐村稠溪村
305		抚州市乐安县谷岗乡汤山村
306		抚州市金溪县秀谷镇马街村符竹村
307		抚州市金溪县秀谷镇先锋村傅家村
308		抚州市金溪县浒湾镇荣坊村
309		抚州市金溪县双塘镇古圩村铜岭村
310		抚州市金溪县双塘镇对塘村湖山村
311		抚州市金溪县合市镇坪上村楼下村、里姜村
312		抚州市金溪县合市镇湖坊村珊珂村、仲岭村
313		抚州市金溪县合市镇崇麓村
314	第五批 （2019-06-06）	抚州市金溪县合市镇良种场郑坊村
315		抚州市金溪县琅琚镇安吉村彭家村
316		抚州市金溪县左坊镇徐源村
317		抚州市金溪县左坊镇后龚村
318		抚州市金溪县陆坊乡陆坊村
319		抚州市金溪县陆坊乡植源村
320		抚州市金溪县陆坊乡桥上村
321		抚州市金溪县陈坊积乡城湖村
322		抚州市金溪县陈坊积乡陈坊村上张村
323		抚州市金溪县陈坊积乡高坪村
324		抚州市金溪县琉璃乡桂家村下宋村
325		抚州市金溪县石门乡白沿村横源村
326		抚州市金溪县石门乡靖思村
327		抚州市资溪县鹤城镇大觉山村上傅村
328		抚州市资溪县高阜镇茞洲村
329		抚州市资溪县嵩市镇杜兰村

续表

序号	批次	名称
330		抚州市东乡区岗上积镇段溪村艾家村
331		上饶市广丰区嵩峰乡十都村
332		上饶市玉山县仙岩镇官溪社区
333		上饶市铅山县陈坊乡陈坊村
334		上饶市铅山县太源畲族乡太源村水美村
335		上饶市横峰县葛源镇枫林村
336	第五批	上饶市鄱阳县莲花山乡清溪村新屋下村
337	(2019-06-06)	上饶市鄱阳县枧田街乡丰田村
338		上饶市婺源县思口镇河山坦村新源村
339		上饶市婺源县思口镇长滩村龙腾上村
340		上饶市婺源县中云镇桃溪村坑头村
341		上饶市婺源县大鄣山乡菊径村
342		上饶市婺源县大鄣山乡水岚村
343		上饶市德兴市海口镇海口村

注：本附录根据住房城乡建设部、文化部（现文化和旅游部）、财政部等政府部门公布的五批中国传统村落名录（2012—2019）整理而得。

后记
AFTERWORD

中国传统村落作为中华文化遗产的重要载体,承载着中华民族的历史记忆,是人类农耕文明的重要见证,也是中华民族认同的根源,具有重要的文化价值、生态价值和经济价值。但在快速城镇化、现代化的冲击下,中国传统村落正在面临生存的挑战。传统村落的消失不仅意味着村落建筑的消亡,更意味着传统村落所蕴含的文化价值的消亡。近几十年来,随着经济的大发展以及城镇化的推进,大量青壮年走出乡村,定居城市,传统村落面临着"空心化"的窘境。如今,国家已经充分意识到传统村落保护的重要性,采取了一系列的保护措施。

"中国传统村落文化抢救与研究"系列丛书于2016年入选了"十三五"出版规划。本套丛书从文化区、物质文化、非物质文化三个方面全方位阐释中国传统村落文化。其第一辑文化区系列于2020年付梓,项目从策划到出版历时近5年。

一本书的诞生,包含着主编、编写者、编辑、校对、审读专家等众多参与者的心血。为了保证图书的如期出版,每个人都奉献和付出了许多。

感谢每一位编写者的勤勉,在繁重的教学和科研任务压力之下，他们利用每一个休息的空隙，孜孜不倦地书写着中国传统村落的过去、现在和未来，用朴实真挚的文字记录着村落的每一次成长与新生。

本书还配有大量精美图片帮助读者解读内容，但由于信息的更迭和转换，仍然有个别图片找不到原始版权的所有人。希望读到这本书，或者通过其他途径获取到这个信息的版权人，发送邮件至459202365@qq.com，主动与我们取得联系，我们感谢您的理解和支持。

我们本着保护和弘扬村落文化的初心，试图对中国传统村落进行一次科学的梳理、抢救性记录和提出保护建议，通过深度挖掘传统村落的价值，重新唤起社会关注，重振乡居生活方式。让越来越多的人通过阅读，了解传统村落文化的美好与珍贵，从而加入到保护者的行列。

2020年，突如其来的新冠肺炎疫情打乱了每个人的生活工作节奏，但是大家克服了自身的困难和心里的不安，携手走到了最后。再次感谢参与这套丛书出版的每一个人，大家的努力与付出，才促成了图书的成功付梓。我们撒下关爱村落的种子，期待在不久的未来它将长成参天大树，将传统村落文化扎根于每一位读者心间，愿这套丛书为传统村落文化的传承贡献一份微薄的力量。

丛书编委会
2020年12月